悪の歴史

東アジア編 上

鶴間和幸◆編著

隠されてきた「悪」に焦点をあて、真実の人間像に迫る

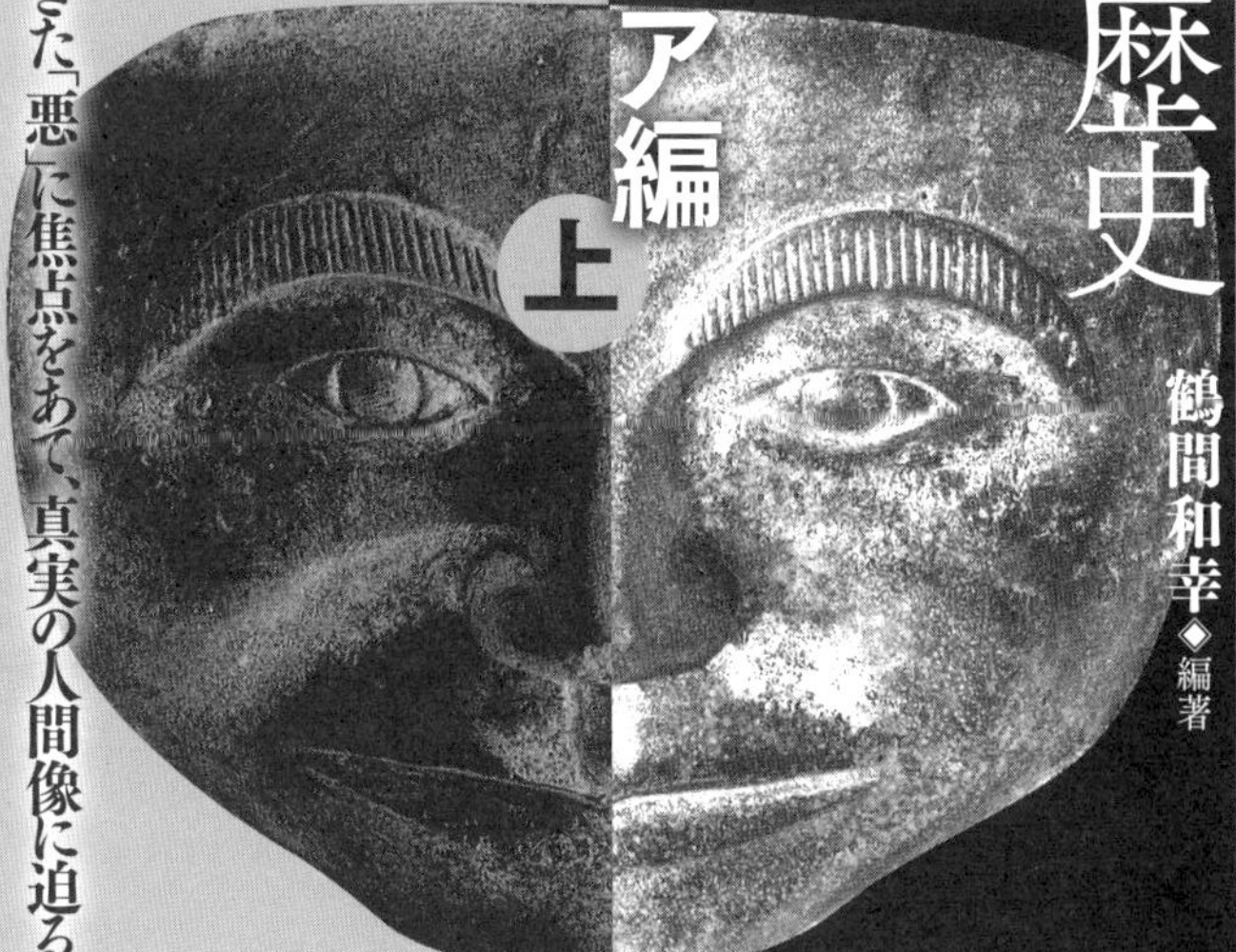

清水書院

はしがき

中国史上の悪とされる人物を、為政者で求めるといくつかの要件がある。

①臣下が主君を殺して政権を握る。秦の丞相趙高《ちょうこう》は二世皇帝を殺した。楚の将軍項羽《こうう》は、臣下ではないが、秦の三代目の子嬰《しえい》を殺した。嫪毐《ろうあい》はみずからの子を秦王(始皇帝)に代えて王位につけさせようと陰謀したという。②父を殺して政権を握る。匈奴《きょうど》冒頓《ぼくとつ》単于《ぜんう》は父の頭曼《とうまん》単于を殺した。隋煬《よう》帝《だい》は父文帝を殺したともいわれる。③兄弟を殺して政権を握る。秦二世皇帝胡亥《こがい》は即位すると兄弟を処刑して殺した。④子を殺して政権を握る。則《そく》天《てん》武后《ぶこう》は自分の子を殺して李氏の王朝を断絶させ、中国史上唯一の女性の皇帝となった。⑤夫を殺し政権を握る。唐の中宗の韋后《いこう》は夫を毒殺して少帝を立てる。⑥皇后を殺して政権を握る。唐玄宗は韋后を殺して父を復位させた後に皇帝に即位した。⑦後宮で競争者を殺し皇帝の寵愛を得て政権を握る。前漢高祖劉邦《りゅうほう》の皇后の呂后《りょこう》は、戚《せき》夫人とその子の如意《じょい》を殺害し、みずからの子を即位させた。これらのうち君主や父を殺すものは、法が適用されれば極刑に値する悪逆無道の行為であった。

為政者の暴政や贅《ぜい》を尽くした生活ぶりは民衆から見れば悪である。始皇帝の民衆を酷使した長城建設や、思想を統一し学者を生き埋めにした焚書坑儒も暴政といわれた。殷の紂《ちゅう》王の酒池肉林はまさに伝説的な贅沢の象徴となった。女性の寵愛によって政治を顧みないことが、国を滅ぼす事例は多い。夏桀《けつ》王の末喜《まっき》、紂《ちゅう》王の妲己《だっき》、玄宗の楊貴妃《ようきひ》などが挙げられる。

悪とされる人物は一方で高く評価される。始皇帝は中国史上最初の皇帝としてその後の二千年の皇帝制の基礎を築いた。煬帝も太宗も則天武后も政治上の実績は評価される。

まったく評価の高い善とされた人物の裏の面をさぐることも興味深い。伝説の禹《う》、儒家の祖の孔子《こうし》、漢王朝四百年の祖となった劉邦、漢王朝の最盛期を築いた武帝、漢王朝を再興した光武帝劉秀《りゅうしゅう》、三国時代では評判の高い蜀の劉備《りゅうび》、かれらにも悪の面があったとしたら、既成の人物像は見直す必要があるかもしれない。

孟子《もうし》の革命思想によれば臣下が主君を殺すことが認められた。殷の湯《とう》王が夏の桀王を殺し、周の武王が殷の紂王を殺したことは、暴政を改めた正統な行為とされた。湯王や武王が悪人とされることはない。人物に対する悪とか善とかの判断とはいったい何であろうか。

人間にとってそもそも悪と善とは何か。よく知られているようにすでに戦国時代の諸子百家の孟子は性善説を唱え、荀子《じゅんし》は性悪説を主張した。荀子は「人の性は悪、その善なる者は偽なり」と断言した(『荀子』性悪篇)。荀子は、孟子のいう「人の性は善なり」が、誤りであったと指摘した。荀子にしたがえば、誰もが悪の性をもっていることになる。したがって本性のまま行動すれば、争いごとになるので、礼儀が必要となるというのは理解はできる。一方の孟子は人間の本性をわかりやすく自然の山にたとえている。斉の牛山《ぎゅうざん》はもともと樹木が鬱蒼《うっそう》として美しかったが、都の郊外にあったので、多くの人が斧やまさかりで切り倒してしまって美しさがなくなり、禿げ山になってしまったという。人間の本性も牛山のもとの姿のように、仁義の心をみな持っていたという(『孟子』巻第十一告子章句上)。この主張も理解できる。

孟子(前三七二頃〜前二八九頃)も荀子(前二九八頃〜前二三五頃)も戦国時代の儒家の思想家であった。孟子の方が七四年前に生まれ、その時代の差が二人の考え方を対照的なものにしたように思う。孟子は大国の王を避け、小国の王に期待し、荀子は大国の王に帝王になることを期待した。荀子の弟子の李斯《りし》は秦王を皇帝にまで高め、始皇帝の丞相になった。この二人の議論から、人間は善悪の両面をもっているので、歴史上の悪人の善人さ、歴史上の善人の悪人さを指摘することはできなくはない。しかし歴史的人物の善悪を評価するのは、後世の人間であることも忘れてはならない。

班固《はんこ》の編纂した『漢書』巻二〇には古今人表というものがあり、九ランクに人物評価をしている。上《じょう》の上《じょう》は聖人、上の中は仁人、上の下は智人、中人のあとの、下の下には愚人が並ぶ。聖人には五帝、殷の湯王、周の文王と武王、周公旦《しゅうこうたん》、仲尼《ちゅうじ》(孔子)があげられる。仁人には孔子が殷の三仁と認めた微子《びし》、箕子《きし》、比干《ひかん》の三人や斉の管仲《かんちゅう》、孔子の最愛の弟子の顔淵《がんえん》、孟子が見える。智人には子貢《しこう》、子路《しろ》、曽子《そうし》ら孔子の高弟たちが並ぶ。中の上には春秋五覇の秦の穆《ぼく》公や越王勾践《こうせん》、老子、富国強兵の変法を行った秦の商鞅《しょうおう》、中の中には五覇の斉の桓《かん》公、食客を集めた戦国封君の孟嘗君《もうしょうくん》や春申君《しゅんしんくん》、兵法の孫子《そんし》、陰陽五行説の鄒衍《すうえん》、大商人で秦の丞相となった呂《りょ》不韋《ふい》、始皇帝暗殺未遂の刺客荊軻《けいか》、中の下には秦の始皇帝や丞相李斯、合《がっ》従連衡《しょうれんこう》の蘇秦《そしん》と張儀《ちょうぎ》、下の上に五覇の宋の襄《じょう》公、下の中に夏の末喜、秦の二世皇帝胡亥、下の下の愚人には殷の妲己、秦を滅ぼした趙高、戦国六国の最後の王となった楚王負芻《ふすう》、燕《えん》王喜《き》、魏王仮《か》、斉王建《けん》らが挙げられる。あきらかに後漢の儒家的な視点からの人物評価といえよう。聖人、仁人、智人、中人、愚人はもともとは孔子のことばである。班固は古今人表の序文に、孔子のことばを並べている。

班固は孔子を聖人としたが、聖人は後世の評価のランクであり、孔子自身は「聖人は吾《われ》得てこれを見ず」（『論語』述而）（聖人には私も会うことができない）といい、自分を聖人とは思ってもいない。「唯上知と下愚は移らず」（『論語』陽貨）（賢い者と愚か者だけは変わらない）とは、中人は教育によって好くも悪くもなるが、その上の智人とその下の愚人は動かしがたいということをいう。班固は臣下が善行をなしたら認められ、悪行をなしたら殺されるような君主は上智といい、逆に善行をなしたら殺され、悪行をなしたら認められるような君主を下愚という。前者に堯《ぎょう》、舜《しゅん》、禹を挙げ、後者に桀王、紂王を挙げる。斉の桓公の場合、管仲が丞相として支えて覇者となり、豎貂《じゅちょう》が輔佐して政治が乱れた。善行も悪行も認めるような君主は中人であるという。君主の評価は臣下との関係で下されるのも一理であろう。

現代の評者であり研究の一線にいる本書の執筆陣が暴君の桀王、紂王、始皇帝、煬帝、聖人の禹王、孔子をどのように見直してくれるのか。読者は大いに期待してもよいであろう。

二〇一七年七月

鶴間和幸

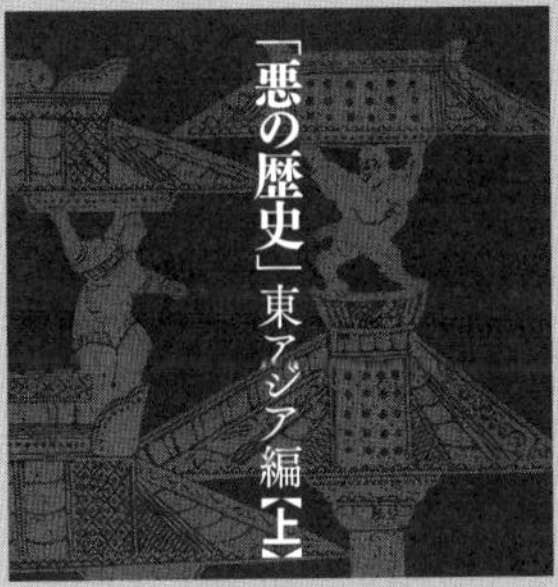

目次

❖本書に掲載した各人物論については、各執筆者の考えや意向を重んじて、年代表記のほかは内容や論説などの統一を一切はかっておりません。したがいまして、例えば「勅」と「敕」などの漢字の用い方や、「突厥」の読み方（「とっけつ」と「とっくつ」）なども、基本的に執筆者の記述した表記を尊重しております。

「悪の歴史」

東アジア編

【上】

中国の伝説上の王で夏王朝の始祖。治水事業に邁進し、神として信仰される。

犯罪者を庇護する伝説上の帝王

禹

…う…

工藤元男

禹《う》は中国上代の伝説上の帝王であり、中国最古の夏《か》王朝の始祖として知られている。夏王朝の年代記である『史記』夏本紀《ほんぎ》では、次のように述べている。

禹の父は鯀《こん》、鯀の父は帝顓頊《せんぎょく》、顓頊の父は昌意《しょうい》、昌意の父は黄帝《こうてい》である。つまり禹は五帝筆頭の黄帝の玄孫であり、曽祖父の昌意と父の鯀は帝位につけず、人臣であった。帝堯《ぎょう》のとき大洪水が起こり、堯はこれを治めることのできる人材を求めた。群臣は鯀を推挙した。堯は鯀の能力を疑っていたのであるが、鯀に治水を命じた。はたして鯀はなんの成果もだせなかった。堯はさらに天下に人材を求め、舜《しゅん》をえて登用した。舜は堯の政事を摂行し、治水に失敗した鯀を羽山《うざん》において誅殺した。堯が崩じると、帝舜は鯀の子禹に水土を治めさせた。禹は父の失敗を償うため一心不乱に治水に没頭し、九州(九つの州)を開拓して舜の期待にこたえた。そのため舜は禹をその後継者に指名した。

舜が崩じると、禹は舜の子商均《しょうきん》に遠慮して、陽城《ようじょう》に退いた。しかし天下の諸侯らはみな禹のもとに集まったので、禹はついに天子の位につき、国号を夏后《かこう》と号した。禹は益《えき》を登用して政事をまかせ、みずからは東に巡幸し、会稽《かいけい》で亡くなった。益はその位を禹の子の啓に譲り、その子孫が代々位を継いだ。こうして禅譲《ぜんじょう》による継承の時代は終わり、ここに世襲王朝の夏王朝が出現した。

禹の神話初源

以上が人口に膾炙《かいしゃ》した禹の治水と夏王朝成立の物語の概要であるが、そのような禹の伝説の原型をなす神話として、漢字学の白川静《しらかわしずか》は『荘子《そうじ》』盗跖《とうせき》篇に「禹は偏枯《へんこ》」（禹は偏枯であった）とある記事をあげている。❖1「偏枯」とは難解な語であるが、字書には「半身不随」と解説されている。つまり、禹が治水事業のため病み疲れた姿を表現した語と理解されている。しかし禹とその臣益が著した地理書という伝承のある『山海経《せんがいきょう》』の大荒西経には、次のようにみえる。

氐《てい》人の国あり。……魚あり、偏枯。名づけて魚婦という。顓頊死してすなわちまた蘇《よみがえ》る。風、北より来るとき、天すなわち大いに水泉す。蛇すなわち化して魚となる。これを魚婦となす。顓頊死してすなわちまた蘇る。

そこで、白川は氐人の神話として語られるこの文を次のように解釈している。偏枯は魚婦とおなじ意味で、魚形の神を表し、水を呼ぶ洪水神である。季節ごとに襲ってくる洪水は恐怖であるが、そのたびこれを克服することで農耕の豊饒は約束される。この文はそれを神話的に表現したものである。顓頊は鯀の父、鯀は禹の父なので、禹も洪水神である、と。この説明によると、禹とその一族は魚形の洪水神であり、その姿を表現したものが「偏枯」である。

この神話を伝えている氏人とは、先秦（秦の統一以前）文献の中に「氐羌《きょう》」とみえるように、しばしば羌と共に連称される種族であり、また羌人は殷《いん》の甲骨文に登場している。氐がこの羌から分離するのは、周以後とされている。したがって、禹の洪水神話は氐・羌によって共有されたもので、そうとう古くまで遡ることが想定される。

ところで、ヨーロッパの古典古代では歴史上実在した人物が人々によって記憶され、それが神話化されて、神話上の人物となる、といわれている。神話学ではこれを〝史実の神話化〟とよんでいる。しかし中国ではそれとはまったく逆で、神話的な存在がしばしば歴史上の人物として人間化される。西王母《せいおうぼ》などはその好例であろう。禹の場合も、その洪水神神話から〝治水の聖王〟という過程を通じて人間化されたものである。

妻子を顧みない禹

この人間化された禹は帝舜によって登用され、その働きぶりは猛烈をきわめた。前漢末の学者劉向《りゅうきょう》の『列女伝』母儀《ぼぎ》篇に、次のようなエピソードが収められている。

禹は塗山《とざん》氏の長女を娶《めと》った。子の啓《けい》が生まれると、辛壬癸甲、禹は啓が泣いても治水に出発した。

これと同様の文は諸書に散見するが、ただし「辛壬癸甲」の四字の位置に異同がみられ、それによって意味も大きく変わってくる。ここでは辛壬癸甲を啓が生まれて四日後の意に解する。すると禹は啓が生まれて四日後に、泣きさけぶ啓を顧みることなく、はやばやと治水に出発したことになる。

近年、湖北省雲夢《うんぼう》県睡虎地《すいこち》から戦国時代の竹簡《ちくかん》(竹札に書かれた文書や書籍)が大量に発見された。これを睡虎地秦簡という。❖2 その内容は戦国末の秦の法制史料を中心とするが、その中に「日書《にっしょ》」という篇名の占いの書籍がふくまれており、

癸丑・戊午・己未は、禹もって塗山の女を取《めと》りし日なり。棄てずんば、必ずもって子は死す。

という占辞《せんじ》のあることに注目される。これによると、「癸丑・戊午・己未」の日は禹が塗山氏の女を娶った日とされ、それらの日に娶った妻は棄てないと、生まれた子は必ず死ぬ、と予言されている。ここに治水に没頭する禹と塗山氏の女の結婚を不幸とみる民俗社会の正直な気持ちをはっきりとみとめることができる。❖3

変身する禹

治水に邁進した禹のようすをさらに物語るものは、前漢高祖の孫の劉安《りゅうあん》が編纂した『淮南子《えなんじ》』である。あるとき禹は鴻水《こうすい》の治水工事で熊に変身し、轘轅《かんえん》山を開通させていた。禹は妻に「食事にす

るときは、太鼓の音で合図する」と言った。禹が石を飛び越えようとして、その石が太鼓にあたった。妻はそれを食事の合図の音と思ってやってくると、そこで彼女がみたものは、熊に変身した夫の姿だった。おどろいた妻はそれを恥じて、崇高山の麓まで逃げ、そこで石となった。今にも啓が産まれようとするとき、追いかけてきた禹が「わが子をかえせ」とさけんだ。するとその石は北向きに破れ、中から啓がでてきた。

これは『淮南子』の本文ではなく、佚文《いつぶん》(『漢書』武帝紀の注に引かれた文)であるが、禹の子の啓が石から生まれたというように、人が石から生まれたとする伝説を、石中生誕譚《たん》という。禹の一族はこのような伝説と深いかかわりをもっている。では、その背景には何があるのであろうか。

蜀における禹の生誕伝説

前漢末の文学者の揚雄《ようゆう》が著したとされる『蜀王本紀《しょくおうほんぎ》』(佚文)に、漢代の蜀(四川の成都《せいと》を中心とする地域)に伝わる禹の生誕伝説が紹介されている。それによると、禹は汶山《びんざん》郡広柔《こうじゅう》県の人で、石紐《せきちゅう》に生まれたとする。汶山郡は成都の北方にある郡である。それに属する広柔県の位置については諸説あるが、成都東北の現在の北川《ほくせん》県に比定されることが多い。そこは漢族・羌族・チベット族・回族・苗《びょう》族などの少数民族が居住しているところであるが、二〇〇八年五月十二日の四川大地震で壊滅的な被害を受けた。

揚雄が伝える四川の禹の生誕伝説は、東晋の常璩《じょうきょ》が著した『華陽国志《かようこくし》』にもみえている。ただしこれも書籍に引かれた佚文で、現行本にはみえないものである。

夷人《いじん》、その地に営し、方百里、あえて居牧せず。過《とが》あるも、その野中に逃ぐればあえて追わず、〝禹神を畏《おそ》る〟と云う。よく三年蔵《かく》るれば、人の得《とら》うる所となるも、すなわち共にこれを原《ゆる》し、〝禹の神霊、これを祐《たす》く〟と云う。

前後を少し補うと、次のような内容である。広柔県の石紐は四方百里の場所で、そこは禹の生誕地であるから、夷人たちはそこに居住したり、家畜を放牧することはしない。また何か罪を犯しても、そこに逃げ込めば追捕されることはない。追っ手が禹の神を恐れるからである。またそこに三年間隠れていて、出たあと捕まってもすぐ釈放される。これを〝禹の神霊のお助け〟と呼んでいる。これによると、禹の生誕地は夷人たちの〝アジール〟だった。

アジールとは

アジールとは、ギリシャ語のasylos《アシュロス》(不可侵)に由来し、とくに社会史において重視されている歴史学用語である。オルトヴィン・ヘンスラーによれば、近代以前では神殿・寺院・森などの神聖な場所は、役人でも勝手に入れない聖域だった。[4] そのため、法を犯した者でもそこに逃げこめば役人に逮捕されないという暗黙の社会的了解があった。このような宗教的避難所(宗教的権威に支えられた特別な聖域)

のことをアジールという。

それは近代以前の社会において、東洋でも、西洋でも、ひろく各地に存在した一種の慣習法であり、民衆が国家権力から身を守るための、自由の拠点の役割を果たしたと評価されているものである。東アジア世界におけるその事例として、『三国志』東夷《とうい》伝の馬韓《ばかん》の条に次のような記事がみえる。

また馬韓地方の諸国にはおのおのもう一つの邑があり、これを蘇塗《そと》という。そこには大きな木が立てられ、それに鈴と太鼓が掛けられ、鬼神の祭祀がおこなわれる。逃亡者たちがそこへ逃げ込むと、追い出されないので、そこをかくれ家としてよく悪事をはたらく。

この古代朝鮮の馬韓地方にあったという「蘇塗」は、典型的なアジールの状況を示している。日本中世の対馬《つしま》にもアジールの習俗があったことは、皇国史観で有名な平泉澄《きよし》が紹介している。❖5 すなわち朝鮮王朝の魚叔権《ぎょしゅくけん》の『稗官雑記《はいかんざっき》』のなかに、室町中ごろの対馬に存したという次のような習俗が載せられている。

南北に高山あり、皆《み》な天神と名づけ、南は子神と称し、北は母神と称し、家家、素餐をもって之を祭り、山の草木禽獣、敢えて犯す者無く、罪人走りて神堂に入らば、則ちまた敢えて追捕せず。

（原文は漢文）

これによると中世末の対馬では、南北二つの高山にある神堂がアジールとなっており、罪を犯した者もそこに逃げ込めば官憲の追捕を免れたのである。

近世になると、国家の中央集権化が進み、このような治外法権的なアジールは消滅していった。

冉駹の民族誌

では、先述の『華陽国志』佚文にみえる禹をアジールの神として篤く信仰していた「夷人」とはどのような民族だったのであろうか。四川中部を南北に流れ、宜賓《ぎひん》で長江に合流する長江の支流を岷《びん》江《こう》という。この岷江沿岸の都江堰《とこうえん》市以北を上流とする。漢代、この岷江上流の山岳地帯に分布していたのが冉駹《ぜんぼう》という部族だった。

その民族誌は『華陽国志』蜀志と『後漢書』南蛮西南夷列伝にまとまった記事がみえる。後者は前者の記事にもとづいて、さらに追補したものであろう。それによると、冉駹は氐や羌などの種族からなり、山岳地帯にすむ彼らはおもに牧畜を生業としていた。山腹に集落をいとなみ、石片を積み重ねて建物をつくり、高さ十余丈に達するものは邛籠《きょうろう》とよばれる。冬は寒冷なため成都に下りて賃労働につき、夏は暑さを避けて集落にもどる。また火葬の習俗や母権制的な家族制度を保持していた。その支配層は漢文が読めるらしく、漢の法が及んでいる、等々。夷人とはこの冉駹のことであろう。では、そのような冉駹の部族的特徴と禹の信仰は、どのように繋がっていたのであろうか。

岩間葬の葬観念と禹の生誕伝説

この問題を考えるうえで、雲南晋寧《しんねい》県の石寨山《せきさいざん》墓葬に注目したい。この遺跡は漢代の滇王《てんおう》の墓葬で、自然岩石の亀裂部分を利用した特殊なものである。そこで中国考古学の量博満《はかりひろみつ》はこれを「岩間葬」とよび、その背景に独特の葬観念が存在することを指摘している。[6] すなわち、量はその葬観念を四川における禹の生誕伝説と重ねて推測している。それによると、禹の生誕地は『蜀王本紀』などで「石紐」とされているが、しかしそれは地名ではなく、「岩間の窪み」を意味する語である。禹の生誕地とされる場所と石寨山墓葬の地域は、共通した自然環境（岩間の窪みが走る荒地）であり、そのため両地には共通する観念が存在したであろう。それは「岩塊中より生まれた人は死してふたたび岩塊中に帰る」というものである、と。

そこでこれを検証してみよう。『易林《えきりん》』は前漢の焦延寿《しょうえんじゅ》が著した占いの『易』に関する文献であるが、その漸《ぜん》の卦辞《かじ》に「帝舜は禹を石夷《せきい》の地より登用した」とある。これより前漢時代に禹を石夷（岩礁地帯に住む蛮夷《ばんい》）の出自とする伝承のあったことが知られる。また、後漢の趙曄《ちょうよう》の『呉越春秋《ごえつしゅんじゅう》』に、

> 禹は帝顓頊の子孫で、父を鯀という。鯀は有莘《ゆうしん》氏の女と結婚し、その名を女嬉《じょき》という。女嬉は中年になっても子が生まれなかった。ある日、砥山《とざん》でハトムギの実を得て、それを呑んだ。するとなにか異様な感じがした。それがもとで女嬉は妊娠し、やがて高密（禹）が女嬉の脇腹を割いて生まれた。女嬉は西羌に住み、その地を石紐という。

とあり、これを要約すると次のようになる。①禹は母親の脇腹を割いて生まれた。②禹は西羌の出身である(西羌は現在の四川に居住する羌族の先祖)。③禹の生誕地は石紐である。

①に関して他の史料では、禹が母親の「胸」を破り、あるいは「背」を裂いて生まれたともある。また、鯀についても異様な伝説が残されている。たとえば、鯀が亡くなってもその遺体は腐らず、これを宝刀で裂くと、中から禹が生まれた、等々。そこで①③を組み合わせてみると、それは禹が岩塊中(岩間の窪み)から生まれたという観念を具象化した(形にした)ものと理解することができる。つまり、岩礁地帯という共通の自然環境を基盤として、北の四川と南の雲南の地では共通の観念が生まれ、四川では禹の異常生誕伝説を生み、雲南では岩間葬となったのである。

じっさい冉駹が居住していた岷江上流域を実地調査してみると、そこはまさに峨々《がが》たる山岳地帯であり、峻険な岩山の山腹に羌寨《きょうさい》(羌族の集落)が孤立して点在している。このような場所で禹が岩間の窪みから生まれたという伝説が発生し、それゆえ禹の生誕地は神聖視されて、アジールとなったのである。

先述のように、禹をアジールの神として信仰していた冉駹は、氐や羌などの種族から構成された部族であった。すると禹に対するそのような独特の信仰も、もとは氐や羌の信仰に由来するものであろう。氐と羌はもともと禹の洪水神神話を共有する種族だったからである。また②の「禹は西羌の出身」とするのも、そのことと関係するであろう。

羌人の遷徙と「羌戈大戦」

では、氏や羌が共有していた中原《ちゅうげん》の禹の洪水神神話は、なぜ四川においては「石中誕生譚」として発生し、冉駹のアジール神となったのであろうか。ここに羌族の歴史がかかわってくる。

現在の羌族は岷江上流の山間部の阿壩《アバ》蔵《ぞう》族・羌族自治州を中心に居住しており、二〇〇〇年の全国第五次人口一斉調査の統計によれば、総人口は約三〇・七万人である。その先祖とされる羌人は殷王朝と対立し、甲骨文によるとその圧迫をうけていた。そのご羌人は周とむすび、史上知られる周の殷周革命に協力した。そのため周によって多くの羌人諸族は東方に封建され、姜《きょう》姓諸侯となった。残留した羌人は河湟《かこう》地区（黄河上流と支流の湟水が交わる一帯）に多く分布した。

春秋・戦国時代になると、この地域に秦の西方進出の影響が及ぶようになる。『後漢書』西羌伝によると、戦国時代中ごろ、献《けん》公のとき秦は渭水《いすい》上流に進出し、河湟地区にいる羌人に迫った。そのため羌人のあいだに動揺が起こり、ここに大規模な遷徙《せんし》がはじまった。

この遷徙の過程で羌人の新たな種族も生まれた。また河湟地区にとどまった羌人からも多くの種族が生まれた。羌人最初の大移動とされているものである。こうして遷徙を開始した羌人のうち、戦国時代から漢代にかけて岷江上流に南下してきた羌人の一派が、現在の羌族の祖先とされている。

こうした羌人の遷徙によって、中原で生まれた禹の神話が岷江上流域に運ばれ、それが当地の「岩塊中より生まれた人は死してふたたび岩塊中に帰る」という観念とむすびつき、二次的な石中生誕譚が生まれ、アジール神としての禹が誕生したと思われる。

羌人が西北の草原地帯からこの岷江上流域に移動してきたことを反映する考古資料もあるが、興味深い伝承も残されている。それによると、羌人は移動先で先住民の「戈基人《かきじん》」のはげしい抵抗に遭った。しかし天の神の支援をえてようやく征服し、定住したというものである。この伝説を伝える羌族の民族史詩を「羌戈大戦《きょうかたいせん》」という。それは羌族の最大の年中行事である「祭山会」(山の神の祭り)において、「釈比《シピ》」とよばれる宗教職能者によって上演され、羌族の民族的アイデンティティを支えているものである。

近年、「羌戈大戦」に関して画期的な成果があった。二〇〇三年の第三二回ユネスコ総会で「無形文化遺産保護条約」が採択され、中国ではその事業の一環として、二〇〇四年から、釈比が伝えてきた「釈比経典」の蒐集《しゅうしゅう》を開始したのである。つまり、釈比が代々口承により伝えてきた経典を聞き取り、その記録を網羅的に集めたのである。その成果は、二〇〇八年に『羌族釈比経典』(上下巻、四川民族出版社)として刊行された。「編纂説明」によると、現存する四九名の釈比と対面で調査した結果、経典は約五〇〇部存在することがわかった。ただしすでに釈比が死亡して伝承の失われたものもあり、また経典名だけが残っているもの、存するがタブーなどの理由で公表できないものもあるとされ、収録できた経典は三六二部となっている。本書はこうして蒐集された経典を、一行目に国際音声記号によって羌語の口頭経典を記し、二行目に中国語の逐語訳を載せ、三行目に中国語の意訳をつけている。その中に、「羌戈大戦」や禹を言祝《ことほ》ぐ「頌神禹」などが収められている。

❖1…白川　静『中国の神話』（中公文庫、一九七五年）
❖2…工藤元男『睡虎地秦簡よりみた秦代の国家と社会』（創文社、一九九八年）
❖3…工藤元男「禹の伝承をめぐる中華世界と周縁」（岩波講座 世界歴史第三巻『中華の形成と東方世界』所収、一九九八年）
❖4…オルトヴィン・ヘンスラー（舟木徹男訳）『アジール――その歴史と諸形態』（国書刊行会、二〇一〇年）
❖5…平泉　澄『中世に於ける社寺と社会との関係』（至文堂、一九二六年）
❖6…量博満「岩間葬について」（白鳥芳郎教授古希記念論叢刊行会編『アジア諸民族の歴史と文化――白鳥芳郎教授古希記念論叢――』所収、六興出版、一九九〇年）

生没年不詳
夏王朝最後の王。酒色を好み悪行を重ねた暴君で、殷の湯王に討たれる。

末喜のせいで末期症状を呈した王

夏の桀王

…かのけつおう…

竹内康浩

中国古代、夏王朝第十七代の王。寵妃末喜《まっき》との愛欲生活によって堕落し、悪事を重ね、離反した諸侯の支持を得た殷《いん》の湯《とう》王の軍に敗れて追放され、王朝は滅亡する。殷の紂《ちゅう》王と合わせて暴君の筆頭に位置づけられる。

夏桀・殷紂

夏の桀王、殷の紂王、この二人を併せて「桀紂」と称し、中国では古来暴君の代名詞としている。前漢を建国した高祖、劉邦《りゅうほう》についてこんな話がある。

劉邦がくつろいでいるところ、強情で遠慮のない周昌《しゅうしょう》が参内してきた。おりしも、劉邦はちょうど愛人の戚姫《せきき》を抱擁せんというところ。周昌が引き返そうとすると劉邦が追いかけてきて周昌に馬乗りになった。劉邦が「わしはどんな君主だ?」と尋ねると、周昌は「陛下は桀紂のような君主であります」と答えた。劉邦は笑ったが、実は彼は周昌を大いに憚《はばか》っていたのであった。

（『史記』張丞相列伝）

若い時から素行の治まらない学問嫌いの劉邦にしても桀紂の名は知っており、そして宮殿で愛人と戯れている自分の行動がまさに彼らの伝説と重なることは知っていたのであって、それを剛直な周昌に言われては劉邦としても笑うほかはなかったのである。

夏の桀王、殷の紂王というこの二人は、淫楽に耽《ふけ》り暴虐を極め国を滅ぼすに至った、中国史上最悪の暴君暗君としてその名が伝わる。殷王朝については、二〇世紀に入ってから考古学的発掘の豊富な成果によりその実像が明らかになりつつある。夏王朝についてもその遺跡とされる場所の発掘が近年急速に進み、中国においては実在間違いなしとして夏王朝史が語られている。古い書物に見える桀紂伝説はいかにも真実味に乏しく、そうした考古学的成果を踏まえた史実としての古代王朝史によって退けられるのが妥当なようにも見える。しかしながら、桀紂伝説の持つ意味は、夏殷史の史実とは別の次元において存在価値・探究理由がある。

何よりそれは亡国への戒めである。どのような君主が位につけば国は危うくなるのか、君主がいかなる行動をとった時に国は滅亡に向かうのかについての典型的サンプルなのである。桀紂伝説とは、国家経営・王朝維持のための「べからず」集であり、また国の命運の凶兆を知るためのマニュアルでもある。君主がこういう行動をすれば王朝は揺らぐ、国家がこういう状況になれば滅亡は近い、そういう戒めのサンプルなのだ。それ故、桀紂伝説は夏殷史の史実の理解解明とは別に、伝統中国において代々念頭に置かれてきた君主像や国家観、さらには王朝の興亡に関わる歴史観を示してきたものとして取り上げる意味があるのである。

ここでは、その一人、夏の桀王について取り上げよう。

夏桀伝

主役である夏の桀王について、その伝記を確認しておこう。『史記』では夏本紀と殷本紀に彼の関係の記事がある。まず、夏本紀の文を見てみよう。

孔甲《こうこう》崩じ、子の帝皐《ていこう》立つ。帝皐崩じ、子の帝発《はつ》立つ。帝発崩じ、子の帝履癸《りき》立つ、これ桀たり。帝桀の時、孔甲より以来にして諸侯は多く夏にそむく。桀は徳に務めず、百姓を武傷し、百姓は堪えず。迺《すなわ》ち湯を召してこれを夏台《かだい》に囚《とら》うるも、すでにしてこれを釈《ゆる》す。湯は徳を修め、諸侯はみな湯に帰し、湯はついに兵を率いて以て夏桀を伐つ。桀は鳴条《めいじょう》に走り、ついに放たれて死す。桀は人に謂《い》いて曰く、「吾《わ》れ、湯を夏台に殺すを遂げずして此《こ》れに至るを悔やむ」と。湯、乃ち天子の位を践《ふ》み、夏に代わりて天下に朝す。湯、夏の後を封《ほう》じ、周に至りて杞《き》に封ず。

以上が夏本紀の桀に関わる文章であるが、情報少なくあまりにも素っ気ない。『史記』ではむしろ殷本紀の方に桀王に関する記事が多い。それは、殷王朝初代の湯王が桀を討ち夏が亡ぶに至ったその事情を説明するためであり、主役湯王の敵役として存在感を持たされて、桀の悪事もそこで語られる。夏王朝について述べる夏本紀では桀は王朝の柱であり主役たる王であり、さすがにそこに多くの悪事を盛り込むことは憚られているのであろうか。以下、「悪」の要素については主に殷本紀によりつつ、さらに多くの書物に断片的にみえる関連記事を拾って補いながら、古典籍中に見える桀王像を再現してみよう。

夏本紀は、桀の名を履癸とする。履の字を付けずに癸とだけ言う資料もある。桀というのはいわゆる諡《おくりな》であると思われる。諡とは帝王や優れた臣下に生前の業績を評価してふさわしい文字を選定して命名する習慣で、政治や学問に励んだ者には「文」の字を使う、といったように選定基準がある。桀とは「人を賊し多く殺すを桀という」、つまり多くの人間を殺害した者に対して与えられる呼び名であるという。桀というその名自体が暴君ぶりを十分に表現しているのである。

夏本紀によれば、桀は帝発の子として父の跡を継いだ正統な王である。『今本竹書紀年《ちくしょきねん》』によれば、即位後は斟鄩《しんじん》に居たといい（斟鄩は河南省洛陽市付近の地）、のち十三年に「河南に遷る」とも記す。『史記』では曽祖父に当たる孔甲以来の諸侯が多く夏王朝に背いたと言い、それは「徳に務めず、百姓を武傷」したという桀の行いのせいであるように読める。では彼はどのような人物であったのだろうか。

『荀子《じゅんし》』非相《ひそう》編に「桀と紂は容貌の美しさでは天下に抜きん出た存在で、かつ筋力の強さは百人を相手にできるほどであった」とある。桀は美男子でしかも筋骨たくましい偉丈夫であったのだ。筋力については、『淮南子《えなんじ》』主術編に「桀の力は動物の堅い角や鉄でも素手で曲げてしまうほど。水中のアオウミガメやワニを殺し、陸では熊や羆《ひぐま》をも捕まえるほど」とも言い、よほどの怪力を誇ったようである。また、『史記』律書には「夏桀・殷紂は、素手で豺《やまいぬ》や狼を殴り倒し、走れば四頭立ての馬車に追いつけるほどの猛き人であった」という。表現が極端ではあるが、身体能力は人並み外れたものであったとされる。一方、性格や知的能力についてはそれを記す資料は見当たらない。但し、『史記』では夏王朝に先立つ五帝の時代のことを記した五帝本紀において、堯《ぎょう》の子である丹朱《たんしゅ》について「頑凶」や「不肖」と、また舜《しゅん》の子である商均《しょうきん》について「不肖」といずれも表現していることを参照すれば、夏本紀・殷本紀ともに桀についてそうした評価の語が何もないことは注目してもよい。天性の資質には問題はなかったと見てよいのであろう。

それでは桀は具体的にどのような悪事を働いたのであろうか。『史記』夏本紀は抽象的な物言いで、具体的事例を示していない。『今本竹書紀年』には「三年、傾宮《けいきゅう》を築き、容台《ようだい》を毀《こぼ》つ」という記事がある。傾宮については、傾は瓊《けい》つまり美しい玉のことで装飾が豪華な宮とする説と、傾は面積単位の頃《けい》(一頃は約一八〇アール)でありその広さの宮殿との説があるが、いずれにせよ、むやみな贅沢を表わすとみてよいであろう。容台は儀礼を行う場所のことなので、「贅沢に走り礼儀を廃した」ということでマイナス評価になる。また『今本竹書紀年』は、十一年に有緡《ゆうびん》氏を滅ぼしたこと、十四年には岷山《びんざん》を討ったことを言うが、これについては桀が一方的に悪いとは断言できない。討伐された側に非がある場合もあるからであり、聖人たる殷の湯ですらも諸侯討伐を行っている。

桀の悪事としては、「桀は船が動かせるほどの酒の池を作り、酒糟で十里四方が見渡せるほどの丘を作った。そこで三〇〇〇人に牛飲させた」と『韓詩外伝《かんしがいでん》』は言う。普通酒池と言えば殷の紂王のこととして有名だが（酒池肉林）、桀王についても同様な話があることになる。また、市場に虎を放ち人々が驚いて逃げ惑うさまを見た、といった話もある（『管子《かんし》』）。いずれも無論愚行であるには相違ないが、児戯に類する行為であって本質的な悪政と評せられるものではあるまい。その意味で、彼を諫《いさ》めた関龍逄《かんりゅうほう》を殺害したことは非難されて然るべきであろう。直前に引用した酒池の件について関龍逄が桀を諫めた言葉が『韓詩外伝』にある。即ち、

> 古の君主たるものは、自ら礼儀を実行し、民を愛し財を節約し、そのおかげで国は安泰、君主も長寿でありました。ところが今、王さまはといえば、財や人命を無限なもののように見なして浪費しておられます。態度を改めないならば、天は必ず災いを下し罰を行います。王さま、どうぞお改めを。

関龍逄が引き下がろうとしなかったので、桀は彼を捕らえて殺してしまったという。とはいえ、諫めの内容としてはずいぶん抽象的で、特別痛いところを突いたようにも思われない。なお、夏本紀には殷の湯を夏台にとらえたといい、これは聖人に対する虐待として悪い評価の理由となろうけれども、殷の立場からの決めつけのようにも見える。諫臣《かんしん》を殺害する一方で、奸臣《かんしん》を登用したともされ、文献には、曲逆《きょくぎゃく》（『管子』）、于辛《うしん》（『呂氏春秋《りょししゅんじゅう》』）といった名が見えているが、彼らがどのように

桀を悪に導いたかは記載はない。

さて、桀を見限って諸侯は湯の下に集まり、ついに湯は兵を率いて桀を討伐する。戦いについて、「桀は鳴条に走り、遂に放たれて死す」(夏本紀)、「桀は有娀之虚《ゆうしゅう》に敗れ、桀は鳴条に犇《はし》り、夏の師、敗績す」(殷本紀)と言い、勝負はあっさりとついた。桀は敗れ、夏王朝は滅亡する。但し、桀は戦いに負けても死んだわけではない。逃亡の後には、ある人に「湯を夏台で殺さなかった結果こうなったことが悔やまれる」という負け惜しみを言っている。さてまた、『淮南子』には「湯は桀を歴山《れきざん》に破り、妹喜(＝末喜)と舟をともにし江に浮かび、南巣之山《なんそう》に奔り死す」と言い、末喜を連れての逃避行であるらしい。

桀の在位は三一年とも五二年ともいう。いたずらに長いだけの不毛な時代であったと言い得るかもしれない。

末喜伝

夏の桀王は、末喜(妹嬉、妹喜)なる女性に魅かれ、破滅していったとされる。では、末喜という女性はどのような人物であったのだろうか。先秦時代の書物には彼女の名はほとんど見えず、前漢以降の書物に断片的な記事が散見する程度であり、詳細を知るすべはない。夏王朝についての系統的な記録である司馬遷《しばせん》の『史記』夏本紀にも彼女の名は見えず、『史記』では外戚世家《がいせきせいか》に「夏の興隆は塗《と》山氏《ざん》(禹の妃)のおかげ、桀の放逐は末喜のせい」と見えているのが唯一である。

比較的古い書物で、かつ末喜の情報をまとめて書いているものに『列女伝』がある。本書は前漢末の人である劉向《りゅうきょう》の著であり(但し現存のものには後世の人の手が加わった跡がある)、女性の教育・修養の参考とすべく良妻賢母の話を中心に多くの女性のエピソードが集められている。ところがその末尾は「孽嬖《げっぺい》」というテーマで男性をダメにした女性の話が集められており、反面教師のサンプル集になっていて、末喜や殷紂王の寵姫妲己《だっき》がまさにその代表例である。では『列女伝』に記される末喜の伝を見てみよう。

末喜は夏の桀王の妃である。容貌は美しかったが徳は乏しく、残虐無道の人であった。女性でありながら心は男性のようで、剣を佩《お》び冠をかぶっていた。桀は礼儀をうち捨てて淫楽に耽り、美女を探し求めては後宮に収め、芸人や幇間《ほうかん》らを集めてはそばに置いた。「爛漫」という音楽を作らせ、日夜、末喜や多くの美女たちと果てなく宴会を繰り広げた。末喜を膝の上にのせ、彼女の言うことならみな聞き入れた。船を載せられるほどの大きな酒の池を作り、一度太鼓を打つと三〇〇〇人が一斉に飲みだすのだが、頭を革ひもで縛ってつなげていたので、飲み過ぎて酔いつぶれた者に引きずられて溺死する者も出た。すると末喜は笑って面白がったのであった。関龍逢が「君主が無道であれば国が滅びます」と諫めると、桀王は「太陽がなくなることがあるか？　太陽がなくなったらその時にはわしも滅ぶがな」と言い、人を惑わす怪しい発言をするものとして関龍逢を殺した。

玉で飾った特別な建物や部屋をしつらえて愛欲に耽ったのであるが、どれほど贅を尽くそうとなお物足りぬ様子であった。湯を召喚して夏台に囚えたが、のち釈放した。諸侯がみな反旗を翻し、湯は天命を受けて桀討伐の軍を挙げ、鳴条にて両軍は相まみえたものの桀の軍には戦意はなく、湯は桀を放逐した。桀は末喜や愛妾たちと船に乗って海へ逃れ、南巣之山で死んだ。

この記述によると末喜は、「嬌として力なし」といったかよわいタイプではなく、むしろ「男装の麗人」的な人であったらしい。桀王は彼女と楽しみを共にすることを喜び、宴会三昧の日々となった。しかしその宴会は酒の池を作って大勢に同時に無理やり飲ませるというすこぶる品のないもので、かつ泥酔して死者が出ると笑って喜ぶという人でなしぶりである。但し、この文脈からすると、桀王は当初からこのような逸楽を追求したのではなく、末喜と出会うことでこうした嗜好に走り出したというように解せられる。

『列女伝』の記述も以上のような短いものであり、末喜に関する情報をさらに他の書物から拾い集めてみよう。

末喜の出身については、『国語』晋語《しんご》に「昔、夏の桀、有施《ゆうし》を伐ち、有施の人、妹喜を以てめあわす。妹喜、寵あり」とあり、有施の出身という。しかし『楚辞《そじ》』天問編には「桀　蒙山《もうざん》を伐ち、何の得るところ。妹喜　何ぞ肆《ほしいまま》にせる、湯　何ぞ殛《ころ》す」とあり、流れからすると妹喜は蒙山の出身ということになる。『楚辞』の注が有施と蒙山を同じというのは何か根拠があるのか否か不明である。いずれであれ、末喜が、桀によって討伐された国の出であることは重要であり、人質あるいは戦利品としての不本意な処遇として桀のもとに行くことになったことは気に留めてよい（実は殷の紂と妲己の事情も同じである）。末喜は、大国の王によって故国が攻伐され、戦利品のように連れて来られた女性である。夏王朝や桀王に対して親しむよりも怒りや怨みの心情があったのであれば、桀王を籠絡《ろうらく》して意のままに操って堕落させ、遂に国を崩壊へと導いたのは、彼女にとってのスウィート・リヴェンジであったのかもしれない。

さて、末喜について『竹書紀年』はまことに驚くべき記事を載せている。

桀は扁《へん》に命じて岷山を討伐させた。岷山では、琬《えん》と琰《えん》の二人の女性を桀にめあわせた。桀はこの二人を愛したが、子はできなかった。桀は二人の名を苕華《ちょうか》之玉に刻み付けた。苕が琬で華が琰である。桀は元妃《げんひ》を洛水（川）に棄てたが、彼女の名は妹嬉氏といった。彼女は伊尹《いいん》と交流を持ち、ついには夏を亡ぼした。

桀は岷山討伐で得た琬と琰という二人の女性を愛し、元妃たる妹嬉氏（＝末喜）を棄てたという、まことに驚くべき記述である。末喜以外にも女性がいたことは、『呂氏春秋』にも記述があり、間諜《かんちょう》として夏に入り込んだ伊尹が三年後に殷に復して行った報告の中に「桀は末喜に惑い、かの琬と琰を好んで人々を憐れまず……」とある（桀が華という女性を愛したことが『管子』に見えているが、華は『竹書紀年』

によれば前出の二人のうちの琰の方に当たる)。このように、桀が愛したのは末喜一人とは限らなかったようである。この資料の注目点は、琬と琰の二人を愛した桀が末喜を廃してしまったということ、さらに末喜が殷の賢臣伊尹と協力して夏滅亡に手を貸したというところである。もしも、堕落した桀王を見捨てて殷に期待し新時代をひらく手助けをしたのであれば、末喜は巷間貶《けな》すような悪女毒婦とは言えなくなる。が、なんにせよ、夏王朝は彼女のせいで末期を迎える。

暴君伝説の意義

桀王に関する古籍の記事は、いかにも小説的であったり、あるいは内容に混乱があったり、史実として認められないようなものであることは、ここまで述べたところでも充分に察せられよう。こうした古代の伝説は、人物や事件の舞台が古い方へと遡るほどむしろのちの時代になってから作られ語られたものであることは、すでに指摘されるとおりである(いわゆる加上説)。まず殷の紂王の話が作られ、その後に夏の桀王の話が作られたとすれば、そこに類似点が生ずるのは当然であると言えよう。

夏の桀、そして殷の紂、二人の暴君に関する話は確かに似通っている(さらに言えば西周最後の幽《ゆう》王にも似た話がある)。桀紂の代表的な話をあらためて並べて特徴を挙げれば以下のようになる。

①ある女性のとりことなり、彼女の言うがままになって堕落したこと

②奸臣の説に惑い、国政を危うくしたこと

③忠臣の諫言を退け、彼らを虐待したこと
④飲酒や音楽に耽り、贅沢に走って、君主の務めをおろそかにしたこと

ありきたりと言えばありきたりの内容であるが、ではなぜこうした話が桀紂の名のもとに語られて（作られて）きたのであろうか。理由は簡単である。桀紂説話が頻繁に語られた春秋から戦国期にこうした行動をとった君主が実際に多数存在したので彼らを諫めるためのサンプルが必要だったからである。①の例はかなり多数の君主に該当する。呉《ご》王闔閭《こうりょ》は後宮の美女一八〇人という（少ない方か）。晋の献《けん》公は、驪戎《りじゅう》を攻めて得た驪姫に完全に籠絡され、後継者をめぐって国は大いに乱れるに至るが、これこそまさに桀が末喜を、紂が妲己を得たプロセスと同じではないか。②と③は極めて多数存在してまさに枚挙のいとまがないほどで、『戦国策』という書物の記事はほとんどこれに類するものであろう。④も珍しくない。魯《ろ》の定《てい》公は斉から贈られた女性・楽師・美麗な馬に魅了されて政治を行わなくなった（そこで孔子は彼を見限って旅に出る）。晋の平《へい》公の病につきそれは飲食・音楽・女色によって生じたという診断が子産《しさん》によって下されている（以上、『史記』の各国の世家による）。かなり多くの君主は以上の四つのどれかには心当たりがあるようである。殷の末裔つまり紂の子孫である宋の偃《えん》王は以上の四つに該当するものとして当時「桀宋」と呼ばれ、「宋では紂の行いをまた復活させている。誅罰しないわけにはいかない」として斉・魏《ぎ》・楚《そ》が出兵して偃王を殺し宋を亡ぼして地を三分割してしまった（前二八四年）。各地の王公に自分の主張を説いて回った戦国の諸子たちは、何らかの不適切行為を行っている君主たちと対面し、「あなたの行いは桀紂に似ていますが、その行い

の結果桀紂はこうなりましたよ」という君主説得のための脅しとして桀紂説話を頻繁に用いたのだ。目の前の「小桀紂」に対し、諸子たちが説得を試みるその局面において桀紂説話は有効であったのだ。なお、だからこそ桀も紂も天性劣等な資質のものであってはならない。桀紂説話はバカ殿様の愚行録ではない。諸子たちは目の前の王を英邁と持ち上げてその自尊心を満足させつつ、しかし「どれほど英邁であっても周囲の悪影響で道を踏み外すことはあるのですよ」という言い方で心に入りこんで行くのだ。また、君主のため国家のための利益を図っているという一点において諸子たちは自らを「忠義の諫臣」に擬《なぞら》え、自分に冷たくすると後世非道な君主と言われますよという含みを持たせる。そして異なる主張のライバル諸子を「君主を惑わす奸臣」と決めつけてその排除を図る。こういう時代の潮流の中で、桀紂説話は作られ肥大化し、そして定着していったと考えられる。

夏と殷、桀と湯

前述のように、桀紂の説話には共通性があり、紂の話がまず形成され、そこから遡って桀についても同様な暴君話が形成された、というのが一般的な見方であるように思われる。おそらくそのように見てよいと思われるが、桀についての資料を集めて整理してみると、それだけでは解釈しきれない記述や歴史像が提示されていることも注目に値する。

一つ目は、夏と殷についてである。通常これらは二つの王朝と認め、その交替が歴史的な流れとして把握される。しかし、以下のような点が気になる。

①殷本紀に「桀は有娀之虚に敗れ」と言う。同じ殷本紀によると殷の始祖である契《せつ》の母、簡狄《かんてき》は有娀氏の娘であり、有娀は実は殷にゆかりの深い地である。なぜそこが戦場となったのであろう。湯が夏に侵攻したのならば、当然夏の領域の地が戦場になるはずではないか。これは、夏と殷とに明確な領域の区分はなかったということではないか。

②桀にも殷紂と同様に酒池の伝説があるが、酒の大量消費は殷の特徴である(出土する殷の青銅器は酒器が多い)。桀の振る舞いは殷と重なるものではないか。

③臣下の諫めに対して桀が「太陽ある限り、自分の命は続く」と言っている。殷は太陽神話を有し、殷の王名の十干と十個の太陽の関係は既に指摘されているとおりである。桀が自らを太陽に擬えるのは、これも殷の特徴と重なるものではないか。

④殷本紀によれば湯は主癸《しゅき》(甲骨文では示癸)の跡を継いでいる。ところで桀の名は履癸であり、つまり「△癸」から湯は王位や政権を受け継いだことになる。主癸と履癸という癸字の一致は偶然なのだろうか。そこに意味はないのであろうか。

以上の点がどうにも気になってならない。この四点から考えられるのは、夏と殷は異なる出自組織のものではなく、重なるものなのではないかということである。さらに妄想を膨らませると次のようになる。

❶桀の名は履癸であり、湯の名は履である。名前に使うことが多いと思われないこの「履」という文字が二人に共通することに何か意味はないのであろうか。

❷湯を支えた賢臣の第一は伊尹である。ところがこの伊尹は一時期桀にも仕えている。そのことに意味はないのであろうか。

❸桀の寵姫の末喜についても、桀と離間して伊尹(～殷)と友好的になったという伝説がある。伊尹と末喜という重要人物がいずれも桀と湯の両者に親しんでいることに意味はないのであろうか。

❹桀は湯によって放逐されたのであって、殺害はされていない。桀の死は夏殷交替の必要条件ではない。周が殷を亡ぼした時の「善による悪の否定」「正義による不義の討滅」という対立的な意味合いは濃くはないように見える。敢えて言えば「交替」ではなく「移行」のような感じである。

これら四点から想像(妄想)をはたらかせると、実は桀と湯は同一人物であり、道を誤っていた時の姿が桀で、姿勢を改めたのちの姿が湯、ということにならないだろうか。先の①～④と後の❶～❹とを同時には満足させることはできないけれども、共通して言えることは、夏王朝と殷王朝という異なる出自の別組織が相争って一方が他方を亡ぼしたのではない、というストーリーである。

夏王朝の実在は中国においては確定事項であるが、本当にそのような「王朝」が存在したのであろうか。桀とはどういう人物であったのだろうか。彼をキーパーソンとして歴史はどう動いたのであろうか。まだ、謎は深い。

生没年不詳（ほぼ前11世紀の人）。殷王朝最後の王。酒池肉林におぼれ、暴虐の末に周の武王に滅ぼされる。

殷の紂王
…いんのちゅうおう…
「悪の教典」暴君伝説の真実とは

竹内康浩

中国古代、殷王朝第三〇代の王。酒池肉林に代表される乱行を重ねて人心の離反を招いたとされ、周の武王率いる諸侯連合軍による攻撃を受けて殷王朝は滅亡、紂は自ら焚死《ふんし》する。夏の桀《けつ》と合わせ、中国史上最悪の暴君とされる。

殷の紂王

殷の紂王は中国史上最悪の君主であろう。別項の夏の桀王と並べて桀紂と併称されるけれども、実は桀の情報は少なく、紂についてはエピソードが遥かに豊富でその暴君ぶりを十分に感じ取ることができる。「紂」という字は『説文《せつもん》』という字書によると馬具の名であるらしいが、その意味で使うことはほぼなく、専らこの殷王の名として使われるのが実情であり、一つの文字を専有してしまうほどの「大物」である。

文献に情報が豊富であるのみならず、出土資料すなわち甲骨文にもその行いは多く見えているので、その対比は興味深い作業と言える。しかし、本稿の趣旨からして、ここではその作業は行わない。甲骨文に現われる王は至尊にして神や祖霊に通じ守られねばならない存在である。甲骨文は基本は占いの辞であり、王の身に災いが起こらないか常に配慮されていて、そうしたところに淫乱暴虐の非難がましい記述が入り込むわけがない。甲骨文中では彼は「悪」になり得るはずがないのだ。ましてや甲骨文は殷の人が亡国など思いもよらずにリアルタイムで記していったものである。つまり、亡国後に後世の第三者が誹謗《ひぼう》目的で伝えた紂王の行状と、リアルタイムで殷の人が崇《あが》め尊び気にかけて記した殷王の行状とは、あらゆる点で重なることはないと言わねばならない。本書が問題とするのは前者であり、甲骨文中の紂王の姿はここでは対象外となる。別項の夏の桀王で触れたとおり、伝説には伝説としての持つ重要な意味がある。ここではその「伝説」を扱う。

紂王伝

紂については『史記』殷本紀にまとまった記述がある。それを基本としつつ、他書の記載によって情報を補いながら、紂の生涯について辿ってみよう。『史記』殷本紀は次のように彼に関する記述を始める。

帝乙《ていいつ》の長子を微子啓《びしけい》という。啓の母は賤しい出であったので、跡継ぎにはなれなかった。母が正室であったので、少子の辛《しん》が跡継ぎとなった。帝乙が亡くなると辛が即位した。帝辛であり、天下は彼を紂と言った。

紂は、殷王の帝乙の正室の子であるという。帝乙には他にも子がいたがみな側室の子であったために、年少の彼が跡継ぎにされた(『呂氏春秋《りょししゅんじゅう》』では微子啓と紂は同母とするも、説明はいささか不可解である)。

さて、ここでの主人公の名は辛とされる。しかし別の名を言うものもあって、周の武王が紂王討伐の軍を挙げた際の宣言である『尚書《しょうしょ》』牧誓《ぼくせい》では「商王受《じゅ》」と言われており、また『楚辞《そじ》』天問編でも「受」と言われている。辛と受という二つの名、さらには「紂」という呼び名、この人物は三つの名を持つこととなる。しかし、ここにはあるいは混乱があろう。『史記』の記事によれば彼は生前から「紂」と呼ばれていたことになるが、夏の桀王と同様にこれは諡《おくりな》とする説もあり、その場合には「残義損善曰紂(義をそこない善を損するを紂という)」というようにまさに最悪であって生前に彼をそのように呼ぶわけはない。そもそも諡とは死後につけるものであり、まして諡とは世間(天下)が名づけるものではない。『史記』では紂の生前に、諸侯が「紂、伐つべきなり」と言ったり周の武王が「いま、殷王の紂は…」と言ったりしているが、こういうことはあり得ようはずがない(後世のリライトによる表記変えである)。次に、受と紂は発音が近いとの説がある。その説によれば、受と称するのは実際は紂と称するのと同じことになるが、ただ今述べたように生前に紂とは言わないので、それではおかしい。殷の王はその名に必ず十干の一つを含んでおり(湯は天乙)、その点からは辛は名前ではないというべきであろう(廟号である)。それ故、名は受、廟号は辛、のちの呼び名は紂、と見ておけばとりあえず良いのかと思う。いずれにせよ、この人物については「紂」という呼び方が最も通用しているので、本稿では以下もこの「紂」で彼を呼ぶこととする。

紂がどのような人物であったかについては、『史記』殷本紀は次の情報を載せている。

帝紂は、多弁にして行動は敏捷《びんしょう》、知識は豊富で頭の回転が速く、肉体は人並みすぐれ素手で猛獣と戦えるほどであった。どんな諫言《かんげん》も退けるほどに頭が回り、どんな自分の間違いもごまかせるほどに口がうまく、自分の方が家来たちより有能で自分の名声は天下にとどろき並ぶものがないと自負していた。

この記述によれば、知能と肉体の両方において、紂は人並み優れた素材の持ち主であったことになる。肉体の非凡さについては、『荀子《じゅんし》』非相《ひそう》編にも「桀と紂は容貌の美しさでは天下に抜きん出た存在で、かつ筋力の強さは百人を相手にできるほどであった」と言う。彼自身それを自覚して傲慢であったようだが、王たる者それくらいはむしろ問題はあるまい。紂は決して資質劣等なる人物ではない。彼は素質の面では大変に立派であったのであり、その素質をうまく伸ばせば名君となる可能性を有していたと言ってもよいのであろう。しかし、彼は違う方向へと進んでしまう。その原因は妲己《だっき》という女性のとりこになってしまったことによる。妲己と出会って以来、紂は堕落の道へと落ちて行ったのだ。『国語』によれば、紂が有蘇《ゆうそ》氏を討った際に有蘇氏が彼女をめあわせたという（『竹書紀年《ちくしょきねん》』によれば紂の九年のこと）。戦争の折によくある体のいい人質ないし戦利品（人）である。妲己を得て以来、紂の悪行乱行が始まる。『史記』の文を続けよう。

酒を好み快楽におぼれ好色であったが、特に妲己を愛して、彼女の言うことならよく聞きいれた。師涓《しけん》に命じて北里の舞・靡靡《びび》の楽といった淫らな音楽を作曲させた。賦税を厚くして鹿台《ろくだい》の銭を満たし鉅橋《きょきょう》の粟《ぞく》をいっぱいにした。犬や馬、珍獣などを増やし、宮室をいっぱいにした。沙丘の苑台《えんたい》を拡張し、多くの鳥や獣をそこに納めた。鬼神を侮った。沙丘に音楽やアトラクションを集め、酒の池を作り、肉を木に吊るした林を設け、そこで裸の男女に追いかけっこをさせて、夜通しの宴会を行った。

税負担を重くして国庫を満たし、珍獣珍物を集め、庭園を拡張して動物園を作った。神を侮るようになったというのは、神霊を祭る儀礼を廃したということであろうか。そして有名な酒池肉林、すなわちまさしく酒を満たした池と、調理した肉を吊るした木の林、である(肉林はまさしく調理した肉のある林である。念のため)。贅沢に走って快楽を追求したということであり、それが質ではなく物量作戦である所に素朴さがあるともいえる。しかし、『韓非子《かんぴし》』喩老《ゆろう》編には次のような話がある。

紂が象牙の箸をつくると、箕子《きし》は不安に思った。「彼は象牙の箸を作ったが、そうすると粗末な素焼きの器は使うまい。きっと犀の角や玉で作った杯を使うに違いない。象牙の箸と玉の杯であれば、豆の葉のスープなどは飲まないで、旄《からうし》や象の肉あるいは豹《ひょう》の胎児のような珍味を求めるに違いない。こうした珍味ならば粗末な服を着てぼろい部屋で食べることはあり得ず、錦の着物を着て豪華宮殿で食べるようになるはず。先が思いやられ、不安でならない」。五年の後、紂は多くの肉を敷き並べるほどのバーベキューグリルを作り、酒糟の丘を作って登り酒の池を眺めるようになった。そうして紂は滅ぶことになった。箕子は象牙の箸を見て天下の災いを予見した。

話の趣旨としては、わずかな兆しから後の大きな災いを予見する箕子の知恵者ぶりを言うところにあるが、紂の贅沢が質を追求する方向に向かうと箕子が予測したことは注目される。贅沢に質と量の二方向があることは自覚されていたのだ。結局紂は大量の焼肉や酒の池等の物量方面に向かったので、正しくは箕子の予測は外れたということになる。また、鹿台とは遠くを見晴るかすことのできる高層建築であるが、その高さについては途方もない数字になっていて、二〇〇メートルを超えるというものもある。しかもそこには「銭」が山と積まれていたという（殷代に「銭」があったかは大いに疑問であるが）。この銭は、鉅橋の穀物と共に、周武王が戦勝後に貧民に分配した、という（『史記』斉太公世家）。

殷本紀は、先の文に続けて紂が諸侯に対して暴虐な態度に出ることを記す。

人々は怨み諸侯には殷に叛く者が現われたが、紂は刑罰を重くし炮烙《ほうらく》の刑を設けて対抗した。紂は、西伯昌《せいはくしょう》と九侯・鄂《がく》侯を三公に命じた。九侯の娘は美人であったので紂の後宮に入ったが、彼女は淫らなことを好まなかったので紂は怒って彼女を殺し、九侯も殺して醢《しおから》にした。鄂侯が強く諫《いさ》めその非を詰ると、紂は鄂侯を干し肉にしてしまった。西伯昌はそれを聞いて嘆いたが、それを知った崇侯虎《すうこうこ》が紂に密告し、紂は西伯昌を羑里《ゆうり》に囚えた。

紂の乱行に人々は怒り、諸侯には殷に叛く者も出たが、紂は反省することなくむしろ炮烙の刑を設けて報いた。炮烙の刑とは、炭火の上に銅の柱を渡し、その柱の上を罪人に歩かせるというものだ。柱は油を塗って滑りやすくなっているので罪人は炭火の上に落下し悶絶しながら焼け死んでしまうが、妲己はそれを見て笑ったのだという(『列女伝』)。有力諸侯らもその身は危うく、九侯と鄂侯は惨殺され、西伯昌も一時幽閉されてしまう。しかし、彼の臣下たちが紂に多くの献上品を贈ったことで釈放される。西伯昌は土地を献上して炮烙の刑の廃止を請うて許される。

紂の悪事は治まるものではなく、遂には自分の兄弟親族にまで害は及ぶ。殷本紀は次のように記す。

紂の淫乱はいよいよとどまるところを知らない。微子はしばしば諫めるも聞き入れられないので、大師・少師とともに殷から去った。比干《ひかん》は「家来たるもの、死をかけて諫めないわけにはいかない」と言い、強く紂を諫めた。紂は怒り、「聞くところでは、聖人は心臓に七つの穴があるそうだが」というと比干を殺してその心臓を解剖した。箕子はおそれ、狂人のふりをして奴となったものの、紂によって囚えられてしまった。

異母兄である微子は諫めが聞き入れられないと見るや、亡命してしまう。叔父の比干は死を賭して諫め、結局殺されて心臓を抉《えぐ》り出されてしまう。箕子は狂人を装うも幽閉される。こうして紂の暴戻《ぼうれい》は止めがたく、ついに周の武王が諸侯をひきいて討伐の軍を起こす。武王の率いる諸侯軍と殷軍との戦いは、その戦いの地名をとって牧野《ぼくや》の戦いと称される。この戦いについては、猛烈な大血戦とする説(『尚書』武成《ぶせい》)と、戦意のない殷軍が自然崩壊したという説(『史記』殷本紀)とがある。前者では死傷した兵士の血が川のようになり重い杵《しょ》(武器)を流したという大げさな文となっていて、孟《もう》子《し》は「こんな記事を信用するくらいなら尚書などない方がましだ」とまで貶《けな》す(『孟子』尽心《じんしん》下)。後者では、紂のために命を懸ける気もなく武王の「正義」の軍隊を歓迎するように、殷の兵士たちは武器を敵の方に向けなかったという。いずれにしても両極端な伝承で、まともに取り上げるには足りない。戦いは武王軍の勝利となり、紂は鹿台に登り、宝玉の衣を身にまとうと自ら火の中に飛び込んで命を絶った、という。『竹書紀年』によれば紂の在位五二年目のこととなる。甲骨文の紂(帝辛)も在位三〇ないし三一年ほどになり、ずいぶんと長い在位であったらしい。武王は紂の頭を断つとそれを白旗の先に刺して掲げ、妲己を殺害し、箕子を釈放し、比干の墓を封じた。こうして約五〇〇年続いた殷王朝は滅亡した。紀元前十一世紀後半の出来事であったと推測される。

紂の悪事

『史記』殷本紀の記す紂の悪事はまだおとなしいもので、文献資料に載せられている記事を拾い集めると、無道な行為の数や種類は恐るべきものとなる。たとえば、胎児が育ってゆく過程を見ようとして妊婦の腹を裂いてみた（被害者は比干の妻との説あり）とか、冬に川を素足で渡る者を見ると足の丈夫さを調べると称して脛《すね》を断ち割ったとか、酸鼻を極めたエピソードも『呂氏春秋』に見える。

紂の悪事を拾い上げ分析を加えた顧頡剛《こけつごう》氏の「紂悪七十事的発生次第」という論文（『古史辨』第二冊所収、一九三〇年）によると、比較的古い資料である『尚書』によって紂の悪事を整理すると次のようになる。

①飲酒に耽《ふけ》ったこと
②貴戚旧臣を用いなかったこと
③つまらない人間を登用したこと
④女性の言いなりになったこと
⑤天命が自分にあると信じ切っていたこと
⑥祭祀を怠ったこと

このうち①は一般人でも実行可能だが、②以下はみな君主としての姿勢や役割に関わるもので、その意味では王たるにふさわしくない行動が目に余ったという評価である。②は諸侯や身内への虐待が該当しよう。③については、費中《ひちゅう》・飛廉《ひれん》・悪来《おらい》・雷開《らいかい》といった奸臣の名がいくつかの資料に見えている。④は言うまでもなく妲己のことである。⑤は王たる者の信念としては立派であるが、人心が殷から去ってゆくことに気付かなかったのは鈍感にして傲慢であった。⑥は不遜であるとともに神聖な務めを果たさぬ王としての不適格さを示す。

殷の滅亡から五〜六〇〇年経過した春秋末戦国期において既に紂王の暴虐伝説は数多くそして広く語られていたらしい。まさにそれは「悪の教典」と言い得る。しかし、『論語』子張《しちょう》編には孔子の門人子貢《しこう》の言葉として「紂がよくなかったといっても、言われるほどひどいものではなかった。君子が人の風下に立つことを嫌うのは、都合の悪いことはなんでも全て自分のことにされてしまうからなのだ」と言っている。また、『荀子』非相編には「かつて桀や紂は容貌は人並み以上で体力も抜きん出た偉丈夫だったが、身は死に国が亡ぶと天下の大罪人とされ、後世の人が悪を語る際には必ず引き合いに出されることとなった」と言っている。「悪」という評価が定まれば、本来は無関係の事であってもみなその人の事跡にされてしまうのが世の習いであることをはっきりと指摘しているのである。

西周時代の早い時期に製作された青銅器である大盂鼎《だいうてい》には二九一字もの長い文章が記されている。そこでは、周王(康王)が臣下の盂に対し、「私は殷が天命を失ったことについて聞き知っている。殷の諸侯である侯や甸《でん》、あるいは殷の百官はみな、飲酒に耽っていたというのである。なればこそ、殷は軍民を失うこととなってしまったのである」と述べており、殷がなぜ滅んだのかについての周の人の認識がそこには示されている。即ち、殷の人がこぞって酒におぼれたために天命を失ったと言っているのであり、紂王という特定個人の問題とはされていないし、そもそも紂の名もこの銘文には見えない。一人の暴君のレベルの話ではないのだ。甲骨文の第三期以降には占卜《せんぼく》の乱れが見え、それは王やその周辺の堕落を表わしているという重要な指摘もある(松丸道雄「殷」『世界歴史大系　中国史一　先史―後漢』山川出版社、二〇〇三年)。王室全体、さらには殷の支配やそのコンセプトに問題が発生して軋轢《あつれき》が生じていったと考える方が適切であろうと思われる。

あらゆる悪事が集約された結果、暴虐な君主はみな同じことを行ったかのような事態にもなる。たとえば、酒で池を作ったというのは紂王だけではなく、桀王についてもその話がある。どの王の事跡なのか、そもそも実話か否か、それはもはや問題ではないのかもしれない(夏の桀王の項を参照のこと)。後世、やはり亡国の君である呉の孫皓《そんこう》(二四三～二八三年、在位二六四～二八〇年)について、気に入らない臣下の顔の皮を剥いだといった話が残されているように、王朝最後の君主を性格異常者に仕立て上げて彼の時に国が滅んだのはいかにも当然だと納得させる図式を形成しているという意味では他愛のないものである。しかし、これは王朝の興亡の繰り返しを特徴とする中国史の展開の理解という点では、一つの歴史観であるとも言えよう。

妲己という人

紂王を惑わせた妲己とはどのような人であったのか、その出身について『国語』晋語は、「紂王が有蘇氏を伐った時、有蘇氏は妲己を紂にめあわせた。妲己は寵愛を受け、膠鬲《こうれき》とともに殷を亡ぼすこととなった。」という(ここに現われる膠鬲は、殷の賢臣であったが殷を見限って周へ行き武王を助けて殷を倒したと『国語』の注に言う)。『国語』によれば、妲己は有蘇氏の出身ということになり、また韋昭《いしょう》の注は「有蘇は己《き》姓の国、妲己はそのむすめなり」という。殷に行った彼女の立場は敗者としての人質ないし献上品(紂王にとっては戦利品)であって、自ら志願して喜んで赴いたとは考えにくいものであろう。

彼女を手に入れてから、紂王は悪の道へ一気に転がってゆく。そのおおよそのところは先述したとおりであり、淫乱侈傲《しごう》、残虐無道を極めてゆく。但し、多くの書物の記事を見ていても、一般の民に対して大きな苦しみを与えたという話は少ない。悪政というよりは、生活態度の乱れや度を超えた快楽の追求というレベルであり、その場に妲己が同席しうるような次元の事柄ばかりである。そして、被害者はたいがい諸侯であり、身内の王族であり、忠義の家臣である、といったように近くにいる目障りな人たちである。要は妲己が紂に実現させようとする快楽の邪魔をする人たちであるが、同時に王朝を支える人たちでもある。彼らを死に追いやったのは妲己の意向であろう。紂自身はその資質は前述のとおり「どんな諫言も退けるほどに頭が回り、どんな自分の間違いもごまかせるほどに口がうま」い人だったからだ。相手を殺すまでもない。ともあれ、こうして殷王朝の体力は徐々に低下し、不満は醸成されてゆく。

注目すべきは、最終的に紂が武王に敗れ、自ら火の中に身を投じて焚死した時、妲己は行動を共にしていないことである。『史記』周本紀では武王が紂の死所に来た際に「紂の寵愛した妾二人は首を吊って死んだ」とあるが、二人が誰なのか不明であるし、そもそも妲己は妃であって妾ではないから死んだのは妲己ではない。殷本紀では、武王が死んだ紂の頭を断って白旗の先に掲げた後のこととして、「妲己を殺し、箕子を釈放し、比干の墓を封じた」という流れになる。妲己は紂と共には死なず、自ら後を追うこともなかったのだ。

先述のように、妲己は出身の有蘇氏が殷によって討滅された際の戦利品のような立場である。その心を思い測れば、殷に対しては怨みこそあれ、心から親しむものではあるまい。戦国時代に外交の道具として韓から秦に行かされた女性たちが、秦に向かって故国である韓の機密や悪口を言い触らしたという話が『戦国策』に載っており、政治外交の「道具」として扱われた彼女たちの心情は推し量れよう。また、父母を死に追いやった男のもとで妾になり、男を完全に籠絡《ろうらく》すると過剰な贅沢をするように仕向け、最終的には男を罪に陥れて処刑されるに至らせた女性の話が、清《しん》朝の紀昀《きいん》の『閲微草堂筆記《えつびそうどうひっき》』に載せられている。夏の末喜《まっき》も殷の妲己も実は同じことで、彼女らの行為は、自分の運命を狂わせた権力者に対する復讐なのではなかったか。妲己が紂と共に死ななかったのは、殉じる必要はもとよりないのみならず、暴王の死を見届け王朝の最期を看取る、まさにそのためであったと想像しておきたい。復讐は成ったにせよ、報いは受けねばならない。「正義」の軍、武王の手にかかって死ぬことで彼女のストーリーは完結する。復讐であろうと何であろうと、彼女に関わる全てのことは「悪」として葬り去られねばならないのだ。

後世、妲己は男を堕落させ破滅させる究極の悪女という評価が定着する。あるいは人間を超えて、小説『封神演義《ほうしんえんぎ》』では千年生きた古狐の妖怪が人に乗り移ったものとされてしまう。日本ですら、悪女の代名詞として妲己の名は使われており、江戸時代の実在の女性で有名な「毒婦」に「妲己のお百」

がいる。漱石の『坊っちゃん』で、あだ名のついた女にろくなのはいないという例として、マドンナとともに「妲己のお百」の名が挙げられているのは、横文字と漢籍の両極端な事例引用で何とも面白いが、妲己といえば日本人にもイメージできる悪女なのであったかと思わせる面白い例だ。谷崎潤一郎の『刺青《しせい》』にも刺青師がかねてより目をつけていた女性に巻物を見せるが、それは「古の暴君紂王の寵妃、末喜（妲己の間違い…竹内注）を描いた絵であつた。瑠璃珊瑚《るりさんご》を鏤《ちりば》めた金冠の重さに得堪へぬなよやかな体を、ぐつたり勾欄《こうらん》に靠《もた》れて、羅綾《らりょう》の裳裾《もすそ》を階《きざはし》の中段にひるがへし、右手の大杯を傾けながら、今しも庭前に刑せられんとする犠牲《いけにえ》の男を眺めて居る妃の風情《ふぜい》と云ひ、鉄の鎖で四肢を銅柱へ縛《ゆ》いつけられ、最後の運命を待ち構へつゝ、妃の前に頭をうなだれ、眼を閉ぢた男の顔色と云ひ、物凄い迄に巧《たくみ》に描かれて居た」という文がある。恐ろしくも妖しいこうした画像でも、日本人の脳裏にこの女性の名とイメージは刻みつけられてきたものと想像される。これほどまで時代や国境を超えて悪評を言われ続けてきた女性も珍しいかもしれない。

前551―前479年
春秋時代の思想家で儒家の始祖。諸国をめぐり仁を理想とする政治学説を唱える。晩年は弟子の養成と経典の整理に専念。

孔子
…こうし…

その行き過ぎた理想主義は欠点か

高木智見

はじめに

孔子《こうし》（前五五一～前四七九）。名は丘《きゅう》、字は仲尼《ちゅうじ》。古く殷王室につながる宋国の没落戦士の後裔として魯《ろ》国に生まれる。幼時から礼を習い学を好むことで名が知られ、洛陽に赴き老子《ろうし》に教えを受けたともいう。魯国で官に就くも、権力者との軋轢《あつれき》により、辞職。仕官先を求め、五〇を過ぎてから弟子を引き連れ出国。十数年の諸国行脚《あんぎゃ》は徒労に終わり、六八才で帰国。身分や出自を問うことなく後進の育成に当たり、同時に詩書礼楽の整理、春秋の編纂を行い、易《えき》を好んで読んだとされる。七三才で死亡。客観的には、自らが掲げた理想の実現を目指して挫折した一人の人間にすぎない。しかし死の直後から現在に至るまで、儒家思想の始祖として「至聖先師《しせいせんし》」、「万世の師表《しひょう》」など様々な尊称が冠せられ、また中国を代表する思想家・教育家として尊崇され続けている。その言行録である『論語』は、儒家の根本経典として、やはり時空を越えて大きな影響を与えている。

孔子の思想の本質は、「己《おのれ》を修め人を治む（修己治人）」、すなわち、ひたむきに自己修養に精励し続ける君子が、人間の有るべき姿を模範として示し、周囲の人々に人格的影響を及ぼし、最終的に社会全体を善に向かわせるという考え方にある。

孔子は、多くのことがらを学び、その善なるものに従うことに努める一方、自らの不善を改められないことを憂いとした(『論語』述而《じゅつじ》。以下、『論語』の引用は篇名のみを示す)。常に自己をふり返り、心にやましいことがないか、欠点が有りはしないか、と日々反省しながら生きた(顔淵《がんえん》)。かりに過《あやま》ちを犯せば躊躇《ちゅうちょ》せずに改め、真の過ちは、過ちを改めないことであると考えた(憲問《けんもん》)。しかも、君子は責任を自己に求め、小人は他者に求める(衛霊公《えいれいこう》)。自分の欠点は責めるが、他者は責めず(顔淵)、他人の欠点を口にする者を憎み(陽貨《ようか》)、自己に厳しく、他者に寛大であろうとする(衛霊公)。なおかつ、かりにも仁を志すならば、悪いことは無くなる(里仁《りじん》)。君子は他者の長所を達成させはするが、欠点を遂げさせることはない(顔淵)、と説いた。

このように、他者の人格的な向上をたえず願い、自らを起点として社会の「悪」を克服しようとしていた理想的な人格者である孔子に、悪なる部分が有るとは思えない。しかし、上述の如く孔子にも憂いや反省の対象となる過ちや欠点があったのであり、それらが結果的に「悪」として作用する場合があったことも考えられよう。

実際、過去をふり返ると、孔子は「悪」なる存在として様々に批判されてきた。わずか五〇年前の文化大革命中でも、完膚無きまでに批判・打倒されている。そこで小文では、孔子とほぼ同時代、すなわち儒家が他の諸子百家と並存対立し論戦を繰り返していた春秋末期から秦漢時代までに限り、孔子批判の諸相を概観し、「悪」につながりうる孔子の欠点を探ってみた。その結果、孔子の所説があまりに高邁な理想で実現不能である、という点が浮かびあがってきた。この難問をどう考えるのかを、本稿の課題とする。まずは前提として孔子学説の全体像を提示した後、議論を進めていくことにしたい。

孔子学説の全体像

孔子の生きた春秋末期は、下剋上の語を以て形容される時代であった。社会秩序の崩壊状況にあって、孔子が理想としたのは、文王、武王、周公旦《たん》が造りあげた西周初期の状態であり、それに回帰することによって社会の安定を図ろうとした（「郁郁乎《いくいくこ》として文なるかな。吾は周に従わん」八佾《はちいつ》）。孔子は秩序崩壊の究極的な要因は倫理観の喪失にあると考え、君臣や父子、兄弟、朋友といった様々な社会関係が正常に機能するためには、社会の全成員が礼と仁を紐帯として親和的な関係を結ぶ必要があるとした。礼とは社会秩序のいわば外側の枠組みであり、それが内面的な仁によって裏打ちされ、そこに和が生みだされなければならない。仁とは、対等な立場で他者を愛することであり、詳しく言えば、忠と恕《じょ》の両者を合わせ持つ愛である。忠とは、「自分が自立したいと思えば、他者を自立させ、自分が通達したいと思えば、他者を通達させる」（雍也《ようや》）の如く、他者の願望を自分に先だって成就させること。恕とは、「己の欲せざる所は人に施すことなかれ」（顔淵）の如く、自分が望まぬ事を他者に押しつけないことである。

⊙仁を獲得して君子となる

仁は、自己の欲望を抑制すること、すなわち克己《こっき》がなければ成立しえない。孔子はこれを「己に克《か》ちて礼に復《かえ》るを仁と為す」（顔淵）と表現している。さらに、克己によって、自らが体得した仁と礼を積極的に他者に対して施すことができる人間を君子と呼ぶ。君子は道のある世であれば、官吏となって政治を行う。その要務は、常に君子であり続けること、つまり「己を修め」、「親族を安んじ」、さらに「民を安んずる」ことであった（憲問）。具体的には、政治の力で民の衣食住に不足のない社会を実現し、その上で教化を行う。教化とは、「政とは正なり。執政者のあなたが正しくあれば、誰も不正を犯そうとはしません」（顔淵）、「あなたが善を欲すれば、民は善となります。君子の徳は風、小人の徳は草。草の上に風が吹けば、必らずなびきます」（顔淵）の如く、常に己を正しく律し（修己）、人が人である模範を垂れ、民を導くこと（治人）である。己を正しく律するとは、「仁」を体得することにほかならず、君子が仁を目指して実践すれば、民も仁の獲得に向けて努力し、最終的には社会の全構成員が君子となると考えられた。

⊙己を修める

『論語』には自らを正すための教訓が満載されている。まず「仁、遠からんや。我、仁を欲せば、斯《ここ》に仁、至る」（述而）、あるいは「どうすれば良い、どうすれば良いと自分に問いかけない者を、導くことはできない」（衛霊公）、「仁を為すは己に由る、人に由らんや」（顔淵）の如く、仁を身につける能動的な発心に基づき、実行を決心する。しかも、「これ其の不可を知りてこれを為す者か」（憲問）

の如く、不可能であると分かっても貫徹しようとする強い克己心が伴わなければならない。

そのうえで常に現状に満足することなく、謙虚な自己省察を行い、今以上の精進によって欠点を補い向上しなければならない。だからこそ、孔子は常に、「徳を修められないこと、学問が進まないこと、正しいことを聞いても従えないこと、不善を改められないこと、これらが吾《わ》が憂いだ」(述而)。「仁者は憂えず、知者は惑わず、勇者は懼《おそ》れず、というが、どれも自分にはできない」(憲問)。「私は書物の学に関しては、何とか人と伍することは可能だが、躬《みずか》ら君子を行う、すなわち君子の道を実践することは、いまだ不充分である」(述而)、などと自己反省の語を述べている。また、「甚だしいかな、吾の衰えたるや。久しいかな、吾復《ま》た夢に周公を見ざること」(述而)と、理想の聖人・周公旦を思慕・希求する自らの情熱にかげりが見えることを自覚して、自らを憂え、かつ叱咤《しった》している。

これらは、孔子が己を修め人格的な向上を目指していた証《あかし》であり、自覚されている欠点は、孔子が自らをより良い自己へと導いた踏み台あるいは足がかりと見なすべきである。かりに過ちを犯しても、「君子の過つや、日月の食の如し。過つや、人みなこれを見る。更《あらた》むるや、人みなこれを仰ぐ」(子張《しちょう》)とあるように、自分の力で改めればよい。それが君子である。

このように仁を獲得して君子となる過程に終わりはなく、厭《あ》かず倦《う》まず終始一貫、最後まで努力しなければならない。曰く、「実力の無い者は、途中で放棄する。前に進めないのは、自分で限界だと決め込むからである」(雍也)、「山を築くことに譬《たと》えると、あと一簣《もっこ》で築ける時でも、そこで止めれば、ほかならぬ自分が止めるのである。大地を平らにする作業に譬えると、わずか一簣の土でならすだけでも、その分だけ作業は進む」(子罕《しかん》)。

◉君子の処世

君子の目的は己を修め人を治め、道を求めることにあり、地位や財産の獲得にはない。「君子は道を謀って食を謀らず。君子は道を憂えて貧しきことを憂えず」(衛霊公)。したがって、道が無い世に遭遇すれば、富貴であることを恥じて隠遁し、自分一人で道の実現にむけ、ひたすら修養に努める。たとえ、状況が極度に厳しく、理解者がいなくとも、「天を怨《うら》まず人を尤《とが》めず、ひたすら学問に励み向上を目指すのみ。自分を理解しているのは、天だけである」(憲問)、あるいは「生や死は運命であり、富貴も天が決めるもの。人力ではいかんともしがたい」(顔淵)の如く、達観して泰然としていなければならない。それ故、孔子は、弟子達のうち、陋巷《ろうこう》(貧乏な路次のむさ苦しい家)における困窮生活をおくり、道の追求を楽しみながら人知れず夭折した顔回《がんかい》を最も愛し最も評価した。

その一方、孔子は、道が有る世において実力を発揮できず、それ故に貧賤であることは、恥であるとも述べている(泰伯《たいはく》)。つまり、貧窮なる生き方を好んでいたわけではなく、道の実践のためにあえて選択するのである。孔子曰く、富貴は誰もが得たいと願うが、正しい方法でなければ、たとえ得ても、そこに身を置くことはない。貧賤は誰もが避けたいと願うが、正しい方法でなければ、たとえ避けられても、避けることはない、と(里仁)。また曰く、不義にして富み且つ貴なるは、我に於いては浮雲の如し(述而)、と。

⊙天を信じて厭かず倦まず

君子は仁の実現という重い仕事を自らの責務として、その努力を「死してのち已《や》む」（泰伯）、すなわち死に至るまで継続する。そうした覚悟を、「道を目指して進み、途中で力が足りぬ時は休めばよい。老いを忘れ、余命が充分でないことにも気がつかず、ひたすら毎日努め励んで怠らず、死の瞬間まで止めない」（『礼記《らいき》』表記）と明言している。しかも、「其の人となりや、道を学んで倦まず、人を誨《おし》えて厭かず、発憤して食を忘れ、楽しんで以て憂を忘れ、老《おい》の将《まさ》に至らんとするを知らず」（『史記』孔子世家）、あるいは「君子は常に心ひろやかで、ゆったりとしている」（述而）、「仁者は憂えず」（憲問）とあるように、こうした努力を好み、かつ楽しんで行うのである。

孔子に以上のような処世を可能にせしめたのは、自分は天に守られているという強固な自覚・自負であった。それ故、孔子は生命の危機に陥った時、「天がこの私に徳を持たしめた以上」（述而）、あるいは「天がいまだ斯文《しぶん》（人の世の理想・文化）を滅ぼさない限りは」（子罕）、ほかの人間が私をどうすることもできないはずだ、と確信に満ちた言葉を口にしている。

孔子に対する同時代の批判

このように非の打ち所のない、まさに円満具足とでも形容すべき人格者・孔子に対する称賛の語は、枚挙にいとまがない。たとえば伊藤仁斎《じんさい》は、孔子の徳は、多くの聖人を超越し、理想の高さは万世に突出し、『論語』こそが「最上至極宇宙第一の書」であるとまで言い切っている（『論語古義』綱領）。

しかし既述の如く、孔子は、在世中から絶えず批判されてきた。以下、孔子の弟子を含む諸子による批判（悪口雑言を含む）を概観し、孔子の「悪」につながる欠点を探ってみたい。

◉『論語』にみえる道家の論難

道家の儒家に対する正面からの批判は、「万物斉道《ばんぶつせいどう》」の超越主義的観点に照らして行われた。生死や貧富、賢と不肖などあらゆる価値を相対化する道家の絶対的な立場からすれば、礼楽や仁義を追求する儒家的営為は、自然の運行を妨げ、心を乱し性を害する愚行でしかない。たとえば『荘子《そうじ》』天道篇に見える「老子の言」によれば、仁義の理想を高く掲げて社会秩序の立て直しに邁進する孔子の努力は、あたかも行方不明の子供を、太鼓をたたいて探し回るようで、無駄なうえ、人間本来のあり方を乱すだけ、となる。

　こうした道家流の批判は、すでに『論語』に見え、次の三人はあからさまに孔子を面詰している。微生畝《びせいほ》なる人物は、「お前が、せわしなく動き回るのは何故だ。諂《へつら》って仕官でもしたいのか」（憲問）となじり、簣《もっこ》かつぎは、孔子が打つ磬《けい》の音を聞き、「卑しくて、頑《かたく》なな響きだ。理解してくれる者がいなければ、やめるだけのこと」と言い放っている。さらに楚の狂者・接輿《せつよ》は、「過去はどうしようもないが、未来なら間に合う。やめろ、やめておけ。いま政治に従うことは危うい限りだ」（微子《びし》）と言う。いずれも経世の志に基づき奮闘している孔子に、無駄な努力はやめろ、と冷ややかな言葉を浴びせている。

　次の三人は、孔子批判を子路《しろ》に投げつけている。荷蓧丈人《かじょうじょうじん》（竹籠《たけかご》をになう老人）は、「手足を使って耕しもせず、穀物も見分けられない。そんな人間を誰が師匠と仰ごう」、石門《せきもん》の門番は、「不可能と知りながら、敢えて行う。それが孔子だ」(憲問)、長沮《ちょうそ》・桀溺《けつでき》は、「いずこも乱れきった天下を、誰と一緒に変えると言うのか。仕官先をえり好みして人を避ける孔子なんぞに従うより、いっそ世を避ける自分に従うべきだ」(微子)、と論難している。

これらの批判は、世界観を同じくしない孔子に対する外側からの批判であると言えよう。それを最も象徴するのが、如上の「不可能と知りながら、敢えて行う」生き方に対する評価である。道家からすれば、それは精神を傷つけ苦悩をもたらす有為(無為自然に反する人的作為)でしかなく、無駄である。一方、儒家からすれば、どんな状況でも克己心に基づき自己貫徹しようとする称賛すべき努力にほかならない。孔子は、そうした道家的超越主義に対し、自らの経世の覚悟を明確に宣言している。自分は、鳥や獣のような人とは生きることはできない。この世の人とともに生きるのみ。天下に道さえ有れば、私もまたこの世を変えようとは思わない(微子)、と。あくまで社会秩序の再生を願い、そのための努力を貫徹するというのである。

⦿墨家の攻撃

墨子《ぼくし》は、儒家に学んだともされ、儒・墨両者の主張には明らかに重なる点も認められるが、墨家《ぼっか》の兼愛、尚賢など理想実現のための方法は、極端な功利主義、平等主義、禁欲主義に基づき、儒家と相容れず様々に激しく対立した。たとえば『墨子』公孟《こうもう》篇では、儒家学説が天下を滅ぼしかねない理由として、以下の四点を批判している。天や鬼神の超越的な力を認めず、それらに喜ばれないこと。

死者の埋葬や服喪を極端に重視・実行すること。音楽や歌舞を過剰に実践すること。運命論に安んじ、富貴寿命や社会の治安危乱は変えられないと考えること、である。ただし、これらは儒家の真意や文化的背景を咀嚼《そしゃく》・考慮しないまま、明鬼、節葬、非楽、非命といった墨家独自の主張を、一方的な批判の形を借りて強調しているにすぎず、実質的な批判にはなっていない。

また後期墨家の作とされる「非儒（儒を誹《そし》る）」篇には、孔子に対する人身攻撃とも言える記述が見える。まず楚の白公勝《はくこうしょう》による反乱の際、孔子は、石乞《せききつ》なる人物を推薦して陰謀に加わり、楚国を壊滅状態に追い込み、最終的に白公も誅殺に陥れた、と指摘する。そのうえで、これは下剋上を促し、臣下に主君殺しを教える所業であり、賢人の行いではなく、まして仁でも義でもない、と非難している。さらに加えて孔子の「卑劣な」行いを列挙し、儒家は信用できないとして、次の如く述べる。孔子の行いは、心の不正に基づく。弟子達もそれに見ならい、子貢と子路は衛国の反乱を助け、陽貨《ようか》は斉国において、仏肸《ふっきつ》は晋の中牟《ちゅうぼう》で乱を起こし、漆彫開《しっちょうかい》は刑罰を受けるなどの大罪を犯している、と。

口を極めた攻撃であるが、これらは全く根拠が無く、墨家本来の兼愛思想からは、ほど遠い批判の仕方と言わねばならない。そもそも白公勝の乱は、孔子死後のことであり、孔子とは無関係。衛の反乱事件は、子貢と全く関わりが無く、子路は信義を重んじたが故に巻き込まれ壮絶な死をとげたまでである。さらに陽貨と仏肸は弟子ですらない。一本気な弟子の漆彫開が大罪を犯した可能性はあるが、刑残の身であることだけを根拠に、当人やその師の孔子を攻撃することはできない。なお『孔叢子《くぞうし》』詰墨《きつぼく》篇には、上記の諸点も含む墨家からの攻撃に対する儒家（陳勝《ちんしょう》に仕えた孔鮒《こうふ》）の反論が細かく記されている。

以上、儒家と論戦を行っていた道家と墨家の批判を一瞥《いちべつ》した。道家は超越主義に基づき、孔子の努力を徒労であるとし、墨家も自説に基づき独善的な攻撃をしていた。ともに孔子思想の核心を衝く内在的な批判とは言えず、孔子の「悪」に迫り切れてはいない。

⊙最も鋭い批判

特筆すべきことに、最も鋭い批判は、孔子に最も近い弟子達からなされた。「丘や幸いなり。苟《いやしく》も過ち有れば、人必ずこれを知る」（述而）の如く、孔子は自らの欠点を指摘されることを幸いとすら考える謙虚な性格であった。実際、衛の霊公の淫乱の寵姫、南子《なんし》と謁見した時、あるいは反乱者である公山弗擾《ふつじょう》や仏肸に招かれて応じようとした時などにおいて、その出処進退について、子路から批判・反対され、真剣に受けとめて反省している。孔子にとっての弟子とは、単なる弟子に止まらず、人格の完成を目指してともに学ぶ同志であり、そこには、ある種の緊張関係があった。孔子自ら「仁に当たりては師に譲らず」（衛霊公）と述べたように、共通の目標である仁の前では、師弟といえども切磋琢磨すべき関係にあり、孔子はしばしば弟子達の批判対象となる。そうした批判の本質は要するに、孔子の教えが理想にすぎず、あまりにも迂遠で現実からかけ離れ、実現できないという点にあった。

たとえば、かりに衛国の統治を任されたら、何を優先するか、と子路に問われた孔子は、名を正すこと、すなわち社会秩序を支える諸制度の名称を正しくすることであると答えた。子路はあきれて、「迂《う》なるや」、あまりに迂遠である、と批判している(子路)。また諸侯遊説の途上、孔子一行が包囲されて食糧不足に陥った時、子貢が、先生の道は大きすぎて、天下は容れることができません。どうか、もう少し理想を小さくしてください、と迫った。すると孔子は、君子が道を修めて秩序を正すことができたとしても、人に容れられるとは限らない。お前は、ろくに道を修めもせず、人に容れられることだけを望んでいる。お前の志は、理想から遠く離れている、と切り返し、諭《さと》している(『史記』孔子世家)。

⦿晏子の非難

孔子の反省や反論にもかかわらず、子路と子貢の指摘は、まさに頂門の一針とも言うべき本質的な批判である。この点こそ、孔子の理想実現が挫折し続けた理由にほかならず、他の諸子も同様の批判をしている。たとえば同時代の晏子《あんし》は、儒者は口先がうまいだけで手本にはできない。傲慢自尊で、人に下ることができない。死者の喪に服することを重んじ、悲しみを尽くすために、財産を使い果たして葬礼を盛大にする。こんなものを民の風習にはできない。そのうえ諸国を遊説し物乞いし財を借りるありさまで、国を治めさせることなどできない、と難じている。さらに、聖君賢人が没して後、周王室も衰え、その礼楽が残欠して久しい。今、孔子は姿形《すがたかたち》を飾り、登降の儀礼や歩行の礼節を繁雑なものとしている。その学問や礼節は、何世代かけても究めつくせず、一生かけても身につかない、と迂遠さと非現実性を攻撃している(『史記』孔子世家)。

⊙法家の指弾

法家は、時代錯誤を理由として、孔子の思想の非現実性を批判する。『韓非子《かんぴし》』五蠹《ごと》篇によれば、国の統治法は時代に応じて変えるべきであり、儒家の仁義道徳は上古には通用したが、戦闘や殺戮に臨んで「気力」を争う当世では、実現可能性がない。そもそも当今の民は権勢になびき、正義に従うことはない。それ故、孔子の思想に対して称賛はするが、誰も実行などしない。実行したのは、わずかの弟子だけである。一方、魯の哀《あい》公は、暗君であっても、権勢(法と罰)によって容易に人を服従させることができた。したがって、権勢に頼らず、仁義さえ行えば王になれるという主張は、君主に対して孔子になれ、凡人に対し孔子の弟子になれ、と求めるのと同じで、絶対に無理である。要するに韓非子は、国家の存続を可能とするのは、法と罰であり、誤った主張をする儒者は、まさに国に巣くう木喰い虫(蠹《と》)でしかない、と述べているのである。なおかつ上古聖人の徳による感化は、あの堯舜ですら困難としたのであり、その実現には長い時間を必要とする。一方、法と罰による統治は、凡庸な君主でも、一朝にして実現可能である(『韓非子』難一《なんいつ》)。したがって、徐《じょ》の偃《えん》王が「仁義を行い、其の国を喪《うしな》」(同五蠹)ったように、美名にとらわれて儒家思想などに従えば、国を滅ぼし命も失いかねない。そうでなくても領土は削られ君主の地位が低下することになる、と忠告している(同姦劫弑臣《かんきょうしいしん》)。

⊙道家の非難

儒家の時代錯誤は、道家によっても攻撃されている。たとえば『荘子』天運篇では、師金《しきん》なる人物が、孔子の挫折した理由を述べつつ批判している。孔子は、「礼義法度」が時に応じて変ずることを全く理解せず、西周の社会秩序を、春秋末の魯国に再現しようとしている。まるで水に浮かぶ舟を陸上で動かすような愚行であり、必ず「労して功なく、身に必ず殃《わざわい》ある」結果となり、流転する万物に即して対処することを弁《わきま》えていない、と。「盗跖《とうせき》篇」でも、孔子が称賛する聖人、湯王や武王は、実際には弱肉強食の時代を象徴する「乱人の徒」でしかない。したがって、彼らの「道」に基づき、天下の議論を左右し、デタラメの言葉といつわりの行動によって、世の君主を惑わせ「富貴を求めんと欲し」ている孔子は、他に類を見ない大泥棒である盗跖同然であり、「盗丘（丘は孔子の名）」と呼ぶのがふさわしいという。

◉『塩鉄論』に見える攻撃

漢代に目を移しても、たとえば『塩鉄論《えんてつろん》』相刺《そうし》篇では、同様の論理が政権側の大夫《たいふ》によって展開されている。そもそも儒者は、統治や礼義について、仰々しい言葉を並べ立てるが、それらが実現したことはない。それどころか昔、魯の穆《ぼく》公の時、儒者の公儀休《こうぎきゅう》が宰相となり、子思《しし》と子柳《しりゅう》が卿《けい》として支えたが、周辺の大国に領土が削り取られ、おびえて服従せざるをえなかった。孟子が魏《ぎ》国にいた時も、大国との戦争に惨敗し、上将軍が戦死、太子は捕虜となり、領土も奪われた。かの七〇人の孔門の弟子は、父母から離れ故郷を捨て、孔子に従い耕さずに学んだが、結局、世の乱れが一層ひどくなったにすぎない。宝石箱が玉の屑《くず》で満たされていても、宝を持っていることにはならないのと同様、詩経や書経がつまった文箱《ふばこ》を背負っていても、国を治めることなどできない、と。

『塩鉄論』には、理想と現実の乖離に対するさらに激越な批判が「丞相の史」によってなされている。そもそも世の道理として、一人前の男なら、身なりを整え、両親の飲食を立派にし、親族で助け合って、他人の援助を求めない。身を修めて家を切り盛りし、そのうえで役所の仕事もこなせる、というのが筋道である。しかるに、いま理想を唱えるのみで実行の伴わない儒者どもは、粗食すら満足させられず、親孝行など及びもつかない。妻子を餓え凍えさせておいて、慈愛の道など語れるわけがない。やりたいことを何一つ成し遂げられない者どもに、天下国家を談ずることができるはずがない。この世で身を立てることを志しながら、こんな体《てい》たらくでは、黙るのがよかろう(『塩鉄論』論誹)。脚下の現実生活すら満足に切り回せない者が、天下国家の理想を説くのは僭越の沙汰、と痛罵《つうば》している。

以上の批判は、孔子の思想の非現実性に向けられている。行き過ぎた理想であり、実現困難であるという点だけではなく、実現へ向けての真摯な努力が、志に反して、悲惨な犠牲や残酷な破壊を招きかねないことを衝いている。犠牲や破壊は、当然の成り行きとして憤怒や絶望を惹起《じやっき》し、理想主義は容易に後退、雲散霧消し、現実論に取って代わられる。つまり孔子の行きすぎた理想主義は、何ら実効性を持たず、損失や被害をもたらしかねないという意味で欠点であるにとどまらず、「悪」そのものであるとも評価されねばならなくなる。このように孔子の直弟子から発せられた批判は、実は最も鋭く本質的な批判であった。孔子は、この点をどのように考え、いかに克服しようとしていたのか。

後世へ託す

前述の如く、五〇を過ぎてからの諸国遊説は、結局、不調に終わった。遍歴の途上、孔子は自らの理想が実現することは生涯ないであろう、としだいに悟っていく。「吾が道、行われず。我は何を以てか自ら後世に見《あら》われん」(『史記』孔子世家)、あるいは「道、行われず。桴《いかだ》に乗って海に浮ばん」(公冶長《こうやちょう》)と述べたとされ、師の心うちを知る子路は、「道の行われざることは、已《すで》に之を知れり」(微子)と言葉にしている。さらに最晩年、最愛の弟子の顔回が夭折したころには、理想を実現できないことを覚悟して、「吾、已《や》んぬるかな……天、予《われ》を喪《ほろぼ》せり……吾が道、窮《つ》きたり」の如く、挫折感と無念さとが入り交じった心情を吐露している(『史記』孔子世家)。

⊙孔子の真意

限界を自覚した孔子は言う。「帰ろう、さあ帰ろう。吾が郷党の若者たちは、進取の気は過剰なほどあるのに、思いを遂げられないでいる。麗《うるわ》しい布を織り上げながら、その裁《た》ち方を知らないかのように」(公冶長)、と。これについて朱子《しゅし》は、当初、自らの道を天下に実現しようと考えていた孔子は、自分が当世で用いられる見込みがないと覚悟した時点で、後学を養成し、「道を来世に伝えんと欲」した、と理解している(『論語集註』)。遍歴を切りあげて、郷里の後進の指導、養成へと舵を切ったのである。『公羊伝《くようでん》』哀公十四年によれば、「吾が道、窮きたり」と述べた孔子は、「乱世を撥《おさ》め、これを正しきに反《かえ》す」ために、「春秋の義」を制し、後世の聖人を待った、という。司馬遷が董《とう》仲舒《ちゅうじょ》から伝え聞く所でも、孔子は、自らの主張が用いられず、道が行われないことを知ると、魯国の歴史について是非の判断を下した『春秋』を著し、天下の「儀表（規範）」とした、という（『史記』太史公自序）。後漢初期の思想家、揚雄《ようゆう》もまた、挫折を自覚した孔子が道を懐いてどこへ行こうとしていたのか、と問われ、「後世の君子へゆかん」と応えている（『法言』五百）。これについて、汪栄宝《おうえいほう》『法言義疏《ぎそ》』は、諸国を歴遊しても期待通りの結果を得られなかった孔子は、そのまま仕官先を求め続けるより、『春秋』を制作して後世に残す事業の方が、より遠大な意義を持つと判断した、と解釈している。道を載せた書物『春秋』を残し、理想社会の実現を後世の君子に委ねた、というのである。

このように理想実現の見込みがないことを覚悟した孔子は、それでも中道にして廃することなく、「吾が道は一以てこれを貫く」（里仁）と述べ、高い理想を掲げ続け、実現を将来に委ねることとした。自分ひとりの力だけではなく、弟子や、後世の人々との共同作業によって実現を図ろうとしたのである。すなわち、理想そのもの、さらにはそれを求める自らの熱情を後世の人々に伝えて、その善性に訴え感化し、彼らが仁を身につけ君子となって主体的に理想の実現を目指すことを期待した。絶対に見《まみ》えるはずのない未来の弟子に、理想の継承を託したのである。そのために為すべきは当然、理想を形にした書物を残すことと直弟子の養成であった。著作と教育、それが孔子晩年の使命である。

そうした孔子の真意や願望を、最良の理解者とすべき二人の人物が見事なまでに代弁している。一番弟子の顔回は、孔子が高い理想を掲げ続けることを称えて言う。「先生の道はあまりにも大きく、天下に受け入れようとする者はいません。しかし、それでも先生は実行し続けておられます。理解されなくても、思い悩む必要などありません。理解されないからこそ、君子なのです。我々が恥ずべきは、道を修められないことだけ。そんな我々を登用しないのは、国を有する者の恥です。悩むことなどありません。理解されないことが、君子の証なのです」、と。

また孔子に私淑《ししゅく》し、孔子同様の生き方をした孟子は、未来の弟子に期待することについて、「聖人は百世の師であり、百世さかのぼった過去に奮起し、それを伝え聞く百世後のすべて者を感奮興起させることができる」(『孟子』尽心下)、と述べている。

⊙孔子に近い人々

世の中に受け入れられないことや、徒労に終わることを承知の上で、崇高な理想を掲げ、その実現を後世の人とともに希求し続けるのが君子だというのである。その君子のあり方を身を以て示した孔子の真意は、孔子に近い人々に確実に伝わった。たとえば『孔子家語』本姓篇によれば、孔子と道について議論した斉の太史・子與《しよ》は、明王の治世にあえなかった孔子は、民に道徳的な影響を与えることはなかったが、「将に宝を垂れ以て後世に貽《おく》らん」としている、と述べた。さらに魯の南《なん》宮敬叔《きゅうけいしゅく》との対話においても、孔子が詩書礼楽春秋易を整理した目的は、「訓《おしえ》を後嗣に垂れ、以て法式と為さんとす」ることである、としている。南宮敬叔も、「孔子の道は至れり。乃ち将に無窮に施さんとす」と同意している。

孔子の孫である子思も、孔子の真意と願望を受け取り、孔子を上回るほどの理想を胸中に抱いた。すなわち、いくら大きな理想を唱えても、世の中が受け入れなければ意味が無い。もう少し時流に合わせるべきでは、とある人物が忠告した。すると子思は応えた。理想が大きすぎること、それ自体は憂うべきではない。むしろ大きくないことをこそ、憂うべきである。そもそも世の中が受け入れることを期待するのは、道を実現するためである。道を損《そこ》なってまで受け入れられることを望むなら、道の実現は到底、不可能である。大きな道が受け入れられないのは天命である。受け入れられようとして、大きさを損なえば、それは罪である。私は、今までのやり方を改めるつもりはない(『孔叢子』公儀)、と。

子思の弟子、あるいは孫弟子とされる孟子もまた、富国強兵一辺倒の戦国時代に、仁政の実行による徳治を唱え、仁者は無敵であると信じ(『孟子』梁恵王《りょうけいおう》上)、理想主義を掲げて譲らなかった。当然、行く先々で「迂遠にして事情に闊《うと》し」とされ、受け入れられない。それでも「退きて万章の徒と詩書を序し、仲尼の意を述べ、孟子七篇を作れり」(『史記』孟子荀卿《じゅんけい》列伝)の如く、後進とともに経典の整理を行い、孔子の意図を伝えるための著述に専念した。このように、どこまでも理想を追い求め、君子とは、ものごとを創《はじ》め伝統の端緒を開き、後世の人が継承すべきことを為すべきである(『孟子』梁恵王下)、と言い切っている。

孔子や孟子の考えによれば、理想とは、その実現を共通の課題とする人々による時間や空間を超えた弛《たゆ》まざる共同作業によって達成されるべきものであった。たとえ、現実問題を解決できず、自らを含む多くの人々を犠牲にし、時には人命や国土の喪失など甚大な被害を生じさせたとしても、非現実的であると見切って着手しなければ、永遠に理想にはとどかない。他者が起ちあがるのを待つのではなく、まず自らが起ちあがって前に踏み出す必要がある。この覚悟を、孔子は「志士仁人は、生を求めて以て仁を害することなし。身を殺して以て仁を成すことあり」（衛霊公）、孟子も「生を舎《す》てて義を取る」（『孟子』告子《こくし》上）と披瀝《ひれき》している。そうした彼らの悲願は、後世の儒家の徒により、確実に受け継がれていった。

⊙漢代の儒者

たとえば漢代において孔子以来の理想を堅持した人々を挙げてみよう。まず、かの叔孫通《しゅくそんつう》に、冷水を浴びせた儒者がいた。叔孫通とは、秦漢交代期を通じ、「進退、時とともに変化」する現実主義により立身を果たし、ついには「官家の儒宗」、すなわち王権側の儒家の権威に登りつめた人物である。漢帝国の草創期、王朝儀礼を整備するため、叔孫通が魯の儒者を三十数名呼び集めると、その中の二人が決然と拒絶した。あなたは無節操にも、過去に十人を超える人物を主君として仕え、常におべっかをつかい、高位を手に入れてきた。天下が定まったばかりの今、戦死者は葬られず、傷ついた人々もいまだ立ち直れないでいる。そんな時に、太平の世であるかの如く礼楽制度を整えようとしている。礼楽制度とは本来、聖人が有徳の政治を長期にわたり積み重ねた後に、ようやく整えることができるもの。我々は、「古（理想）」に合わないあなたのやり方には、ついて行けない。さっさと我々の目の前から立ち去り、汚すことなかれ、と。叔孫通は、お前達は、本当にいなか儒者だ。時変というものが分かっていない、と応ずるしかなかった。その後、儀礼制定の功により地位と名誉を獲得し大金を賜与された叔孫通は、長く従ってきた弟子達を推薦して全員に職位を与え、下賜金も残らず分け与えた。弟子達は、「叔孫先生は誠に聖人なり。当世の要務を知っておられる」と喜び称《たた》えたという(『史記』叔孫通列伝)。現実主義により高位に登る儒者とその追随者がいる一方、理想を守ろうとする儒者が少数ではあるが存在したのである。後漢の揚雄は、この二人を「大臣」なる語を以て称えている(『法言』五百)。

司馬遷によれば、その数十年後の武帝の時にも、孔子の弟子である季次《きじ》や原憲《げんけん》の生き方を手本とする儒者がいた。彼らは、求道的な生き方を貫き夭逝した顔回同様、書物を読んで孤高特立の君子の徳を懐き、義を守り世に迎合せず、生涯を通じて、粗末な家で一銭の蓄えもなく、最低限度の生活に甘んじた。世間は嘲笑したが、死後、四百年を経た今でも、「弟子、これを志して倦まず」、すなわち彼らの処世を志向して倦むことがない後学の弟子が存在している、というのである(『史記』游《ゆう》侠《きょ》列伝)。

前漢末の状況を伝える『塩鉄論』にも、同様に君子としての言動を貫き、政権側の現実主義者と妥協することなく、堂々と対峙し続けた在野の儒者の存在を確認することができる。彼らは次のように主張した。古の君子は、道を守って名を挙げ、身を修めて時節を待った。困窮しても節操を変えず、貧賤であっても志を易《か》えない。ただ仁にのっとり、義のみを行う。それ故、財に臨んでかりそめに手に入れる、利を見て義に背《そむ》く、不義によって富裕となる、無名でありながら地位を得る、といったことは、仁者は行わない……仁者だけが逆境を楽しむことができ、小人は富によって暴虐となり、貧しさによって節操をなくす、と(『塩鉄論』地広)。

⊙吉田松陰

中国では、如上の前漢期の諸例と同様、清末までの二〇〇〇年間を通じ、孔子を「万世の師表」として仰ぎ、孔子の掲げた理想の実現を自らの課題とする儒家の徒が、連綿と存在し続けた。彼らはほぼ等しく、孔子や孟子のように現実を変えることに挫折した後、理想の実現を後世に託すべく、著作と教育を使命とした。しかも、そうした儒家の徒が、中国のみならず、時空を超えて東アジア世界に出現することとなった。たとえば、吉田松陰《しょういん》は、儒家思想の神髄が理想主義の貫徹にあることを理解し、それを以て自らの拠って立つ基盤とした思想家の一人である。その証左として、名著『講孟劄記《こうもうさっき》』に、以下の如き注目すべき言説を見出すことができる。

●尽心下篇三八章において、孟子は、堯《ぎょう》・舜《しゅん》・湯《とう》王・文王・孔子を順に挙げ、自分がそれら聖人の理想の後継者であることを自任している。「往聖(過去の聖人)の為《た》めに絶学を継ぐ」と宋の学者、張横渠《ちょうおうきょ》が述べたのは、まさにそのことであり、この章の表現には、後世の人々に望みをかける孟子の意図が、隠然と込められている。同じく三七章では、中庸《ちゅうよう》の徳を備えた人、進取の気に富む人、自己の信念を頑なに守る人、エセ君子などを列挙したうえで、進取の気に富む人と、自己の信念を頑なに守る人とを待ち望み、彼らに理想を伝えたいと述べている。これまた、張横渠の「万世の為めに太平を開く」という言葉と重なっている。孔子を起点とする理想の道を、古人から受け継ごうとする意志が、言葉の中に躍如として表れている。孟子は魏や斉の諸王に仕えて理想を行うことができなかったため、退いて天下の英才を教育し、それを後世に伝えようと考えたのである。……この章の言葉は、大任を自覚した孟子が、千万世の後代に向かい、吾輩を呼び醒《さま》す語である。吾輩は、宜しく驚起して、耳を傾け肝に銘じなければならない(尽心下三八章)。

●孟子の処世は、時勢に遇うか遇わぬか、すべてを天に任せて顧みず、ただひたすら理想を明かにして義を正しくし、言うべきを言い、為すべきを為すだけであった。だからこそ孔子や孟子は、最後まで時勢に遇えず、道ばたで老死するような一生であったが、そのために少しも愧《は》じることも倦むこともなかった(梁恵王下第十六章)。

●今、我々が一介の士のぶんざいで、天下の先駆けになろう、などと言い出せば、自分の実力をわきまえぬ物言いにも聞こえよう。しかし、誰もが知っているように、孔子や孟子、さらに程明道《ていめいどう》、程伊川《いせん》、朱子といった宋の大儒も、元はと言えば、やはり一介の士でありながら、天下後世の程式《もはん》となったのである(尽心上十章)。

⊙理想主義の敗北

このように東アジアの儒家の徒は、孔子の理想を実現すべく、倦まず弛まず営々と努力を続けてきた。しかし現実には、社会の全構成員が仁と礼を体得した君子となるという目的は、いまだ果たされないままである。それは何故か。理由はいとも簡単で、理想の実践が、極めて困難だからである。今からほぼ一〇〇年前、民国の碩学・柳詒徴《りゅういちょう》は、当時における中国の危機的状況をもたらした原因が、時代遅れの儒家思想にあるとする西洋主義者の主張に対し、次のように反論している。有史以来、中国の国家や社会において、孔子の道が完全に行われたことはない。私が日常的に見聞する所に照らしても、孔子の唱えた道理を実行している人物は数えるほどしかいない……事柄は論者の言う所とは全く逆で、中国の最大の病根は孔子の教えを実行したことにではなく、実際には孔子の教えを実行していないことにある、と(「論中国近世之病源」、『学衡』三期、一九二二年)。歴史とは、一面において理想主義の敗北の歴史であると言わざるをえない。

⊙時代を超える共同作業

しかし前述の如く、孔子の理想は、その実現を共通の課題とする人々による、時空を超えた絶えざる努力によって達成されるべきものである。努力の必要性を訴える『論語』の言葉は、まさに後世の全人類に向けて発せられているのである。重複を厭わず引用しておきたい。

●これ其の不可を知りてこれを為す者か(憲問)

●譬うれば山を為《つく》るが如し。未だ成らざること一簣なるも、止むは吾が止むなり。譬うれば地を平らかにするが如し。一簣を覆すと雖も、進むは吾が往《い》くなり(子罕)

●力足らざる者は中道にして廃す。今、女《なんじ》は画《かぎ》れり(雍也)

●発憤して食を忘れ、楽しみ以て憂いを忘れ、老いの将に至らんとするを知らず(述而)

●仁以て己が任と為す。亦《ま》た重からずや。死して後已《や》む。亦た遠からずや(泰伯)

こうした言葉を受け止め、何世代、何十世代をかける課題として、一歩一歩倦まず弛まず実現を目指し、着実に前進しなければならない。犠牲はあっても、それを目指し続けることに意味がある。

これが孔子を始祖とする儒家の主張なのである。

先秦政治思想史研究者、劉沢華《りゅうたくか》氏は、『士人与社会』秦漢魏晋南北朝巻（序説、天津人民出版社、一九九二年）において、道のため斬首も恐れず奮闘した勇敢な儒士の存在意義について、次のように述べている。彼等は堅忍不抜の精神により創造的な思惟を貫き、思想文化における独自の成果を追求した。皇帝権力からは距離を保ち、物質面における満足や父母への孝心をも遠ざけようとした。そのため、歴史が彼等の大半にもたらしたものは、清貧に甘んじ、孤独かつ寂寞《せきばく》なる痛苦にみちた生き方であり、時には餓死や斬首に終わることもあった。しかし、そうした彼等こそが歴史に、豊かで内容のある精神的遺産を残したのである。彼等は、処世においては「愚か者」でしかない。実際のところ、世におもねり、諂ったりして栄耀栄華の生活をおくるだけの才能は十分に備えていた。しかし、どうしてもそれはできなかった。安楽な人生をおくるという観点からすれば、彼等の突出した行いは、精神的超越の追求という解釈をする以外、理解のしようがない。しかし、かりに過去にこうした「愚か者」が存在しなかったとすれば、輝きに充ちた中華文明の歴史は、その燦めきを失うことになる。というより、これらの「愚か者」こそが、中華民族を支え続けてきた「背骨」にあたる人々であると言うべきであろう、と。劉氏のいう「愚か者」が儒士である以上、彼らが残した精神的遺産が、孔子の理想の実現にむけての確かな前進であることは言うまでもない。

おわりに

孔子の過剰な理想主義に対する評価は、受け取る側の立場によって変わるということが、以上によって明らかとなった。理想を忘れ去って現実生活に埋没し、眼前の課題解決にのみ汲汲としている人間、あるいは汚濁と欺瞞《ぎまん》に満ちた現実から逃避・超越し、冷然と傍観視する人間にとって、儒家の高邁な理想は、おめでたい机上の空論でしかなく、その真摯な努力も、実現不能の非現実的なあがき、にすぎない。彼らからすれば、孔子の理想主義は「悪」以外のなにものでもない。しかし、不可能と知りながら理想を目指す人間にとっては、その一途で愚直な「おめでたさ」、「非現実性」こそが、自らが一歩でも二歩でも前進するために学ぶ対象であり、また自らを叱咤・激励する教訓とも、支える力ともなる。まさに「悪」とは真逆の「至善」にほかならない。

孔子の過剰な理想主義は、歴史において考察されるべき諸「悪」と同様、見る者の現在を照らし出す鑑なのであり、また鑑としなければならない。

⊙参考文献

高尚榘『論語歧解輯録』（中華書局、二〇一一年）
加地伸行『論語』（講談社学術文庫、二〇〇九年）
高田真治「諸子より見たる孔子及び論語」（『儒教の史的概観』、春陽堂、一九三六年）
高木智見『孔子―我、戦えば則ち克つ』（山川出版社、二〇一三年）

前259―前210年
中国史上初めて統一国家を建設。法治主義をとり、皇帝の専制支配体制を築く。

歴史上最初の皇帝を称した男の実像

始皇帝

…しこうてい…

鶴間和幸

中国史上最初に統一した秦《しん》の始皇帝《しこうてい》（前二五九～前二一〇、在位前二四七～前二一〇）は五〇年の生涯を終えるやいなや、さまざまに評価されはじめた。私たちが依拠している史料の基本は司馬遷（前一四五頃～前八六頃）の『史記』巻六秦始皇本紀である。それは始皇帝の亡き後、百年後に司馬遷がさまざまな史料をもとに記述した内容である。その材料は、今はなき秦の歴史書『秦記』、始皇帝を顕彰した刻石、始皇帝にまつわる伝説故事などであり、司馬遷はさまざまな史料を取捨選択した。その執筆の意図は最初の皇帝として六国《りっこく》を滅ぼして統一事業を実現し、続く二世皇帝と子嬰《しえい》が崩壊させたことを記録することにある。司馬遷は始皇帝による統一を評価し、始皇帝を正面から暴君とは位置づけてはいない。

暴君と位置づけたのは、司馬遷後のとくに儒家《じゅか》的な立場の人々であった。司馬遷には儒家的な思想の立場はない。一九七五年の睡虎地《すいこち》秦簡の出土以降、始皇帝と同時代の竹簡史料が絶え間なく増え続けている。これらは司馬遷のフィルターのかかっていないものであり、司馬遷の収集しなかった秦の側の官吏の記録である。同時代史料から始皇帝という人間とその時代の実像をさぐることができるようになった。

暴秦、暴政、無道の評価

始皇帝の死後、二世皇帝の治世の初年、前二〇九(二世皇帝元)年に中国史上最初の農民反乱として知られる陳勝《ちんしょう》・呉広《ごこう》の乱が起こったが、半年でその政権は崩壊し、その後は項羽《こうう》と劉邦《りゅうほう》が競いながら秦を崩壊に追い詰めていった。かれらにとって打倒の対象は暴秦(凶暴な秦)であったが、それは始皇帝の治世が暴秦であったわけではない。反乱の対象は二世皇帝の治世の秦であった。始皇帝を継承した二世皇帝は、趙高《ちょうこう》を後ろ盾に強権で帝国を維持しようとした。法を厳格にし、始皇帝の時代の大臣や始皇帝の公子たちを粛清していった。

後漢の時代になると、秦の時代はすでに二〇〇年も前の時代となった。批判の矛先は二世皇帝だけでなく、始皇帝そのものにも向けられていった。『漢書《かんじょ》』を編纂した班固《はんこ》は、後漢の明《めい》帝に秦の過失について説明し、「呂政《りょせい》は残虐であった」という表現をしている。始皇帝嬴政《えいせい》が荘襄《そうじょう》王の子ではなく、呂不韋《りょふい》と趙《ちょう》の邯鄲《かんたん》の愛姫の間に生まれた伝説を信じた言い方である(秦始皇本紀附載記事)。班固は始皇帝を批判し、むしろ三代目の子嬰へ同情を示した。始皇帝の評価は秦のつぎの漢の時代に、すでに大きく揺らいでいった。

疑惑事件の真相

始皇帝の治世中に起こり、真実の判断が難しい疑惑の事件は確かに多い。一つの事件をめぐっても『史記』のなかで矛盾する記述があり、司馬遷の判断が保留されることが多い。すでに始皇帝が秦王に即位する以前から、不可思議な事件が頻発していた。始皇帝の曽祖父の昭襄《しょうじょう》王の死後即位した祖父孝文《こうぶん》王はわずか三日で急死した。五三歳で即位したといってもその理由は何ら説明されていない。父の子楚《しそ》は呂不韋の画策で祖父孝文王の正夫人の華陽《かよう》夫人の養子となった。そうして子楚が即位して秦王（荘襄王）となったが、わずか三年あまりで亡くなった。その理由もわからない。そして嬴政は一三歳で秦王に即位した。この少年王に政治を画策できるはずもない。子楚を王位につける画策をしたのは東方の大商人の呂不韋であり、荘襄王、秦王政の時代の相邦《しょうほう》（丞相《じょうしょう》）となっていた。少年王のブレーン呂不韋の存在は想像以上に大きかった。

前二三九（始皇八）年（秦王二一歳）、秦王の弟の長安《ちょうあん》君成蟜《せいきょう》が将軍として趙を攻撃したときに、趙の屯留《とんりゅう》の地で反乱を起こした。かれに従った軍吏はみな斬首の刑に処せられ、屯留の地の民は辺地の臨洮《りんとう》（長城の西の起点）に送られた。自殺した成蟜を見て、屯留と蒲鶮《ほこう》にいた兵卒は反乱を起こし、殺された者の遺体はそのままさらされた。この記事にはおそらく文字に錯誤があり、『史記会注考証』でも難解な箇所として諸説を挙げている。成蟜と将軍を別人として解釈し、将軍の壁《へき》という人物が死んだときに屯留と蒲鶮にいた兵卒が反乱し、その遺体がさらされたとも読まれている。事件の実態はよくわからないが、秦王と弟の成蟜との間に確執があったことは確かである。わざわざ「屍を戮《ころ》す」行為は「穴埋めにする」行為とともに、残酷な行為と見られる。

嫪毐の乱に見る秦王

前二三八(始皇九)年、秦王政二二歳のときに秦の国を揺るがす大事件が起こった。『史記』の記述は、呂不韋が背後で画策し、絶倫の男嫪毐《ろうあい》を秦王の母でみずからの愛人の帝太后のもとに宦官《かんがん》と偽って送り込んだとされる。帝太后との間に男子二人を設けたことが、秦王の耳に入った。嫪毐は秦王が成人の儀で都咸陽《かんよう》を離れる隙を狙って反乱を起こし、秦王は嫪毐の一党を徹底して排除した。秦王の行動は嫪毐の反乱の起きる前に始まっていた。むしろ秦王が先手を打って、嫪毐の一大勢力を排除したと理解する方がよい。しかし司馬遷は史料上そのことをうまくカムフラージュしてしまった。秦王の行動への批判は表に出なかった。ただ嫪毐と結託した母の帝太后を幽閉したことは批判された。人々は親不孝にはきわめて敏感であった。

前二三七(始皇十)年(秦王二三歳)、本紀は嫪毐の乱の記事の後に、大梁《たいりょう》(魏《ぎ》の都)の人の尉繚《うつりょう》が秦王に接見した記事を載せる。尉繚は財物を惜しまずに三〇万金も出して工作すれば、諸侯の合従《がっしょう》を崩すことができると説いた。秦王はこれに従い、尉繚を優遇した。そのときに尉繚は秦王に会った印象をひそかに語っている。「秦王の人と為《な》り、蜂準《ほうじゅん》長目《ちょうもく》、摯鳥《しちょう》の膺《よう》、豺声《さいせい》、恩少なく虎狼の心、約に居りては人の下に出易《やす》く、志を得れば亦《また》人を食《くら》う」(秦王の姿は蜂のように高い鼻と切れ長の目、タマタカのような厚い胸、ヤマイヌのような声、恩情に薄く、虎や狼のような心を持ち、倹約しているときは人に謙虚であるが、志を遂げた後は人を食らうような性格となる)。尉繚の観察は、秦王の将来を見通したようなものであるが、伝説的な始皇帝観として見ておくべきであろう。

秦王の執念

秦王政はみずからが生まれた趙の都邯鄲への哀愁の念が強かった。前二二九(始皇十八)年、趙の国に大攻勢をかけ、都邯鄲を包囲した。翌年には趙王を捕らえた。このとき秦王みずからが邯鄲に入った。秦王は自分が邯鄲で生まれたときに、自分を匿ってくれた母の家を迫害した者を捜しだして穴埋めにした。本紀ではこの歳のこの記事の後に始皇帝の母の太后が死去したと続けているが、邯鄲入城と母の死に月の記載がないので、母が亡くなった後に邯鄲に赴いたとも読める。始皇帝の残虐さとともに母への篤い想いも感じられる事件であった。

前二二七(始皇二〇)年(秦王三三歳)、秦王暗殺未遂事件が起こった。燕《えん》の太子丹《たん》は秦の軍隊が来るのを恐れて荊軻《けいか》を送って秦王を刺殺しようとしたが、秦王は気づいて荊軻を体解して見せしめとした。体解(身体を解体する)とは何であろうか。事件を詳細に伝えた刺客列伝では、逃げ惑っていた秦王はようやく剣を背負って抜き、荊軻を撃ってその左の股を切断したという。荊軻は八創《はっそう》つまりいたるところに負傷し、最後は秦王の左右の者に殺された。秦王の執拗な性格を物語る。

厳格な法治

始皇帝が法治にこだわったことは、前二二一(始皇二六)年の記事に「剛毅戾深《れいしん》にして、事は皆法に決せられ、刻削《こくさく》して仁恩和義毋《な》し」のことばに表れている。冷徹に法を執行し、恩情をはさまない。司馬遷は秦が周の火徳に代えて五行の水徳を選んだことと合致しているという。すなわち水徳は季節では刑罰を行う冬に当たる。前二一二(始皇三五)年の記事では、方士の侯士《こうし》と盧生《ろせい》の二人が影で始皇帝のことを批判する話を載せる。始皇帝が獄吏を専任して優遇し、楽しんで刑殺を行い、、石(三〇キログラム)のおもりで文書(竹簡)を測り、毎日規定の分量を処理するまで休まないという。このような本紀の記事から冷酷な法治の君主像が作られた。沛《はい》公劉邦が秦の都咸陽に入ったときに、秦の苛法に長らく苦しんできた在地の父老と、法三章を基本にすることを約束する。人を殺したら死罪、人を傷つけたり、盗みをした者は罪にあてるというものである。しかし劉邦が漢王となり皇帝となってからは、秦の法律に基づいて漢の法律を作成し施行する。

一九七五年の睡虎地秦簡の発見いらい、秦の法律竹簡文書は加速度的に出土している。漢代の法律も張家山《ちょうかざん》漢簡で確認できるようになった。現実は秦の法律は漢に継続された。始皇帝の法治が漢よりも厳しいわけではない。

巡行と反始皇帝伝説

前二一九(始皇二八)年、二回目の巡行で彭城《ほうじょう》を過ぎたときに、泗水《しすい》の川を斎戒《さいかい》して祭祀し、周が伝えていた鼎《かなえ》を引き上げようとしたが、一〇〇〇人を使って水にもぐっても引き上げられなかった。その後、江水《こうすい》(長江)に船を浮かべ、湘山《しょうざん》の祠に行く。すると大風に遭遇し、少しの所で渡ることができなかった。始皇帝は同行の博士に湘君《しょうくん》の神の由来を尋ねると、堯《ぎょう》の娘で舜《しゅん》の妻であるという。始皇帝はひどく怒って刑徒三〇〇〇人に湘山の樹木をまるごと抜いて山を裸にさせた。この二つの記事にある、一〇〇〇人、三〇〇〇人を動員した行動は非現実的である。始皇帝を貶《おとし》める反始皇帝伝説であるといえよう。秦が征服した旧六国の地には、このような伝説が多く見られる。

長城伝説

前二一五(始皇三二)年(始皇帝四五歳)、本紀によれば、始皇帝は将軍の蒙恬《もうてん》に三〇万の兵を率いて北方の胡(匈奴《きょうど》)を攻撃させ、河南《かなん》(三方を黄河に挟まれた陝西省北部から内モンゴルの草原地帯)を占領した。翌前二一四(始皇三三)年、匈奴を追い、黄河に沿って陰山《いんざん》山脈までの地に三四の県を置き、黄河のほとりに城を築いて塞とした。これが長城である。蒙恬列伝には「臨洮より起こし遼東《りょうとう》に至るまで延《えん》袤《ぼう》万余里」といい、いわゆる万里の長城に言及する。これらは秦の側の史料に基づいた記述であり、長城の建設に駆り出された民衆の心情はうかがえない。

漢代になると、長城建設による民衆の不満が秦の崩壊を導いたといわれるようになった。前漢武帝のときに、武帝の伯父の淮南《わいなん》王劉安《りゅうあん》は謀反のかどで捕らえられて自殺させられた。事件にかかわった伍被《ごひ》の自供文には、秦の政治が民心から離れた結果、反乱が起きた事例を戒めとしたことが語られている。最初に挙げたのは万里の長城建設の犠牲の話である。蒙恬が東西数千里の長城を築いたことで、「兵を暴き師を露《あらわ》にすること常に数十万、死者数うるに勝う可《たべ》からず。僵尸《きょうし》千里、流血頃畝《けいほ》、百姓力竭《つ》き、乱を為さんと欲する者十家に五」となった(『史記』巻一一八淮南列伝)。後漢の班固も「死人乱麻《らんま》の如く、骨を長城の下に暴し、頭盧《とうろ》道に属《つら》ね、一日として兵無くんばあらず」(『漢書』巻六三武五子伝賛)といい、戦争と長城の建設に苦しんだ民衆の苦しみを表現した。

始皇帝の残忍さ

司馬遷は前二一二(始皇三五)年の記事に、始皇帝の残忍さを物語る二つの故事を載せる。一つは始皇帝が自分のことばを丞相(李斯《りし》)に漏らした側近を取り調べもなく容赦なく殺した事件であり、もう一つは前二一二年に諸生四六〇人あまりを穴埋めにした事件であり、後世焚書坑儒《ふんしょこうじゅ》とされたものである。始皇帝の残虐な一面を伝えたものであり、後世の暴君評価の理由となるかもしれない。

この記事はよく見ると、方士と始皇帝の対立が二つの事件の伏線にあることに気づく。始皇帝は東方の方士と出逢って、不老不死の薬を探すように求めた。方士たちはなかなか入手できずに、始皇帝から責められる。そのなかで方士は始皇帝に真人《しんじん》になることを勧めた。真人とは入水しても濡れず、火に入っても熱くならない、雲気をしのぎ天地のように長い時間を共有できる者とされた。真人になるためには姿を隠さなければならなかったという。

始皇帝は仙薬を入手できない方士が自分を陰で誹謗《ひぼう》する行動に怒りを覚えた。始皇帝は儒者を対象としたものではない。『史記』では「術士を阬《あなうめ》にす」（儒林《じゅりん》列伝）といっているのに、後漢になると諸生賢儒が埋められた故事になってしまった（後漢衛宏《えいこう》「詔定古文尚書《しょうしょ》序」）。始皇帝と儒者とが激しく対立させられることになった。儒者たちは始皇帝から焚書坑儒の弾圧に遭ったことを喧伝することで、民間で秘蔵された儒家の書籍と儒者の存在価値を高めようとした。

始皇帝の死

前二一一（始皇三六）年（始皇帝四九歳）、始皇帝の死の前年、不吉な事件が起こった。墜星《ついせい》（隕石）が東郡に落ちて石となった。その石に「始皇帝死して地分かる（始皇帝が死んだら分裂する）」と刻みこむ者がいた。始皇帝はこれを聞いて御史《ぎょし》を派遣して捜査したが犯人は見つからない。石が落ちた付近の住民をすべて殺し、石を溶かしたという。始皇帝の意を受けた御史の執拗で短絡的な行動であった。

前二一〇（始皇三七）年（始皇帝五〇歳）、最後の巡行の途中で海神と戦う夢を見た。同行の博士に夢占いをさせたところ、水神は姿を現さないが、大魚が近くにいるのが徴候だという。始皇帝は大魚を捕獲する道具を持たせ、自らも連発の弩《ど》で大魚を射殺しようとした。之罘《しふ》の地でようやく射殺した。ここからは執拗な行動力がうかがえるが、直後に病になり、死を迎える。

『趙正書』に見る最期の秦王（始皇帝）

『史記』秦始皇本紀では、黄河の渡し場の平原津《へいげんしん》で病気となった後は、長子の扶蘇《ふそ》に咸陽での会葬を託する遺詔のことだけが取り上げられ、沙丘《さきゅう》の平台《へいたい》で死去したという。近年見つかった竹簡文書の『趙正書《ちょうせいしょ》』では、最期の秦王（皇帝即位を認めずに始皇帝とはいっていない）の心意が語られ、興味深い。この竹簡は、二〇〇九年に北京大学に寄贈された三三四六枚の前漢武帝期のものである。五〇枚の竹簡に秦王趙正をめぐる晩年の故事を一四〇〇字あまりに記したもので、『史記』と共通する部分と、まったく異なる内容がうかがえる。

その竹簡によれば、以下の通りである。秦王は柏人《はくじん》の地で重病となり、左右の者に伝えた。「天命は変えられないのだろうか。これほどの病気にかかったことはなく、悲しい」。「天命では五〇歳で死を迎えると下され、今年がその歳に当たるが、月日まではわからない。天下を巡行して気を変え天命を変えたかったがだめだろうか。まもなく死期が近づいているので、後続を待たずに日夜急いで白泉《はくせん》の駅伝の地まで行き、群臣には自分の病気のことは知らせるな」。まことに弱気な帝王の姿が描かれている。心残りは民と孤弱な子供たちであるという。争いごとがないように、後継を丞相の李斯らに議論させた。李斯と御史大夫《ぎょしたいふ》の馮去疾《ふうきょしつ》らは胡亥《こがい》を推薦した。秦王は承認して亡くなった。

ここには『史記』にある扶蘇に託した遺詔が趙高らに破棄され、胡亥を立て、扶蘇に死罪を下す偽詔のストーリーはない。『史記』よりも成立が早い『趙正書』と真偽を争うよりも、漢代に入って始皇帝をめぐる多くの故事が伝えられていたと解すべきであろう。上に挙げた『史記』の記事も、始皇帝が意のままにならない事件に怒った行動が記されたものである。始皇帝に対する否定的な行動を伝える故事として理解しておくべきである。

始皇帝陵の建造

前二一〇(始皇三七)年、始皇帝の遺体を載せた轀輬車《おんりょう》は上郡《じょうぐん》から咸陽に戻り、喪が発表され、太子の胡亥が即位して二世皇帝となった。九月に始皇帝は酈山《りざん》に埋葬された。始皇帝陵の様子は本紀に記載されている。始皇帝は即位したときから酈山(始皇帝陵とはいわない)を建設しはじめ、天下を合わせてから刑徒七十余万人を送ったという。これも秦の側の史料であるので、批判的な言説は見えない。しかし漢代になると、贅を尽くした陵墓が厚葬として批判的に見られるようになった。前漢末に成帝《せい》は始皇帝の酈山陵を東に望む灞水《はすい》の東に寿陵《じゅ》(生前の陵墓)の昌陵《しょう》と陵邑(陵墓を守る都市)の造営を始めたが、数年で取りやめた。このときの劉向《りゅうきょう》の主張は歴代秦の君主の陵の事例を挙げて奢侈の陵墓建設を戒めるものであった。暴秦の乱君は競って奢侈をし、墳丘を競い合ったという表現をとった。さらに後世の北魏の地理書の『水経注《すいけいちゅう》』には、項羽が始皇帝陵を盗掘し、三〇万人、三〇日かけて物を運び出したが運び出せなかったといい、牧人が羊を求めて地下宮殿を誤って焼いてしまった、九〇日間延焼したが、消えなかったという。誇張した後世の反始皇帝伝説といえる。

おわりに

司馬遷よりも早く、前漢初期に、賈誼《かぎ》は『過秦論《かしんろん》』で、秦の崩壊の責任は、始皇帝よりも二世皇帝の過失、子嬰の罪にあったことを強調している。司馬遷もこの書の影響を強く受けている。『史記』も秦の残した史書をもとに秦始皇本紀をまとめているが、始皇帝に関する故事は、漢代に伝わるものを多く引用した。しかしそのまま史実とすることはできないので、その故事の由来をさぐるべきであろう。始皇帝が短絡的に憤って行動したというたぐいの故事は、始皇帝が征服した東方六国の地の民衆の声かもしれないし、秦を崩壊に導いた漢王朝の立場が反映されているかもしれない。

とくに『史記』以降の始皇帝暴君伝説は後世の思惑を反映している。中国史を振り返ると、直裁な現体制批判を避けて、過去の始皇帝批判を行うことが多いからである。過去は現在を語らせるためにある。その過去を史実とするわけにはいかない。私たちは作られた「歴史」に惑わされてはならない。

⊙参考文献

鶴間和幸『秦の始皇帝　伝説と史実のはざま』（吉川弘文館、二〇〇一年）

鶴間和幸『秦帝国の形成と地域』（汲古書院、二〇一三年）

鶴間和幸『人間・始皇帝』（岩波書店、二〇一五年）

?—前238年
始皇帝の母と密通し権勢を得る。関係が告発されると反乱を計画、処刑される。

嫪毐《ろうあい》

始皇帝の母と通じた絶倫の男の実像

鶴間和幸

はじめに

前二三八（始皇九）年、嫪毐《ろうあい》の乱という、始皇帝がまだ秦王であった治世で最大の内乱事件が起こった。事件の真相は『史記』巻六秦始皇本紀と巻八五呂不韋《りょふい》列伝を読み比べても、不可解な点が多い。嫪毐という人物は、呂不韋がもとの愛姫すなわち始皇帝の母の太后との関係が続いていたことが発覚するのを恐れて、宮中に送られた男であった。嫪毐は表向きは眉と髭を抜いて宦官《かんがん》を装っていたが、実は後宮では自慢の巨物に木の輪を引っかけて回転させるなどの猥褻《わいせつ》な芸を行っていたという。呂不韋列伝に記されたその部分だけが面白く語られてきた嫪毐には、逆臣としての評価が揺らぐことはない。宦官と偽った嫪毐と淫乱な始皇帝の母の帝太后とが結託して秦王排斥を陰謀したとの図式が描かれた。この事件をきっかけに嫪毐は殺され、背後にいた呂不韋も失脚して服毒自殺した。嫪毐と呂不韋の二人は始皇帝の父の荘襄《そうじょう》王亡き後の秦王朝の巨大な権力を二分していた人物であり、かれらが排除されて成年秦王の親政が始まった。事件の真相は、悪人嫪毐の実像をさぐることから見えてくる。

絶倫男子の虚像

呂不韋列伝ではつぎのように嫪毐のことが語られる。

始皇帝益々壮たりて、太后淫《いん》にして止まず。呂不韋禍《わざわい》の覚られ己《おのれ》に及ぶを恐れ、乃ち私に大陰の人嫪毐を求めて以て舎人と為す。

始皇帝の母は、皇帝の母として帝太后と呼ばれ、実名はわからない。のちに秦王政が皇帝号を称してから、父荘襄王を太上皇と追尊すると同時に荘襄王の王后で始皇帝の母を帝太后と追尊した。ここでは帝太后で通していく。

帝太后は呂不韋の邯鄲《かんたん》時代の愛姫であり、荘襄王子楚《しそ》の夫人になったが、荘襄王亡き後、呂不韋の画策で嫪毐を愛人とした。嫪毐は東方の出身で呂不韋と同様秦の人間ではない。唐代の司馬貞《しばてい》の『史記索隠《さくいん》』では、『漢書』を引き姓の嫪は趙の邯鄲出身であろうという。そうであれば帝太后と同郷となるが、真偽は不明である。名の毐の字は珍しい。毒の字形に似ており、士(男子)と毋(なし)の会意であり、品行のよくない男の意味であるから、もともとの名前であったか疑わしい。司馬貞は帝太后との淫乱な関係から罵倒してつけられたという説を挙げている。嫪毐は呂不韋がかかえていた食客三〇〇〇人の一人であり、李斯と同様、呂不韋の舎人《しゃじん》となっていた。

権力者としての顔

嫪毐は帝太后に近づき、帝太后は子どもを宿した。二人の子がひそかに生まれ、後宮で育てられた。秦王の同母弟となる。ことの発覚を恐れて咸陽《かんよう》から離れて雍《よう》城の宮殿に移り、嫪毐も常に従っていた。秦王がまだ幼かったので、帝太后は亡き先王の夫人であり、幼い王の母として実権を握っていた。相邦《しょうほう》(丞相)の呂不韋が表の政事を動かしていたが、帝太后と結託したことで秦の政事は嫪毐によって実質決せられた。嫪毐の家には奴婢を数千人もかかえる資産があり、また嫪毐の家の舎人は千余人もいたというから、嫪毐は人を引きつけるだけの人格者であったはずである。呂不韋の食客三〇〇〇人には及ばないまでも、それに次ぐ勢力を持っていたことになる。呂不韋の文信《ぶんしん》侯に対して嫪毐は長信《ちょうしん》侯に封じられ、山陽《さんよう》の地が与えられ、そこに居住した。山陽はこれより前の前二四二(始皇五)年に秦の蒙驁《もうごう》将軍が占領した魏の城であり、漢代の山陽郡ではなく、秦の河内《かだい》郡の一城にすぎなかった。黄河の北岸、いまの河南省焦作《しょうさく》市の東に位置する。秦本国から見てこれほど東方に占領地が嫪毐に与えられたことは、その政治的な地位と関係が深い。秦の宮殿に属する王室の車馬や衣服、王室所有の御苑の狩猟場など、帝太后の名の下に嫪毐が思うように使用することになった。さらに河西の太原《たいげん》郡も嫪毐の国に組み入れられた。太原郡はすでに前二四八(荘襄王二)年にやはり蒙驁将軍が趙から奪っていた占領地であった。前線の重要な拠点に置かれた郡であった。一方丞相の呂不韋は文信侯に封ぜられ、河南に十万戸の領地をもち、家には一万人の奴婢をかかえ、そのもとには食客三〇〇〇人が集まった。

嫪毐の太原郡、呂不韋の雒陽《らくよう》はいずれも秦の本拠地の関中からは離れ、最前線の占領地が一人の封地になったのはかれらの地位を示す象徴的なものであった。秦の時代、爵位は二〇ランクあり、その最高位が徹侯《てつ》であり、統一時には列侯と改名された。長信侯、文信侯の長信、文信というのは封号か諡号《しごう》である。列侯の封地は一般には一県程度の広さであるので、一郡もの広い封地はとりわけ優遇されたことを示している。そのような嫪毐をたんなる絶倫の男として見るわけにはいかない。嫪毐の権勢を妬む側から出された故事であろう。

嫪毐の乱の真偽

この事件の解釈では実は司馬遷自身も揺らいでいる。司馬遷は本紀と列伝に事件に関する史料を列挙しながら、呂不韋列伝の末尾の論賛ではそれらと異なる自分の見解を示している。本紀によれば、嫪毐は秦王が成人式のために雍城の離宮に赴いたすきに襲撃する計画を立てたが、密告によって未遂のうちに秦王によって都咸陽で逆襲された。これによれば嫪毐の反乱は行われていないことになる。しかし列伝の論賛では秦王が雍城に赴いたのを狙って嫪毐が雍城の離宮で反乱を起こしたのだという。司馬遷といえどもこの事件から一五〇年ほど経過して『史記』をまとめたのであり、事件の真相は見えなくなっている。そこで司馬遷の残した記述をもう一度時系列に整理し直し、事件の真相をあらためてさぐってみたい。

重要な手がかりは、『史記』六国《りっこく》年表の前二三八(始皇九)年の記事、「彗星見《あら》われて天を竟《つ》く。嫪毐乱を為せば其の舎人を蜀《しょく》に遷す。彗星復《ま》た見わる」にある。この歳は嫪毐の乱の前後に彗星が二度も現れている。数ヶ月にわたって日々観測できる彗星という天文現象に注目して、この一年に起きた事件を今一度正しい順番に並べてみると、実は雍城蘄年宮《きねんきゅう》での嫪毐の反乱は起きていなかったことになる。

当時の秦の暦では始皇九年は冬の十月から始まり、秋の九月で終わる。秦王は正月生まれであるから、冬の三ヶ月は二一歳、正月以降に二二歳となる。もともと冬に雍城の蘄年宮で戴冠帯刀の成人の儀を行う予定であった。しかし不意に不吉な彗星が現れたので、ハレの儀は彗星の終わるまで延期したものと推測できる。彗星が消失したので四月に延期したのであろう。秦始皇本紀の記事は、四月の成人の儀の記述のあとすぐに、長信侯嫪毐が乱を起こそうとして発覚したという。なぜか雍城ではなく咸陽で嫪毐側と激戦になった。呂不韋列伝の巻末の論賛で蘄年宮で反したという記事とは矛盾する。敗走した者には生け捕りで一〇〇万銭、殺した場合は五〇万銭の懸賞金が懸けられた。嫪毐らはすべて逮捕され、二〇人はさらし首になった。そして四月に寒冷で死者があった記事を載せる。そして二度目の彗星が八〇日間も観測されていく。四月の記事が二度も出てくる不自然さから考えると、四月までにはすべての事件が終了したととらえた方が、理解しやすい。秦王は告発を受けて咸陽で嫪毐の一党を捕らえようとして激戦となった。すべてが終わってからようやく雍城に向かって成人の儀を実施した。蘄年宮で待ち伏せしていたわけではなく、待ち伏せして秦王を捕らえようとする陰謀があったということであろう。

嫪毐側の処刑者

嫪毐側の処刑者の内容と数は尋常ではない。嫪毐側は秦王と帝太后の玉璽《ぎょくじ》で県卒《けんそつ》（咸陽周辺の県の兵士）、衛卒《えいそつ》（宮殿の護衛兵士）、官騎《かんき》（騎兵部隊）、戎翟《じゅうてき》の君公（秦の周辺の西戎の君長の部隊）を動員し、みずからの舎人（嫪毐の舎人）にも反乱に参加させようとしたという。衛尉《えいい》（宮門警護長官）の竭《けつ》、内史《ないし》（京師長官）の肆《し》、佐弋《さよく》（王室の内府）の竭、中大夫令《ちゅうたいふれい》（宮殿警護）の斉《せい》ら二〇人は中央の高級官吏、みな梟首《きょうしゅ》（首を木の上にさらす刑罰）となった。嫪毐自身は車裂の極刑で一族も殺された。嫪毐の舎人は爵位を奪われ、四千余家にも及ぶ家族が蜀の房陵《ぼうりょう》に流された。嫪毐の舎人は千余人いたはずだが、処刑された数ではその四倍になる。実際に全てが動員されたわけではないが、これほどの賛同者があったということは、嫪毐の権勢を物語るものである。

岳麓《がくろく》秦簡に興味深い裁判事例があり、嫪毐の乱との接点が見いだせる。「子供は逃亡の共謀者にはならないという事件」の処理であり、前二二五（始皇二二）年十二月戊午（十三日）に軍巫《ぐんふ》が「荊《けい》（楚）の盧《ろ》渓《けい》を攻撃したときに、荊に逃亡した秦人の男子が『小走馬の私は、十年前に母ともに荊に逃亡した。逃げたときは幼く、母と逃亡のことを図ることなどできなかった』と言っていた」と証言した。母はすでに亡くなっており訊問はできなかった。この男子は「自分は最初に逃亡したときは、年齢が十二歳、今は二二歳になった。すでに爵位は削られ士伍《しご》となった」と証言した。審議の結果、証言の内容は確認できた。この男子の罪はどうなるのか、上級官庁に献した。上級の吏議《りぎ》では罪を許す意見もあり、また黥城旦《げいじょうたん》（いれずみと築城労働の刑罰）に処すとの意見もあった。

ここでいう始皇二二年から十年前、始皇十二（前二三五）年には何があったのだろうか。この歳は始皇九年に起きた嫪毐の乱において嫪毐側の舎人四千余家が蜀の房陵の地に流された歳である。始皇十二年秋、蜀に流された嫪毐の舎人が釈放された。この案件の母子はこのとき楚に逃亡した可能性がある。父親はすでに亡く、母子が残されたのかもしれない。

おわりに

唐の張守節《ちょうしゅせつ》の『史記正義《せいぎ》』は前漢末の劉向《りゅうきょう》がまとめた『説苑《せつえん》』の故事を長く引用している。本紀でも斉人の茅焦《ぼうしょう》が秦王を諫めた話は載っているので、司馬遷も始皇帝に関して民間に伝わっていた故事を多く掲載している。茅焦は秦王が二人の弟を撲殺し、帝太后を雍城に幽閉したことを批判した。母親を幽閉したことを諸侯が耳にすれば、秦に背くことになるという。なぜ背くのかは明確ではないが、『説苑』では弟には不慈、母を幽閉することは不孝であると断言し、諸侯がこのことを聞いたら秦に背く理由になるという。秦王はこの忠告に耳を傾け、都咸陽に戻した。『説苑』の故事は史実からかけ離れたものも多い。嫪毐が宦官ではなく帝太后との間に二子を設け、帝太后と嫪毐が子を秦王の後継にしようとしていたことを告発する者がいたことは『史記』の本文にあるが、『説苑』によれば、嫪毐が秦王の左右の貴臣と六博《りくはく》のすごろくをしながら酒に酔って言い争いになり、嫪毐が自分は皇帝（秦王）の仮父であると漏らしたことからことが発覚した。司馬遷はこの話は採用しなかった。しかし嫪毐が宮中で行った卑猥な芸についてはしっかりと述べている。嫪毐は史実と故事の間で揺れが大きい人物であり、それだけに嫪毐の実像をさぐるには『史記』の文章の徹底した分析が必要である。

◉参考文献

西嶋定生「嫪毐の乱について」『中国古代国家と東アジア世界』（東京大学出版会、一九八三年）
鶴間和幸『人間・始皇帝』（岩波書店、二〇一五年）

?—前207年
秦の二世皇帝の後見として丞相に上り詰めるが皇帝を殺害、自身も殺される。

始皇帝後の権力の頂点に立った男
趙高
…ちょうこう…

鶴間和幸

はじめに

秦の始皇帝に信頼され、二世皇帝胡亥《こがい》の守り役になった趙高《ちょうこう》は、二世皇帝に代わって権力を握ろうとしたが、三代目の子嬰《しえい》に殺された。父が趙の出身で母が官奴婢《ぬひ》の身分であり、みずからも始皇帝の宮中で幼いときから育った。丞相《じょうしょう》として権力の中枢まで上り詰めたものの、最期は殺されてしまう。『史記』では秦帝国を崩壊に導いた悪人とされてきたが、新出竹簡史料によって『史記』自身が一つのストーリーで趙高像を描いていることがわかった。趙高の人生を見直すと、始皇帝亡き後の秦帝国の危うさの現実を直視していた人間であったことがわかってきた。

司馬遷は趙高を『史記』巻六秦始皇本紀と巻八七李斯《りし》列伝、巻八八蒙恬《もうてん》列伝のなかで分散させて記述しており、それらを総合してみると、十分列伝に立てて記述するだけの重要な人物であることがわかる。司馬遷は本紀と二人の列伝の影で、趙高という人物の伝記を記述している。李斯も蒙恬も始皇帝の忠臣でありながら、始皇帝の死後、趙高によって逆臣として死罪を下された人物であったから、二人の列伝には趙高を負の人物として登場させせなければならなかった。

秦始皇本紀の記述 一

秦始皇本紀の方の趙高を追ってみると、第一の場面は前二一〇(始皇三七)年、始皇帝が最後の五回目の巡行で病気になったところではじめて趙高が登場する。太子を立てていない始皇帝は臨終の遺詔のなかで長子扶蘇《ふそ》に葬儀を主宰させることを命じた。これによって後継が指名されたことになる。玉璽《ぎょくじ》で封印された遺詔は皇帝の符璽《ふじ》を管理する中車府令《ちゅうしゃふれい》趙高の手の内に止められ、北辺で蒙恬に守られていた扶蘇に渡されることはなかった。始皇帝の死は極秘にされ、末子の胡亥と趙高、李斯のほかは皇帝に常時謁見できる宦者《かんじゃ》五、六人だけが死の事実を知っていた。趙高は以前から胡亥に行政文書や裁判法に関する知識を私的に教えていたので、胡亥も趙高のことをひそかに気に入っていた。趙高は胡亥と丞相李斯と陰謀して、始皇帝が公子の扶蘇に賜与しようとした封書を破棄し、あらためて丞相李斯が始皇帝の遺詔を沙丘《さきゅう》で受け、子の胡亥を太子に立てるとした偽詔を作成した。さらに長子扶蘇と将軍蒙恬に罪を責めて死罪を賜与する偽詔も作成した。その詳細は李斯伝のなかにあると司馬遷は記述している。本紀と李斯列伝をあわせて読むことを指示している。

秦始皇本紀の記述 二

趙高が登場する本紀の第二の場面は、翌年の前二〇九(二世皇帝元)年、二世皇帝胡亥が即位すると、趙高は皇帝の宮殿の門扉を警備する郎中令《ろうちゅうれい》となり、政事に関わるようになったところから始まり、三年後に二世皇帝を暗殺するところで終わる。趙高が始皇帝の中車府令から二世皇帝の郎中令になったことは重要である。いわゆる内朝から外朝へと位置を変えたからである。本紀では二世皇帝は二一歳というが、本紀末に附載された司馬遷が依拠した『秦記』と思われる記述では、「二世は生まれて十二年で即位した」といい、本紀の二世皇帝が「朕は年少で即位したばかりで黔首《けんしゅ》（人民）はまだなついていない」という内容に合致する。趙高は年少の二世皇帝の背後で政策を指示していった。その結果、左丞相李斯、右丞相馮去疾《ふうきょしつ》、御史大夫《ぎょしたいふ》徳《とく》の三人の官僚トップと対立することになる。趙高が二世皇帝に全国を回る巡行をすぐに実施させたのも、年少の皇帝の弱みを見せないためであった。趙高は二世皇帝に教え込んできた法令を厳しく実行させ、敵対してきた先帝始皇帝の忠臣、地方の郡県の官吏、二世皇帝の兄弟たちを法に従って粛清していった。前二〇八（二世皇帝二）年、旧六国の東方の地で陳勝《ちんしょう》・呉広《ごこう》の反乱が起こると、大臣たちは二世皇帝を諌めた。趙高は逆に二世皇帝に右丞相馮去疾と将軍馮劫《ふうきょう》の罪を責めて自殺させ、李斯には極刑を下させた。前二〇七（二世皇帝三）年冬、趙高はいよいよ丞相となり、李斯の裁判をとり行って処刑した。地方では楚《そ》の上将軍項羽《こうう》が章邯《しょうかん》、王離《おうり》らの秦軍を降伏させ、始皇帝に下った戦国諸国がつぎつぎに復活した。趙高は今度は丞相としてみずからの責任を問われることを恐れて、二世皇帝を見限り、女婿の咸陽《かんよう》令閻楽《えんらく》と弟の郎中令趙成《ちょうせい》の身内に暗殺を命じて自殺させた。

秦始皇本紀の記述 三

趙高が登場する秦始皇本紀の第三の場面は、二世皇帝を継いだ三代目の子嬰（胡亥の兄の子で始皇帝の孫）を即位させたところである。子嬰は、趙高が二世皇帝を殺し、秦の宗室を滅ぼして関中《かんちゅう》の王となろうとしていることや、つぎには自分を即位の儀式の場の宗廟で殺そうとしていることを察知して、趙高を斎宮《さいきゅう》で待ち受けて刺殺し、趙高の一族も殺して遺体を咸陽で見せしめとした。

以上の秦始皇本紀の記述は、司馬遷が一つのストーリーでまとめていることがわかる。趙高が幼いときから教育した胡亥との私的関係を利用し、始皇帝の遺志に反して胡亥を後継として立てることに成功し、二世皇帝の後見として趙高は大臣たちを粛清して権力の頂点に立ったが、地方の反乱を治めきれずに二世皇帝を殺し、自ら立てた子嬰に殺されてしまうという筋書きで語られている。秦帝国を崩壊に導いた張本人は少帝二世皇帝を動かした趙高にあったという。

補完する列伝の記述 一

趙高に処刑されていった李斯と蒙恬の両列伝のなかの趙高の記述は本紀を補うものである。まず李斯列伝では胡亥と李斯を説得して趙高がみずからいうところの「沙丘の謀」（始皇帝の死去した沙丘の地での画策）を主導したこと、そして法に長けた趙高が敵対した李斯を裁判にかけて処刑したことが詳しく語られる。胡亥も李斯も、始皇帝の遺詔を破棄し偽詔を作成しようとした趙高の行為には当初反対していたことが列伝では語られる。胡亥は、兄を廃して弟が立つのは不義、父の詔を守らないのは不孝という。趙高は、かつて殷《いん》の湯《とう》王や周の武王がかれらの君主であった夏の桀《けつ》王や殷の紂《ちゅう》王を殺したのは正義であるという理屈で説得する。司馬遷は述べていないが、孟子《もうし》の易姓《えきせい》革命の論に当てはまる。このとき李斯もそのような亡国の行為は人臣の行うことではないと拒否をした。趙高は先帝の二十数人の子のなかでもっとも勇敢で信頼の厚い扶蘇が後継となれば、蒙恬が丞相となり、李斯は故郷に錦を飾れないという。それでも李斯は、かつて太子を代えて兄弟が争った国が滅んだ事例を挙げて拒否した。李斯は最後は天命に預けて趙高の説得に負けてしまう。その後、李斯は地方で反乱が起こったことから二世皇帝を諫めたが、逆に李斯の長男の李由《りゆう》が三川《さんせん》郡守として反乱軍を抑えられなかったことで父子ともども処刑されることになった。李斯を排斥した趙高は丞相となり、完全に権力を掌握した。

補完する列伝の記述 二

蒙恬列伝では、蒙恬、蒙毅《もうき》兄弟が趙高と敵対して処刑されていくストーリーが趙高の生い立ちまでさかのぼって語られる。蒙恬兄弟は始皇帝に信任された名家出身の二人であり、一方の趙高は父が趙国の王族の遠縁でありながら、母が刑罰を受けたので、趙高兄弟は母が受刑していた秦の宮中で生まれ育った。当時の秦王(始皇帝)は趙高が裁判に通じていたので、中車府令に任用し、胡亥に裁判の方法を伝授させた。人を法に基づいて罰することが君主としても重要だと考えたのである。しかし皮肉なことに趙高自身が大罪を犯し(内容はわからない)、秦王は蒙毅に法に基づいた裁判をさせ、蒙毅は趙高に死罪を下して宦籍(皇帝に宦《つか》える側近の名簿)から除くことにした。しかし秦王は特別なはからいで罪を赦し、もとの官爵を戻した。趙高は安武《あんぶ》侯という列侯の爵位をもっていた。趙高はこのことがあってから蒙氏一族に恨みをもつことになった。最後は胡亥を立てたことに異議をもった蒙毅と蒙恬に死罪を下すことになった。

新出竹簡の語るもう一つの事実

『史記』のこうしたストーリーを根底から覆したのが『趙正書《ちょうせいしょ》』という新出竹簡文書である。五〇枚の竹簡に書かれた一四〇〇字あまりの文章は、秦王趙正（始皇帝嬴政《えいせい》のもう一つの姓名、この書では始皇帝といわず秦王で通す）の臨終から胡亥が即位して殺され、やがて国を滅ぼしていく物語であった。『史記』では「沙丘の謀」を前提に秦王朝の崩壊劇が趙高を中心に描かれているが、李斯を中心に語り、始皇帝は沙丘ではなく白泉《はくせん》という地で亡くなり、遺詔と偽詔などなかったという衝撃的な内容であった。すなわち秦王趙正は病気が重篤となったときに、丞相の李斯らに後継を立てることを議論させたところ、丞相らは胡亥を立てるように進言し、秦王は正式にそれを認めた。胡亥が即位したときに、兄の扶蘇と中尉《ちゅうい》の蒙恬（中尉という京師《けいし》を守る長官であったことは『史記』と異なる）を殺し、隷臣の趙高を郎中令とした。李斯が処刑された後に趙高が丞相となり、御史大夫の職務を兼任し、胡亥を殺した。趙高は最期は将軍の章邯（秦将から項羽軍に寝返る）に殺されたという内容である。趙高が胡亥を立てた陰謀はなかったのであり、子嬰にも殺されなかったという。趙高が二世皇帝即位まで刑徒の身分の隷臣であったというのも目新しい。

『趙正書』は『史記』よりも少し早い時代に成立しているから、『史記』が史実で、『趙正書』が創作であるともいえない。趙高が扶蘇後継の遺詔を胡亥立太子の偽詔にすげ替えた「沙丘の謀」があったのかなかったのか、史実はどちらかわからなくなってしまった。ということは『史記』によって描かれた悪人趙高像も、実は見直していく余地があったということになる。

おわりに

趙高の生い立ちや低い身分、始皇帝の宦籍に入って宦者と言われたことから、去勢された宦官であると後世言われ、ますます悪評されることになった。唐の司馬貞《しばてい》の『史記索隠《さくいん》』では、劉伯荘《りゅうはくそう》の説を引いて、父は宮刑、子も宮刑を受けたので隠宮で生まれたという。しかしかれの身分は隠宮（宮刑の去勢を行う部屋の意味）ではなく隠官（近年の出土史料に頻出する）の間違いであり、趙高は庶人の下の身分で学問を積み刀筆の吏（官吏）を目指した。隠官も隷臣も刑徒の奴婢身分である。趙高は後宮に入った去勢された宦官ではなかった。かれは婚姻して女婿もいる。そもそも母が刑罰を受け官奴婢身分（趙高が隷臣であれば母も隷妾であったかもしれない）にいたのも、おそらく秦軍が趙の都邯鄲《かんたん》を総攻撃したときに捕虜になったからであろう。李斯も外国人として秦の丞相にまで上り詰めた。趙高も外国人として奴婢身分から解放されて丞相にまで上り詰めた壮絶な生涯があった。そのような這い上がった人間の姿から趙高を見直していくべきであろう。

●参考文献

李開元『復活的歴史　秦帝国的崩潰』（中華書局、二〇〇七年）
鶴間和幸『人間・始皇帝』（岩波書店、二〇一五年）

父始皇帝を継承し、秦帝国を崩壊に導いた皇帝の実像

二世皇帝胡亥

…にせいこうていこがい…

鶴間和幸

前221？
—前207年
始皇帝の後を継ぎ年少で秦の皇帝に即位するも、趙高のクーデターにより自殺。

はじめに

始皇帝の二十数人のなかの末子であった胡亥《こがい》は、始皇帝の五〇年の治世の後を受けて二代目で最後の秦の皇帝となった。胡亥の兄の子の子嬰《しえい》は三代目でありながら皇帝とならずに秦王として即位し、劉邦《りゅうほう》に降伏し、項羽《こうう》に殺され、秦帝国を滅亡させた。二世皇帝胡亥は三年の治世の間、まがりなりにも皇帝として君臨した。その即位期間中に地方では陳勝《ちんしょう》・呉広《ごこう》の農民反乱や劉邦・項羽の反乱を引き起こしたので、実質秦帝国を崩壊に導いたのは二世皇帝胡亥であった。即位にあたっては、長子の扶蘇《ふそ》をさしおいて趙高、李斯《りし》らとクーデターを敢行し、即位後は兄弟を虐殺するなど歴史上の評判はきわめて悪い。

それは私たちが司馬遷の『史記』秦始皇本紀や李斯列伝に基づいて二世皇帝の評価を下してきたためである。近年『史記』とほぼ同じ時代の二世皇帝の事績を見直す竹簡史料『趙正書《ちょうせいしょ》』が発見され、これまでとは異なる二世皇帝像が浮かび上がってきた。二世皇帝の実像をさぐることができるようになったのである。少なくとも三代目の秦王子嬰は善人、二世皇帝は悪人という単純な図式は見直

さなければならなくなった。

二世皇帝の史料

司馬遷は『史記』巻六秦始皇本紀、巻八七李斯列伝、巻八八蒙恬《もうてん》列伝で二世皇帝の時代を記述しているが、さらに巻七項羽本紀、巻八高祖本紀、巻四八陳渉《ちんしょう》世家では始皇帝亡き後、秦に反旗を翻す側から二世皇帝の動向が記述されている。二世皇帝は前二一〇(始皇三七)年の年末の後九月(閏九月)に即位し、翌月の年初十月から元年、二年、三年と加年し、三年の年末の九月には三代目の子嬰が即位している。ほぼまる三年間の治世の出来事は三本紀、一世家、二列伝に分散しているので、それらを総合して二世皇帝の三年間がどのような時代であったのかをたどってみたい。前二〇九(二世皇帝元)年、前二〇八(二世皇帝二)年、前二〇七(二世皇帝三)年の三年間の同時代史料が竹簡文書として出土している。司馬遷のフィルターのかかっていない史料として重要である。さらに新出の竹簡文書『趙正書』では、新たな二世皇帝像が語られている。

沙丘の謀

『史記』によれば、始皇帝は最後の巡行の途中で病気になり沙丘《さきゅう》で死を迎えた。直前に遺詔を残し、長子の扶蘇にみずからの葬儀を委託し、そのことで後継を指名した。しかし末子の胡亥の後見の趙高は丞相の李斯と謀り、遺詔を破棄し、胡亥を立て、扶蘇と蒙恬に死を賜う偽詔を作成した。これにより隠された遺体を轀輬車《おんりょうしゃ》の車に載せて都咸陽《かんよう》まで運び、その後に始皇帝の喪が発表され、胡亥が二世皇帝として即位することとなった。しかし新たに発見された『趙正書』によれば、秦王趙正(始皇帝嬴政《えいせい》とはいわない)は最愛の末子の胡亥の行く末を心配し、李斯らに後継を議論させたところ、胡亥が指名され、秦王もこれを裁可して承認している。こちらの話を信ずれば、『史記』にいう沙丘の謀はなかったことになる。『史記』も『趙正書』も前漢時代に書かれたもので、後者の方がより早い。どちらかが史実であると断定しがたくなってきた。少なくとも司馬遷の残した始皇帝の故事は、あまたある始皇帝の故事の一部であり、『趙正書』もその一つであることになる。

三年間の治世

二世皇帝の三年間は、元年には陳勝・呉広の反乱が起こり、二年には陳勝政権の崩壊のなかで、丞相李斯が裁判にかけられ、三年には趙高が丞相に就任し、秦将章邯が項羽軍へ降伏するなか、二世皇帝は趙高に殺害されていく。内外の動きが密接にからみあって政治が動いていった。

始皇帝の末子の二世皇帝胡亥は即位時に何歳であったのか。秦始皇本紀の巻末に引用された『秦記』では十二歳で即位したといっているので、十二、十三、十四歳の少年皇帝であったことになる。父始皇帝は十三歳で即位したので、それよりも若く即位したことになる。秦始皇本紀の本文では「二世皇帝元年年二十一」と書かれて成人皇帝のようであるが、二世皇帝の発言を見てみると、少年の方が事実に近い。「朕は年少」という発言は、少年皇帝を意味する。ということは少年皇帝には、皇帝以前からの守り役の趙高が一貫して後見であったことに注目しなければならない。

少年皇帝の立場

『史記』によれば、当初は胡亥も李斯も長子の扶蘇を指名した遺詔に背くことには反対していた。父の遺命に反するのは親不孝であり、君主の遺詔に背くのは不臣であると強く認識していたからである。しかし趙高の強引な誘導に二人は屈してしまった。

趙高は二世皇帝の即位と同時に、郎中令《ろうちゅうれい》となって政治の表舞台に出てきた。二世皇帝の政治は丞相李斯よりも趙高によって動かされた。趙高は亡き始皇帝の権威にたよって少年皇帝の新たな権威を築こうとした。十月戊寅（五日）、罪人に大赦を行い（『史記』六国年表）、始皇帝の位牌を祭った廟を中心に天子七廟の制度にならって七つに整理し、始皇帝の巡行の地をめぐり、刻石にある皇帝が始皇帝であることを追刻して明示した。そして法を厳格にして始皇帝に仕えた大臣や始皇帝の公子（二世皇帝の兄弟姉妹）を処刑した。そして始皇帝陵の工事がほぼ終わったころに、中断していた阿房宮《あぼうきゅう》の工事を再開した（秦始皇本紀）。湖南省で出土した新出の益陽《えきよう》秦簡では、十月甲午（二一日）に、二世皇帝が始皇帝の遺詔を実行することを全国に通知し、はじめて始皇帝と呼んでいる。周家台《しゅうかだい》秦簡の二世皇帝元年の暦譜や里耶《りや》秦簡では正月を端月《たんげつ》（正を端正の端に代えている）といい、父始皇帝の名をわざわざ避けている。

『趙正書』では「その宗族を夷《ころ》し、その社稷《しゃしょく》を壊し、その律令及び古（故）世の蔵を燔《や》く」とあり、始皇帝の時代の社稷の臣を殺し、始皇帝の治世の法律を焼却するといい、始皇帝の時代との断絶と継承という側面がうかがえる。

無道という評価

二世皇帝の政治をまず同時代に正面から非難したのは、獄中につながれ、死罪を覚悟した李斯であった。扶蘇以下の兄弟を殺し、蒙恬・蒙毅《もうき》らの忠臣を殺し、賤人(趙高)の地位を高くした二世皇帝の政治は無道(行いが人の道に背いていること)であり、夏の桀《けつ》王や殷《いん》の紂《ちゅう》王を超えているという(李斯列伝)。子嬰も蒙恬・蒙毅兄弟を牢獄に監禁した二世皇帝を諫めた。蒙氏兄弟は秦の大臣で策士であり、そのような忠臣を誅殺し、節度のない人(趙高)を取り立てれば、内では大臣たちは相互に不信となり、外では闘士の士気が失われてしまうという。二世皇帝はこれを聞き入れず、使者を送って蒙毅を殺し、蒙恬を服毒自殺させた(蒙恬列伝)。蒙毅は秦の穆《ぼく》公がかつて三人の良臣を殺し、百里奚《ひゃくりけい》を処刑し、秦の昭襄《しょうじょう》王が名将白起《はくき》を殺し、楚《そ》の平《へい》王が伍奢《ごしゃ》を殺し、呉王夫差《ふさ》が伍子胥《ごししょ》を殺したことで後世非難されたことを伝えたが、二世皇帝の耳には入らなかった。蒙恬も、夏の桀王が関龍逢《かんりゅうほう》、殷の紂王が王子比干《ひかん》を殺したことを後悔しなかったので身も国も滅ぼしたといったが、これも使者に無視された。これらの諫言のなかでは趙高を暗に批判している。少年皇帝の背後には常に趙高がいた。

大臣の粛清

前二〇八(二世皇帝二)年、陳渉(渉は字《あざな》、名は勝)は周章《しゅうしょう》を派遣し、咸陽の東の始皇帝陵まで迫った。まだ先帝の陵墓の工事を継続中であったので、労働していた刑徒に武器を持たせて応戦した。趙高は二世皇帝を禁中深くに追いやり、趙高が政治の実権を掌握した。右丞相の馮去疾《ふうきょしつ》、左丞相の李斯、将軍の馮劫《ふうきょう》は二世皇帝を諫めた(秦始皇本紀)。関東の群盗に出兵しても抑えられず、そのための軍糧の輸送に民衆は苦しみ、さらに阿房宮の建設にもかり出されている。阿房宮の工事を即刻中止すべきという意見は二世皇帝に拒否された。二世皇帝は、群盗を抑えられず、また先帝の遺命の阿房宮工事をやめようとするのは、先帝と自分への忠誠心に欠けるものとして三人を裁判にかけた。両馮氏は丞相と将軍のプライドから自殺を選び、無実を主張した李斯は収監され極刑に処せられた。郎中令趙高と官僚のトップの三人との軋轢《あつれき》は明らかである。三人を死に追いやったのは、少年皇帝ではなく趙高の意志であった。

馬か鹿かの故事

前二〇七(二世皇帝三)年、趙高が李斯に代わって丞相となった。項羽は秦の将軍の王離《おうり》と章邯を降した。趙高は反乱を起こそうとしたが、群臣が反対するのを恐れて鹿を二世皇帝に献上して馬と言いくるめて様子をうかがった。二世皇帝は笑って「丞相は鹿を馬と言い間違えている」というと、左右の者は黙ったり、馬と言って趙高にへつらったりした。鹿と言った者はひそかに法で処罰され、群臣は皆趙高を恐れるようになった（本紀）。李斯列伝では、李斯の死後も記事は続く。趙高と二世皇帝とが疎遠になっていく。そのなかに二世皇帝が鹿かと尋ねると、左右の者はみな馬と答えたとあり、本紀のように黙ったり、鹿と言う者はいなかった。皆が趙高を恐れた。二世皇帝は困惑して太卜《たいぼく》の官吏に占いをさせたところ、斎戒《さいかい》をするようにと助言された。鹿の献上の話が事実であるのかわからない。二世皇帝の無能さを物語る話として面白く語られてきたが、孤立した少年皇帝へ同情もしたくなる。

二世皇帝の死

本紀の記事は詳しい。丞相趙高は地方で起きた反乱の責任を問われることを恐れて、二世皇帝を見限ることになった。二世皇帝は夢で白虎が正面左の驂馬《そえうま》をかみ切って殺すのを見た。夢占いをしたところ、涇水《けいすい》の祟りであるという。涇水で身を清め、望夷宮《ぼういきゅう》で物忌みをした。涇水を祭り、四頭の白馬を沈めた。趙高は都を離れていた隙に乗じて、娘婿の閻楽《えんらく》と弟の趙成《ちょうせい》に望夷宮を攻撃させた。二世皇帝は一郡の王、一万戸の列侯になることを請うたが、許されずに自殺した。

西安市南郊外、父始皇帝の陵からは三五キロメートルも離れた所に、わずか高さ五メートル、直径二五メートルばかりの小さな円墳が現在でも残されている。暗愚で無能な皇帝という評価を下すには若すぎる。けなげに父始皇帝の後を見届けた少年皇帝というのが実像であろう。前漢武帝のときの司馬相如《しばそうじょ》は、宜春宮《ぎしゅんきゅう》の曲江《きょくこう》の泉池に二世皇帝の荒れた墳墓を見て賦《ふ》を詠み、二世皇帝の魂のよりどころのないことを嘆き悲しんだ。唐の時代この地は長安城の東南角に当たり、曲江池として皇帝以下多くの人々が訪れた。宦官の弊が顕著であった唐代だからこそ、趙高は刑余の人（宦官）であると断定され、秦を亡ぼした張本人であるとされた。それだけ二世皇帝には同情的であったのかもしれない。

「秦を滅ぼす者は胡なり」の真相

前二一五（始皇三二）年、燕《えん》人の盧生《ろせい》が海から戻り、鬼神のことばとして「秦を亡ぼす者は胡なり」と書かれた『録図書《ろくとしょ》』という予言書が献上された。

これをきっかけに始皇帝は将軍蒙恬に三〇万の兵士を送って胡を攻撃させ、河南の地を略取した。この記事の『史記集解《しっかい》』に後漢の儒者の鄭玄《じょうげん》の解釈を引用し、「胡とは胡亥、秦の二世の名である。秦は図書を見たが、これが人名であることを知らずにかえって北胡に備えた」と説明されている。後漢の人から見れば、秦が二世皇帝のとき崩壊していったことを知っていたので、このときの予言書の胡が胡亥であったと理解した。しかし始皇三二年のこのときに、胡亥はまだ登場しておらず、秦を滅ぼすのが胡亥であるという予言はまず不可能であり、秦を滅ぼすのは匈奴《きょうど》であると理解するのが自然である。だからこそ、即座に蒙恬は三〇万の兵を派遣した。

おわりに

賈誼《かぎ》は前漢文帝の若手のブレーンとして抜擢された。かれは前漢二十数年を過ぎ、秦の制度を継承することをやめ、統一王朝にふさわしい強力な皇帝制度を固めるべきと主張した。『過秦論《かしんろん》』では、天子の位にありながら殺戮され、傾国を防げなかったことは二世皇帝の過失であったという。始皇帝は法治によって統一王朝を樹立したが、天下を取ることと天下を守ることとは方策を異にしなければならなかった。二世皇帝は関中《かんちゅう》の守りを怠り、その結果山東の豪傑勢力が決起して入関し、秦を滅ぼすことになったという。司馬遷の『史記』はこの『過秦論』の影響が大きい。『史記』の二世皇帝の像もこの立場から作られたことを考えると、いまいちど見直すこともできるだろう。

◉参考文献

鶴間和幸『人間・始皇帝』(岩波書店、二〇一五年)

前232–202年
楚の将軍の子孫。秦を滅ぼし西楚覇王を称するが、劉邦との覇権争いに敗れる。

大局と兵士・民をかえりみない西楚覇王

項羽
…こうう…

藤田勝久

項羽《こうう》（項籍《せき》、字《あざな》は羽）は、下相《かしょう》（江蘇省宿遷《しゅくせん》市）の人。戦国時代の楚《そ》国で、最後まで秦と戦った将軍・項《こう》燕《えん》の孫にあたる。秦帝国の前二〇九（二世皇帝元）年に、陳渉《ちんしょう》・呉広《ごこう》が叛乱を起こしたとき、かれは季父《じ》の項梁《こうりょう》と一緒に、亡命先の会稽《かいけい》郡の呉で蜂起した。陳渉が亡くなると、項梁は郷里の近くで楚懐《かい》王の孫を立てて懐王とし、やがて劉邦《りゅうほう》たちと一緒に秦を滅ぼした。このとき「鴻門《こうもん》の会」のエピソードがある。

秦帝国が滅亡した後は、懐王を義帝としたが、項羽は西楚覇王《せいそはおう》となり、十八王を封建して天下に号令した。しかし漢王となった劉邦と、覇権を争う楚漢戦争をつづけた。最後は、漢王の連合軍に垓下《がいか》の戦いで敗れ、長江のほとりにある烏江《うこう》で自刎《じふん》して亡くなった。このとき「四面楚歌」と虞《ぐ》美人の悲運がよく知られている。

『史記』項羽本紀によれば、かれの事績は、(一)秦帝国を滅ぼすまでと、(二)西楚覇王となった楚漢戦争の時代に分けることができる。この二つの時期は、いずれも戦争が中心である。しかし項羽の功罪は、敵との戦争だけではなく、掌握した地域の人びとの統治も考慮しなくてはならない。しかもそれは、個人の能力や性格で説明するのではなく、具体的な事績によって評価すべきである。ここでは項羽の功績と罪悪とされている点を、時代にそってみておこう。

秦帝国を滅ぼすまで

『史記』には、項羽が若いころ鼎《かなえ》をあげるほどの力持ちで、兵法の概略を学んだエピソードがある。かれが兵を起こしたのは、二四歳のときである。

そのきっかけは項梁が人を殺し、仇を避けて呉(蘇州《そしゅう》市)に逃げたことにある。長江下流の呉は、会稽郡の治所で、その郡の長官は、前二〇九(二世皇帝元)年七月に陳渉たちが叛乱を起こした報告を受けた。長官は、これを「天が秦を亡ぼす時機」とみて、項梁を将軍として兵を起こそうとした。しかし項梁は、項羽に長官の首を切って殺させ、郡に所属する精兵八〇〇〇人を得た。

項梁と項羽は、会稽郡の兵を率いて長江を渡って北上した。このルート上では、東陽《とうよう》県の兵一万人や、黥布《げいふ》の集団、淮陰《わいいん》の韓信《かんしん》などが加わり、さらに淮水《わいすい》をこえて郷里に近い下邳《かひ》(江蘇省邳州市)に集結した。この陣営は、兵力が五、六万人になっていた。

このとき項羽は、周辺の襄城《じょうじょう》を攻撃し、その敵をみな穴埋めにして殺し、項梁に報告したという。ここに項羽が、はじめの戦争でみせた容赦ない一面がある。

このあと項梁は、薛《せつ》(山東省滕州《とうしゅう》市)に入り、范増《はんぞう》という七〇歳の老人から計略をうけた。范増は、陳渉が敗北した原因を、楚の後裔を立てずに、自分が王になったためとする。そして項梁に、楚の蜂起した将が争って帰属しているのは、かれが代々楚の将軍の家系で、民が楚の後裔を立てると思っているからだという。そこで項梁は、民の望みにしたがって、羊飼いとなっていた楚懐王の孫を探しだし、かれを再び懐王とした。これが楚の国家体制の復興となる。この体制に、沛《はい》県で蜂起した劉邦（沛公）の集団も合流した。

楚懐王のもとで、楚軍は、叛乱を抑える秦軍と対抗した。このとき項梁は、項羽と劉邦の軍が秦軍に勝利し、三川《さんせん》郡の長官であった李由《りゆう》（李斯《りし》の子）を殺したことで、驕《おご》りのきざしがあらわれたという。そして秦の章邯《しょうかん》の軍が、定陶《ていとう》の楚軍を攻撃したとき、項梁は亡くなった。このあと楚懐王は、都を彭城《ほうじょう》（徐州《じょしゅう》市）に遷し、項羽が項梁の軍を継いだ。

ここで秦の章邯は、黄河を渡って趙を破り、将軍たちに命じて、趙王を鉅鹿《きょろく》城（河北省平郷《へいきょう》県）で包囲した。楚懐王は、宋義《そうぎ》を上将軍として趙を救援させようとし、項羽を副将、范増を末将とした。そのほかの将軍たちは、みな宋義に従属させ、号して卿子冠軍《けいしかんぐん》と呼んだ。しかし宋義は、四六日も軍を留めて進軍しなかった。そこで項羽は、宋義の首を斬り、諸侯に名声がひろまった。そして項羽は、みずから全軍を率いて黄河を渡った。この鉅鹿の戦いでは、船を沈め、釜や炊器をこわして士卒に必死の決意をみせ、秦軍を破ることができた。諸侯の軍では、楚軍がもっとも勇敢で、項羽は諸侯の上将軍となった。

このあと秦の章邯は、項羽と殷墟《いんきょ》で会盟して和議を結んだ。項羽は、章邯を立てて雍《よう》王として、楚の軍に加えることにした。長史の司馬欣《しばきん》と、都尉《とい》の董翳《とうえい》を上将軍として、秦軍の先がけとした。これは秦が滅んだあとに、三人を関中《かんちゅう》(秦の本拠地、渭水盆地《いすい》)に王とする約束である。このとき西に向かう新安《しんあん》で、かつて横暴であった秦の吏卒が奴隷のように扱われ、かれらに動揺がひろがった。そこで項羽は、秦の卒二〇万人を城の南で穴埋めにしたという。助かったのは、章邯と司馬欣、董翳に従う兵だけであった。

さらに項羽は、西に向かって函谷関《かんこくかん》を破った。このとき先に関中に入った劉邦が、函谷関を閉じており、それを責めて会見したのが「鴻門の会」である。劉邦からすれば、懐王が「先に関中に入り定めた者を、王とする」という約を意識したものであった。

この会見のあと、項羽たちの楚軍四〇万と、劉邦たちの軍隊が合流して、秦の都・咸陽《かんよう》を陥落させた。そのとき項羽は、秦王の子嬰《しえい》を殺し、咸陽の宮殿を焼き払ったと伝える。

このように項羽は、はじめは項梁にしたがって蜂起した。項梁が亡くなったあとは、楚懐王のもとで諸侯のリーダーとなった。この時期の項羽には、襄城の兵士を殺害し、宋義を殺して上将軍となり、新安で投降した秦の兵士を殺害した行為がある。また秦を滅ぼすときに、秦の宮室を焼き、始皇帝の陵墓をあばいて、その財物を奪い、降伏した秦王の子嬰を殺したといわれる。ただし秦の宮室を焼くことなどは、どこまで項羽一人の行為とするかは不明な部分がある。

西楚覇王と楚漢戦争

秦が滅亡したあと、前二〇六(漢元)年正月に、項羽は楚懐王を義帝として、自らは西楚の覇王となって十八王を分封した。秦と漢の紀年は、十月が年初で、九月が年末である。このとき項羽は、二七歳であった。

前二〇六年四月になって、諸王たちは封地に赴くことになった。項羽は九郡を領有し、彭城を都とした。そして項羽は、義帝を長沙《ちょうさ》の郴《ちん》県(湖南省郴州市)に移し、その途中の長江のところで、衡山《こうざん》王たちに命じて殺したとする。あるいは、項羽の命をうけた黥布が、部将をやって郴で殺したともいう。いずれにせよ、項羽が義帝を殺して、天下に号令したことが、のちに悪評となった。

分封された王は、そのまま封地に着任した者もあれば、着任するまでに殺された者、別の王族に替わられた者がある。山東では、項羽が封じた三人の斉王に替わって、不満をもった田栄《でんえい》が斉王となった。西方では、漢王となった劉邦が、領地の漢中《かんちゅう》から引き返して、秦の三王(章邯、司馬欣、董翳)を攻め、関中の地域を掌握した。

前二〇五(漢二)年に、項羽は斉の田栄を攻撃した。このとき斉の城郭や人家を焼き払い、田栄の降卒を穴埋めにし、その老弱婦女を捕虜とした。また項羽は、それより北の地域でも殲滅《せんめつ》するところが多かったといわれる。これは兵士だけではなく、民を犠牲にする点で、その地方に怨みを残す原因となろう。

この留守の四月に、劉邦は諸侯の軍を率いて、項羽の都・彭城を占領した。ここで漢軍は、城内の財貨や美人を収め、日ごとに酒宴を開いて騒いだ。そこで項羽は、斉から精兵で引き返し、大いに漢軍を破った。このとき項羽は、睢水《すいすい》の川岸で多くの漢卒を殺したので、川の流れが止まったという。ここでも両軍の殺戮がおこなわれている。

この項羽と劉邦の戦いは、前二〇二(漢五)年の漢覇《かんは》二王城での和議までつづいた。この楚漢戦争の間には、いくつかの事件がある。

前二〇四(漢三)年に、楚が漢王を滎陽《けいよう》に囲んだとき、項羽は陳平《ちんぺい》の離間の策を信じて、范増を退けた。これは項羽が、自分のブレーンや部下を信じない態度を象徴している。

また劉邦が紀信《きしん》を身代わりにして脱出したときに、項羽は紀信を焼き殺した。また滎陽城を下すと、城を守っていた周苛《しゅうか》を煮殺している。

前二〇三(漢四)年には、漢軍が成皋《せいこう》で楚軍を破り、楚の財貨を取った事件がある。このとき楚軍の大司馬・曹咎《そうきゅう》と司馬欣が自決すると、すぐに項羽が攻撃した。この二人は、項梁が秦帝国の櫟陽《やくよう》の獄にいたとき、手紙をやり取りして、釈放させた人物である。これは項羽の行動が、必ずしも大局の戦略にもとづくのではなく、殺された親しい人物に対する報復の戦いとした可能性がある。

こうして前二〇三年九月に、項羽と劉邦は、漢覇二王城で和議を結んだ。そして前二〇二年十月に、劉邦は張良と陳平の謀りを聞いて、約束に反して項羽を追撃し、やがて韓信と彭越らが参戦したあと、項羽を垓下に囲んだ。

そのあと項羽は、騎兵と囲みを破って南下し、追ってきた漢軍と戦った。このとき『史記』では、項羽が「天が我を亡ぼすのであって、戦いの罪ではないことを知らせよう」といい、三たび漢軍と戦って二騎しか失わなかったというエピソードを載せている。これはどこまで史実か不明であるが、もし実情を反映しているのであれば、これは悲痛な戦いではなく、軍隊の補給や部下をかえりみない無謀な戦いである。

こうして項羽は、前二〇二年十二月に、長江北岸の烏江で戦死した。このとき三一歳の若さであった。

項羽の功績と罪悪

それでは項羽の功罪は、どのように評価されるのだろうか。『史記』には、いくつかの評価を載せている。

一つは、項羽と劉邦が広武《こうぶ》山で対面していたとき、劉邦が項羽の十罪を並べて責めている。『史記』高祖本紀には、つぎのように言う。

1懐王が「先に関中に入り定める者を、これに王とする」という約に背き、劉邦を蜀漢の王とした。

2卿子冠軍(宋義)を殺し、みずから大将軍になった。

3趙を救援したあと、諸侯の兵を脅かして関中に入った。

烏江の風景(著者撮影)

4懐王の約に背き、秦の宮室を焼き、始皇帝の陵墓をあばき、その財物を奪った。
5降伏した秦王の子嬰を殺した。
6秦の子弟二〇万人を新安で穴埋めし、その将軍を王とした。
7諸将を善い土地に王とし、もとの主君を移して、臣下に反逆を起こさせた。
8義帝を彭城から放逐して自らの都城とし、韓や魏、楚の地を取った。
9人をやって、ひそかに義帝を江南で殺させた。
10主君を弑《しい》し、投降者を殺し、政治が不公平で、約を守らないのは大逆無道である。

これは劉邦の側に都合のよいことを並べており、項羽を討伐する理由でもある。これを整理すると、秦の滅亡前の事件は、2、3、4、5、6である。3は、劉邦も武関ルートで関中に入っており、とくに項羽の欠点とはならない。4は、どこまで項羽の行為か不明なところがある。とすれば項羽の罪悪は、2宋義を殺したこと、5子嬰を殺したこと、6秦の子弟二〇万人を新安で穴埋めした事件が残ることになる。

項羽が西楚覇王となった後は、1、7、8、9の事件がある。1は、劉邦の主張であるが、この約の意義は不明な点がある。7は、ほかの諸侯も主張しており、これは項羽の分封の不満にあたるものである。8と9は、義帝の処遇に関するものであるが、義帝を江南で殺させたことは、『史記』のなかでも少し違いがみられる。10は、全体的な批判となっている。

こうしてみると項羽の罪悪は、秦の滅亡前に、2宋義を殺したこと、6新安で秦の兵士を殺したこと、5子嬰を殺したことと、西楚覇王になってから、9義帝を江南で殺させたことが主な批判となっている。

二つめは、漢王朝で語られた評価である。『史記』高祖本紀には、劉邦が皇帝に即いたあと、洛陽の宴席での対話がみえている。このとき劉邦は、自分が天下を保ち、項氏(項羽)が天下を失った理由を問うた。王陵《おうりょう》たちは、「陛下は傲慢で人を侮られ、項羽は仁にして人を愛します。しかし陛下は、城を攻略させたとき、それを降した者に与え、天下と利を同じくされます。項羽は能力のある者をねたみ、功績のある者をそこない、賢者を疑います。戦勝しても人に論功せず、地を得ても与えません。これが天下を失った理由です」と答えた。すると高祖は、それに付け加えている。

それは一を知って、二を知らない。わしは、子房《しぼう》(張良)、蕭何、韓信の優れた人物をよく用いたのが、天下を取った理由なのだ。項羽は、一人の范増も用いることができなかった。これがわしの虜になった理由だ。

これらは大変よくできた話である。しかし項羽が、他人を信用しないという評価が、よく表れている。ここでもう一度、項羽の罪悪とされた事績をみておこう。

敵を攻撃する戦争では、『孫子《そんし》』謀攻篇《ぼうこう》に用兵の思想がある。

凡《およ》そ、用兵の法は、敵国をそのまま保って降服させるのが上策で、敵国を破るのはこれに次ぐ。……この故に、百戦百勝は最高にすぐれたものではない。戦わずして屈服させるのが最善の方策である。

これによれば、戦わずして人の兵を屈するのが最善であるが、敵国をそのまま保って降服させるのが上策であるという。項羽の戦いをみると、襄城や新安で、投降した敵の兵士を殺害した行為がある。斉の地域では、その城郭を焼き、降卒を殺し、老弱婦女を捕虜としている。このほかにも項羽が、漢軍の兵を殺害した例は多い。これは戦いに勝っても、占領した地域を統治するのにふさわしい方策ではない。

また自分の領地では、兵士や民に対する対応が問題となる。『孫子』作戦篇には「善く兵を用いる者は、兵役を二度も徴発せず、食糧は三度と補給しない」と説く。古代の華北では、夏作物の畑作をおこなっている。だから戦争や土木事業は、収穫を終えて、穀物を貯蔵したあとから、春先の耕作開始までの農閑期におこなわれる。ここでは食糧の補給を二度(出陣と凱旋)としており、あとは食糧を敵から取ることになる。

しかし項羽は、季節に関係なく軍事行動を起こしている。たとえば前二〇五(漢二)年四月に、漢軍が彭城を攻めたのは、すでに耕作時期にあたっている。このとき項羽の軍が追撃したが、これ以降は農作業の時期である。これは項羽と劉邦の両者とも、農繁期に兵を起こし、軍糧の補給が民の負担になることを示している。

このように項羽の罪悪をみると、敵に対して容赦のない戦いと、自分の領地での兵士や民に対して、軍事行動の配慮に欠けている点がみられる。これに加えて、秦の宮室を焼き払い、秦王の子嬰を殺したことや、義帝を都から追い払って殺したことが批判の対象となっている。これは戦争という大きな悪のできごとであるが、天下を治める西楚覇王としては、政治の大局よりも局地戦にこだわり、自分の領地の兵士と民をかえりみない罪悪といえよう。

それでは司馬遷は、こうした項羽の功罪を、どのように評価したのだろうか。そもそも『史記』項羽本紀を設けたのは、始皇帝のあとに項羽が王者となり、劉邦の高祖本紀につづく位置づけをしたからである。この項羽本紀のコメントでは、項羽が伝説の舜《しゅん》と同じように二重の瞳をもっており、その天命の由来を暗示している。しかしもう一方で、項羽が西楚覇王となったあとに、その行為に対する批判がある。


項羽が関中をすてて楚を懐かしみ、義帝を放逐して自立するに及んで、王侯が己《おのれ》に背いたことを怨んだが、それは難しいことである。自ら功伐を矜《おご》り、その私智を奮って、古を師としなかった。それを覇王の業といい、力征をもって天下を経営しようとしたが、五年でその国を亡ぼしてしまった。自身は東城《とうじょう》で亡くなったが、なお覚らず自分を責めなかったのは誤っている。そこで天が我を亡ぼすのであり、用兵の罪ではないとするのは、なんと誤りではなかろうか。

また『史記』太史公自序の総論でも、項羽が失脚した理由を述べている。

秦がその道を失ったので、豪桀たちが並び擾《みだ》れた。項梁が事をおこし、子羽《しう》（項羽）がこれを接《つ》いだ。項羽は、慶（卿）子冠軍（宋義）を殺して趙を救い、諸侯はかれを立てた。しかし項羽が、秦の子嬰を誅《ちゅう》し、懐王に背くと、天下はこれを非難した。そこで項羽本紀第七を作る。

こうした項羽の罪悪は、かれの若さによるものか、それとも自分の能力を過信した兵法によるものかはわからない。しかし項羽の事績と、司馬遷の人物評価をみると、そこには政治の大局をみない行為と、兵士・民をかえりみない統治が、西楚覇王・項羽の敗北の一因になっているといえよう。

❖項羽（高祖）の事績

前209	二世元年	7月…陳渉・呉広が蜂起 9月…項梁・項羽が挙兵、24歳
208	2年	6月…薛で楚の懐王を擁立 9月…秦の章邯が項梁を破る
207	3年	11月…宋義を殺し、上将軍となる 12月…秦軍を鉅鹿で破る 7月…項羽と章邯が殷墟で会盟 8月…趙高が二世皇帝を自殺させる 9月…子嬰が秦王となる
206	漢元年	11月…秦の降卒を新安で穴埋め 12月…鴻門の会、子嬰を殺す 正月…項羽が西楚覇王、27歳 2月…懐王が義帝。十八王を分封 8月…漢王の軍が関中に入る
205	2年	10月…項羽が義帝を滅ぼす 正月…項羽が斉の田栄を破る 4月…項羽が漢軍を破る（彭城の戦い）
204	3年	4月…陳平の策で范増を退ける 5月…漢王が滎陽を脱出
203	4年	10月…漢王が項羽を責める（十罪） 9月…漢覇二王城の和議
202	5年	10月…漢王が約に反して項羽を追撃 12月…垓下の戦い「四面楚歌」 項羽が烏江で戦死、31歳

下線部は、悪に関する事件

◉参考文献

野口定男・近藤光男・頼惟勤・吉田光邦訳『史記』（一九五八・五九、平凡社、一九六八〜七一年）

小竹文夫・小竹武夫訳『史記』全八冊（ちくま学芸文庫、一九九五年）

西嶋定生『秦漢帝国』（講談社学術文庫、一九九七年）
鶴間和幸『ファーストエンペラーの遺産』中国の歴史三（講談社、二〇〇四年）
永田英正『項羽』（一九八一年、PHP研究所、二〇〇三年）
藤田勝久『項羽と劉邦の時代』（講談社選書メチエ、二〇〇六年）
佐竹靖彦『項羽』（中央公論新社、二〇一〇年）
藤田勝久『史記秦漢史の研究』（汲古書院、二〇一五年、専門書）

前256/247
―前195年
農民・下級官吏の身から挙兵、秦を倒したのち項羽を破って漢王朝を開く。

諸侯王と家族を冷遇した皇帝

劉邦

…りゅうほう…

藤田勝久

劉邦《りゅうほう》（字《あざな》は季《き》）は、沛《はい》県の豊邑《ほうゆう》（江蘇省沛県、豊県）の農民出身である。若い頃に県の下級官吏である亭長《ていちょう》となり、このとき資産をもつ呂《りょ》公の娘（のちの呂后）を娶《めと》った。秦帝国の前二〇九（二世皇帝元）年に、陳渉《ちんしょう》・呉広《ごこう》が叛乱を起こすと、沛県の有力な役人である蕭何《しょうか》や曹参《そうさん》たちと一緒に蜂起し、沛公（県の長官）となった。やがて項羽《こうう》がいる楚《そ》の懐《かい》王の体制に合流し、秦帝国を亡ぼした。このとき先に関《かん》中《ちゅう》に入った劉邦が函谷関《かんこくかん》を閉めて、怒った項羽と対面したのが「鴻門《こうもん》の会」である。

秦の滅亡後は、漢王（都は陝西省漢中《かんちゅう》市）に封じられたが、それを不満として関中《かんちゅう》（渭水《いすい》盆地）を攻略し、もとの秦の本拠地を掌握した。さらに劉邦は東方に進出し、ここから項羽との争いとなる。項羽を破ったあとは、諸侯に推戴されて皇帝（漢の高祖、在位前二〇二～前一九五年）となった。

漢王朝が成立すると、東方に置いた功臣の諸侯王を廃除し、しだいに劉氏の諸侯王に代えていった。劉邦が開いた漢王朝は、その後も四〇〇年あまりつづき、中国王朝の基礎となった。

『史記』高祖本紀にみえる劉邦の事績は、包容力のある人物として描かれている。その冒頭には、劉邦が天子の資質を示す、不思議なエピソードがある。しかしこれは漢王朝の皇帝となったあと、いわば高祖神話ともいう記事であろう。また劉邦には多少の欠点はあるが、他人の助言にしたがい、相手を思いやる長者で、配下をうまく使いこなした皇帝の姿がうかんでくる。これをみる限り、劉邦には統治者としての能力が備わっているようにみえる。

しかし『史記』項羽本紀や、漢代の世家と列伝には、別の側面から、劉邦の隠れた人柄や行為がみえている。だから劉邦の表と裏の顔を知るには、その全体をみる必要がある。それでは劉邦の功罪は、どのようなものだろうか。

秦の滅亡まで

『史記』高祖本紀では、秦の滅亡まで、つぎのような事績がある。

劉邦は、沛県に所属する亭長であった。亭は、治安と交通を司る施設である。このとき県の官府には、長官のほかに、実務を担当する蕭何や、裁判を司る曹参がおり、御者であった夏侯嬰《かこうえい》、民間の樊噲《はんかい》たちと交遊している。劉邦は、沛に滞在していた呂公の娘と結婚するが、これは呂氏一族の援助を受けることになる。

劉邦が蜂起するきっかけは、前二〇九（二世皇帝元）年に陳渉たちの蜂起が沛県に伝わり、それをおそれた県令が叛乱に応じようとしたことである。しかし蕭何と曹参は、かれが秦の官吏であるため、城外に逃げている者を召して、民衆を従わせることを進言した。この城外で数百人を率いていた者が、劉邦のことである。

ところが劉邦が到着すると、地元の父老や若者が長官を殺し、かれは推挙されて県の長官(沛公)となった。劉邦の集団は、周囲の地域を掌握しようと努め、のちに楚懐王と項梁《こうりょう》の陣営に合流した。この時期、劉邦には、軍師となる張良《ちょうりょう》が加わっている。

秦の将軍・章邯《しょうかん》が、項羽に降ると、劉邦も西に進んで関中を目指すことになる。このとき楚懐王は、「諸将と約して、先に関中に入り定める者を、この王とする」と命じた。ここから劉邦は、項羽と分かれて、南方の武関ルートを通った。このとき劉邦は、南陽《なんよう》を安堵して降している。さらに進んで藍田《らんでん》で秦軍と戦うときには、劉邦の軍が略奪をしなかったので、秦人は喜び、戦わずして秦軍を敗北させたという。ここでは秦の城郭を攻略するときに、そのまま郡県の長官を任用する話がある。

そして劉邦が、先に関中の覇上《はじょう》に至ると、秦王の子嬰《しえい》が妻子を連れて、咸陽《かんよう》の宮殿から素車と白馬で、東方の軹道《しどう》の傍らまで来て、みずから皇帝の璽印《じいん》や符節《ふせつ》を封じて降伏したという。このとき劉邦は、秦王を殺さず役人に下し、自分たちは西に向かって咸陽の都に入った。そして宮殿で休もうとしたが、樊噲と張良が諫めたので、秦の重宝と財物、府庫には手をつけずに封じ、また覇上に還って駐屯した。

さらに劉邦は、周辺の諸県の三老と豪傑たちを招集して、秦の厳しい法律を廃止して、法三章(人を殺す者は死罪、人を傷害した者と物を盗んだ者を罰する規定)を約束した。そこで秦人はとても喜んで、沛公が秦王にならないことを恐れたと伝えている。

このように秦の滅亡まで、劉邦が楚懐王の約をうけて、先に関中に入るとき、敵を殺戮せずに投降させ、秦の吏民を安堵している。また秦王の子嬰を殺さず、宮殿の財物にも手をつけていない。これは項羽の残忍な行為に対して、関中に王となる劉邦の人徳を示すようにみえる。この間に、劉邦が函谷関を閉めて、項羽と対面する「鴻門の会」がある。こうした劉邦の行動は、あまりに都合よく描かれている。これは、どこまでが本当の史実だろうか。

楚漢戦争と項羽の敗北

つぎに楚漢戦争の時期に、劉邦（漢王）がとった行動をみておこう。項羽と劉邦の戦いは、前二〇六（漢元）年に諸王を分封して、それぞれ各地に着任してからのことである。

漢王は、漢中に着任したあと、蕭何の推薦によって韓信《かんしん》（のち淮陰《わいいん》侯）を大将に任命した。そして韓信の策によって、関中にもどって旧秦の地を掌握した。前二〇五（漢二）年には、秦国の社稷《しゃしょく》をのぞいて、漢の社稷を設け、秦の制度を継承している。ここから東方に向かうが、このとき漢王は、項羽が義帝を殺したことを聞いた。これを大義名分として、漢王は諸侯と連合し、項羽の都・彭城《ほうじょう》を攻めて占領した。

このとき二つのエピソードがある。一つは、『史記』項羽本紀に、漢軍が城内の財宝や美人を収め、日ごとに酒宴を開いて騒いだとある。劉邦が秦の宮殿に入ったときは、財物に手をつけなかった。これは劉邦に、天下を保つ意志があるとみなされている。しかし漢王が、東方でも天下を保つ

漢羅二王城（著者撮影）

意志があるなら、財物を略奪しないはずである。これは劉邦が長者であり、その軍が略奪しないという主張を疑わせるものである。

二つめは、漢王が彭城を占領したあと、すぐに項羽に反撃されて、漢軍は敗北した。そこで漢王は、夏侯嬰を御者として郷里の沛県に行き、娘（のちの魯元公主《ろげんこうしゅ》）と息子（劉盈《りゅうえい》、のちの恵《けい》帝）を馬車に乗せて逃げた。しかし楚の騎兵が追撃したため、漢王は何度も二人の子を蹴り落として、そのまま棄てようとした。夏侯嬰が、そのたびに拾い上げて、ようやく逃げることができたという。これも項羽本紀にみえる話であり、漢王のもう一つの顔を示している。このとき父の太公と妻（呂后）は、項羽の側に捕らえられ、軍中において人質となっている。

漢王の父と呂后が人質となってから、項羽と劉邦の戦いは、二年半近くも膠着状態となった。この戦争で漢王の軍は、しばしば敗北している。ここで注目されるのは、物資と兵士の補給である。漢王の軍が敗れると、蕭何は関中から物資と労働力を補給した。また黄河の北側には、韓信が攻略を進めており、投降した兵士を軍に収めていた。このとき敗北した漢王は、御者の夏侯嬰と二人で黄河を渡り、韓信から兵士を得ている。『史記』高祖本紀では、漢王が使者と称して、韓信の軍権を奪って兵を得たことになっている。しかし実情は、漢王が一人で軍権を奪ったというより、敵兵を自分の軍に組み込んでいた韓信から多くの兵士をもらったのであろう。漢王は、敗北を重ねながら、このような物資と労働力、兵力の補給をうけて、持久戦を続けたのである。

こうして前二〇三(漢四)年九月に、二人が漢覇《かんは》二王城で和議を結ぶと、人質も返還された。しかし漢王は、張良と陳平《ちんぺい》の謀りを聞いて、東西に分かれる約束に反して項羽を追撃した。そして韓信と彭越《ほうえつ》の参戦をえて、項羽を垓下《がいか》に囲み、最後は韓信の別働隊が項羽を破っている。このように楚漢戦争の時期には、漢王が寛容で長者であるという評価とは違って、もう一つの裏の顔がみえている。

漢王朝と諸侯王の問題

項羽が敗北したあと、前二〇二(漢五)年二月に、漢王は諸侯に推戴されて皇帝(高祖)となった。このとき漢王朝では、本拠地となる西方を直轄地とし、東方には諸侯王の王国を認める方針とした。この郡国制は、安定した体制となるはずであった。しかし高祖は、これ以降にも諸侯王を警戒し、自らが討伐に向かっている。

前二〇二年には、燕《えん》王臧荼《ぞうと》が叛乱し、それを高祖が親征した。また項羽の部将から漢王に降った利幾《りき》が反したときも、高祖が親征している。しかしこのとき最大の脅威は、楚王の韓信であった。韓信は、項羽が敗北したあと、梁王彭越と二人で楚の領地を継承していた諸侯王である。

韓信は、楚漢戦争のとき、漢王に兵士を提供していた。漢王が項羽と垓下で戦うまえには、斉王の韓信と彭越が参戦することで優勢となった。この際に漢王は、この二人に項羽の領地を分け与える約束をした。ところが項羽が敗北したあと、すぐに漢王は、斉王韓信のところに行き、その軍を奪ったという。しかし前二〇二年に、漢王が皇帝に推戴されるとき、先の約束にしたがって、韓信に項羽の領地の大半を国として認めた。この領地は、斉王の領地を淩ぐものである。そして楚王となった韓信は、十ヶ月ほどその領地を治めていた。

前二〇一(漢六)年十二月に、楚王韓信の謀反を上書する者があった。そこで高祖は、陳平の計略を用いて雲夢《うんぼう》に巡狩《じゅんしゅ》に行くと偽り、陳に諸侯王を集合させ、到着した韓信を捕らえた。その後、韓信を淮陰侯に降格させている。そして韓信の領地は、荊《けい》王(劉賈《りゅうか》)と楚王(劉交《りゅうこう》)の二国に分けた。ここから功臣たちに対する論功行賞が始まっている。司馬遷は、楚元王世家を作成したコメントに、「漢は謀略によって、韓信を陳で禽《とりこ》にし」、楚の剽悍《ひょうかん》な気風を考慮して劉交を楚王にしたと述べている。だからこれは、漢王朝を安定させるために、高祖の側からおこなった謀略ということができよう。

高祖は、このあとも諸侯王に対して親征をつづけている。前二〇〇(漢七)年に、韓王信(淮陰侯韓信とは別人)が匈奴《きょうど》と一緒に反したときも、高祖が親征した。この帰途に趙《ちょう》の領地を通過したとき、高祖が趙王張敖《ちょうごう》に無礼なふるまいがあったと伝える。

前一九七(漢十)年には、代の地で陳豨《ちんき》が謀反をおこした。このときも高祖は親征している。『史記』によれば、この陳豨の乱は、長安にいた淮陰侯韓信と通じていたという。そして春に、韓信が関中で謀反しようとしたため、留守をあずかっていた呂后が、かれを欺いて参内させ捕縛した。そして前一九六年（漢十一）に、呂后は長安城の長楽宮《ちょうらくきゅう》で韓信を斬首し、三族を処刑にしている。高祖は、陳豨の討伐から帰って、この事情を聞いた。この事件は、詳しい経過がわからず謎が多い。

韓信と並んで、項羽を敗北させるのに貢献したのは、彭越と黥布《げいふ》である。この三人は、漢王朝の脅威であった。『史記』彭越列伝では、韓信が殺されたあと、彭越も謀反の罪を密告された。そして彭越は、洛陽に投獄された。ここで庶民に降格されるはずであったが、呂后があざむいて、ふたたび謀反を密告し、高祖によって一族は処刑されたという。

『史記』黥布列伝では、このあと黥布は、韓信と彭越が処刑されたのを恐れて謀反したといわれる。これも密告によっている。ここでも高祖は、黥布の精兵と戦い、帰りに郷里の沛で酒席を設け、別れを惜しんだ。このように高祖は、皇帝となってからも、漢王朝を安定させるために、ときには謀反の罪が偽りであると知りながら、自ら諸侯王の討伐に向かっている。

前一九五（漢十二）年になると、高祖は黥布の討伐でうけた傷によって、病いが重くなった。そこで「劉氏でない者が王になったら、天下共にこれを撃て」という誓いをした。この時期には、高祖が皇帝となって封じた長沙《ちょうさ》王をのぞいて、すべて劉氏の王国となっていた。だから高祖は、最後まで東方に置かれた諸侯王の対策に苦慮したのである。このあと同年四月に、高祖は長安城の長楽宮で崩御した。

このように高祖は、晩年になるまで諸侯王を親征しており、これは必ずしも悪の側面ではない。

また諸侯王の失脚には、呂后の陰謀があるともいわれる。しかし高祖は、謀反の密告が偽りであると知っている場合があり、それにもかかわらず諸侯王を失脚させ、処刑する謀略を聞いている。これは寛容といわれた高祖が、建国後にも戦功のある諸侯王を警戒し、謀略をふくめて廃除した裏の顔である。

呂后と二人の子供

劉邦のもう一つの顔は、呂后の家族に対する冷酷さである。楚漢戦争のときに、漢王が二人の子供を馬車から落とそうとしたことは、すでにみてきた。しかし劉邦は、その後も呂后の子を冷遇している。

のちに恵帝となる劉盈は、漢王の時代に太子となっていた。しかし皇帝になると、戚夫人《せき》が産んだ如意《じょい》を太子に代えようとした。この如意は、前二〇七（二世皇帝三）年に生まれており、劉邦がかわいがっていたのは、呂后が人質となっていた頃となる。『史記』呂后本紀では、漢王のときに定陶《ていとう》で戚夫人を寵愛し、自分に似ていない劉盈を廃して、如意を太子にしたいと望んでいたという。また戚夫人は、高祖に従って関東に行き、日夜泣いては、その子を太子に代えたいと願った。

寵愛が薄れた呂后は、何度も太子を廃そうとすることに対して、ようやく呂沢《りょたく》を通じて、張良に太子を守ってくれるように頼んだ。前一九五（漢十二）年に、高祖が黥布の討伐から帰ったあと、また太子を代えようとした。しかしこのとき張良が、劉盈には四人のすぐれた補佐がいると報告して、太子を代えることがとり止めとなった。これは『史記』留《りゅう》侯世家（張良の伝記）にみえる話である。

もう一人、高祖に朝廷で激しく反対した人物がいる。『史記』の周昌《しゅうしょう》の伝記では、このとき周昌が、必死に弁護をしたという。これを隣の部屋で聞いていた呂后は、跪《ひざまず》いて周昌に感謝したと伝える。ここには高祖の息子に対する冷酷な一面と、呂后の子供を想う気持ちがみえている。

❖劉邦の系譜

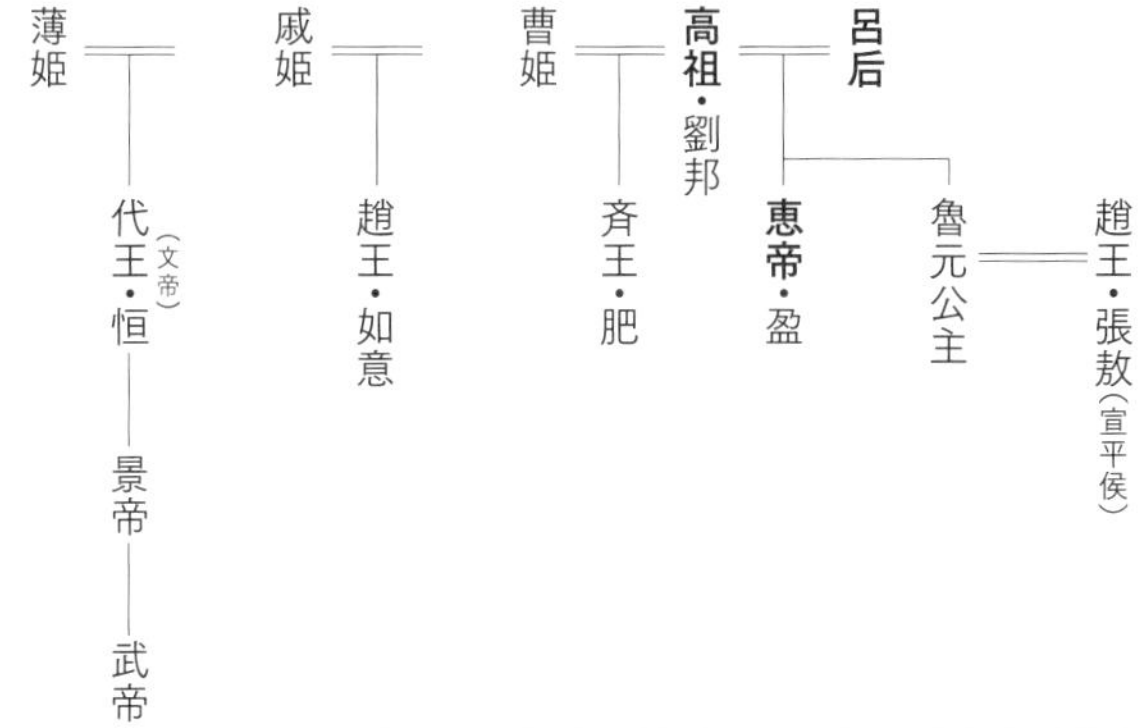

この如意については、さらに呂后の娘と関連するエピソードがある。のちに魯元公主となる娘は、前二〇二（漢五）年に張耳《ちょうじ》のあとを継いだ趙王張敖に嫁いでいた。ところが高祖は、前二〇〇（漢七）年に韓王信を討伐したあと、趙国を通過して張敖に無礼をした。『史記』張耳列伝によれば、張敖が婿として礼儀をつくしたのに、高祖は足を投げだして乱暴な口をきき、傲慢な態度をとったという。そこで翌年に、ふたたび高祖が趙国を通過したとき、趙王の家臣が暗殺を企てた。それは未遂に終わるが、これを密告する者があった。

高祖は趙王と首謀者をすべて逮捕し、長安で罪を取り調べた。しかし家臣たちは、自分たちが独自にしたことで、趙王は無罪であると訴えた。また呂后も、娘の婿がそのようなことをするはずがないと何度も述べたが、高祖は聞かなかった。しかし最後は、高祖が実情を知って張敖を赦免し、宣平侯《せんへいこう》に降格させている。

ところが張敖の後任としたのは、戚夫人の子の趙王如意であった。如意は、このとき十歳であったという。また高祖は、趙王如意を補佐するために、劉盈を弁護した周昌を強いて趙の宰相としている。

これらは呂后の二人の子をめぐる高祖の態度であり、これは一見すると家族の問題のようにみえる。しかし太子と趙王如意の問題は、高祖が亡くなったあと、恵帝の時代にも皇室の争いに影響している。呂后は、恵帝が即位すると、長子である斉王劉肥《りゅうひ》を殺そうとした。しかし劉肥は、魯元公主のために土地を献上して許されている。つぎに呂后は、たえず太子を代えようとした戚夫人を獄につなぎ、趙王如意も殺している。これは呂后の剛毅な性格とあわせて、非難されることが多い。しかし漢王朝の後継をめぐる皇室の争いは、もとは高祖が呂后の子にした処遇に原因があるともいえよう。

『史記』高祖本紀では、劉邦のすぐれた人格を強調している。それは秦が滅亡するまでは、敵を殺戮せず、吏民を安堵する長者の姿である。しかし項羽との戦いでは、彭城での略奪と、家族への仕打ちという裏の一面がみえている。そして漢王朝が成立すると、東方の諸侯王を警戒し、陰謀と知りながら、最後まで自ら戦う皇帝であった。これは秦の故地を継承するすぐれた皇帝とは、別の姿である。その結果、高祖の晩年には、劉氏一族を王とする誓いを立てたが、この諸侯王の問題は、呂后のあとを継いだ文帝・景帝の時代まで東方の憂いとして持ち越された。

また劉邦は、呂后とその子供に、たえず冷酷な処遇をしていた。これは家族の問題のようにみえるが、この高祖の冷たい処遇が、のちに恵帝と呂后の政治体制にも影響している。

このように劉邦には、漢王朝の建国者として、高い評価があたえられているが、『史記』の全体を

❖劉邦(高祖)の事績

前209	二世元年	9月…劉邦が沛県で蜂起
208	2年	6月…薛で楚の懐王を擁立
207	4年	8月…二世皇帝の死、武関を攻める
		9月…子嬰が秦王となる、藍田を降す
206	漢元年	10月…秦王の子嬰が降り、覇上で駐屯
		12月…鴻門の会、秦の滅亡
		正月…沛公が漢王となる
		8月…漢王の軍が関中に入る
205	2年	2月…漢の社稷を立てる
		4月…彭城を攻める、呂后たちが人質
204	3年	10月…韓信が趙を破る(背水の陣)
		7月…漢王が韓信の軍を得る
203	4年	2月…韓信を斉王とする
		9月…漢覇二王城の和議、呂后が帰る
202	5年	10月…漢王は約に反して項羽を追撃
		12月…垓下の戦い。項羽が烏江で戦死
		2月…漢王が皇帝に推戴される
		7月…燕王臧荼を親征、利幾を親征
201	6年	12月…楚王韓信を捕らえて降格
200	7年	10月…韓王信を親征。匈奴の包囲
199	8年	冬…趙で高祖を暗殺未遂
198	9年	正月…張敖を宣平侯に降格。如意が趙王
197	10年	9月…陳豨の謀反。高祖が親征
196	11年	正月…淮陰侯韓信を殺す。彭越の死
		7月…黥布が謀反。高祖が親征
195	12年	4月…長安の長楽宮で崩御

下線部は、悪に関する事件

みると、必ずしも寛容な長者ではない「悪」の一面がみられるのである。

⦿参考文献

野口定男・近藤光男・頼惟勤・吉田光邦訳『史記』（一九五八・五九、平凡社、一九六八～七一年）
小竹文夫・小竹武夫訳『史記』（ちくま学芸文庫、一九九五年）
小川環樹・今鷹真・福島吉彦訳『史記列伝』二、三（岩波文庫、一九七五年）
小川環樹・今鷹真・福島吉彦訳『史記世家』下（岩波文庫、一九九一年）
西嶋定生『秦漢帝国』（講談社学術文庫、一九九七年）
鶴間和幸『ファーストエンペラーの遺産』中国の歴史三（講談社、二〇〇四年）
堀敏一『漢の劉邦』（研文出版、二〇〇四年）
佐竹靖彦『劉邦』（中央公論新社、二〇〇五年）
藤田勝久『項羽と劉邦の時代』（講談社選書メチエ、二〇〇六年）
藤田勝久『史記秦漢史の研究』（汲古書院、二〇一五年、専門書）

?—前174年
父を殺して匈奴の君主となりその最盛期を現出。建国後まもない漢を圧迫する。

冷酷、非情にして、先の見える男
冒頓単于
…ぼくとつぜんう…

林 俊雄

はじめに

秦の始皇帝の死の翌年、西暦では前二〇九年、二世皇帝が立ったとはいうものの中国が内乱状態に陥ろうとしていたとき、北方の草原に英雄が立ち上がった。匈奴《きょうど》の冒頓単于《ぼくとつぜんう》である。彼の生涯はまさに波乱万丈、ドラマを地で行くようなものであった。太子として生まれたものの父と継母から疎まれ、西の大国に人質として追いやられて殺されそうになったが辛くも逃げ帰る。父母のもとで忍従しつつも策をめぐらせて父母を殺し、クーデタに成功する。東の大国の王の横暴をこれまた策略でもって逆手に取り、一気に併合して草原帝国を作り上げる。彼の後半生の相手は、中国史上最大の成り上がり者にして食えない男、劉邦《りゅうほう》と、その妻で中国三大悪女の筆頭、呂后《りょこう》である。その生涯を稀代のストーリーテラー、司馬遷が語っているのであるから、面白くないわけがない。だから『史記』そのものを読んでいただければそれでよいのだが、それでは芸がないので、少し潤色しながら彼の生涯をたどってみよう。

クーデタ成功

当時、中国北方の草原地帯には、東から東胡《とうこ》、匈奴、月氏《げっし》の三勢力が並び立っていたが、その中では東胡と月氏の力が強く、間に挟まれた匈奴はやや劣る存在だったようだ。そのとき、匈奴の首長は頭曼単于《とうまんぜんう》だった。頭曼とは、のちの突厥《とっけつ》初代の可汗《かがん》の名前である土門《どもん》と同様に、テュルク（トルコ）語で万、転じて万人長を意味するテュメンではないかとする説があるが確証はない。単にはタンとゼンの音があるが、これより二〇〇〇年あまりのちに中国に恭順の態度を示した匈奴の単于に対して、王莽《おうもう》が「匈奴を恭奴、単于を善于と呼ぶことにする」（『漢書』匈奴伝）という記事があるので、「ぜんう」と読むことは明らかだ。同じく『漢書』匈奴伝によれば、単于は撐犁孤塗《とうりこと》単于の略であり、匈奴語で天撐犁とは天、孤塗は子、単于とは広大を意味するという。撐犁が古代テュルク語やモンゴル語で天を意味するテングリの漢字表記であることはまず間違いないが、孤塗と単于の語源については定説がない。単于の妻は閼氏（読みは、えんしあるいはあつし）と漢字表記されるが、匈奴語としての意味は不明。

さて、頭曼単于には冒頓という太子がいた。『史記索隠《さくいん》』（唐代の史記の注釈書）によれば、冒の音は墨とあるから読みは「ぼく」であるが、頓「とつ」と読むのは昔からの慣用としか言いようがない。ところが冒頓を生んだ閼氏はすでに亡くなっていたのかあるいは離縁されたか、頭曼は後妻の閼氏をめとっていた。頭曼はこの後妻を愛し、その間に生まれた子供がかわいかったのであろう、何とか太子にしたいと思うようになった。しかし何の落ち度もない冒頓を廃嫡するわけにはいかない。そこで頭曼が考えたのは次のような方法だった。冒頓を西隣りの月氏に人質に差し出し、太子を取って安心している月氏に攻撃を仕掛ければ、怒った月氏は冒頓を殺すであろうという目論見《もくろみ》である。自分の手は汚さずに冒頓を始末できると考えたのである。

作戦は実行に移された。冒頓が月氏の人質となるや、すぐに頭曼は月氏を急襲した。月氏は冒頓を殺そうとしたが、冒頓は月氏の善馬を盗み、それに乗って逃げ帰ってきてしまった。そうなると頭曼としても「よくやった」とほめないわけにはゆかず、冒頓を万騎長（一万騎を率いる長、匈奴では最高の地位）に取り立てた。この辺が頭曼の甘いところである。冒頓はもっと冷徹に事態を見ていた。おそらく彼は人質に出される前から自分が疎まれていることを自覚していたのであろう。だから人質に出されると知ったときには、その背後にある策謀にも思いをいたしていたのである。月氏に至るやただちに逃亡する手段を考え、いざというときに盗む馬にも目を付けていたにちがいない。父親よりも、ずっと先が見えていたのである。

冒頓は万騎長になると鳴鏑《めいてき》（なりかぶら）を作らせた。鳴鏑とは鏃《やじり》の根元に角製などの小球を付け、それに小さな孔をいくつか開け、飛ばすとその孔から空気が入ってピューと音が出るようにした矢

❖冒頓単于の家族関係

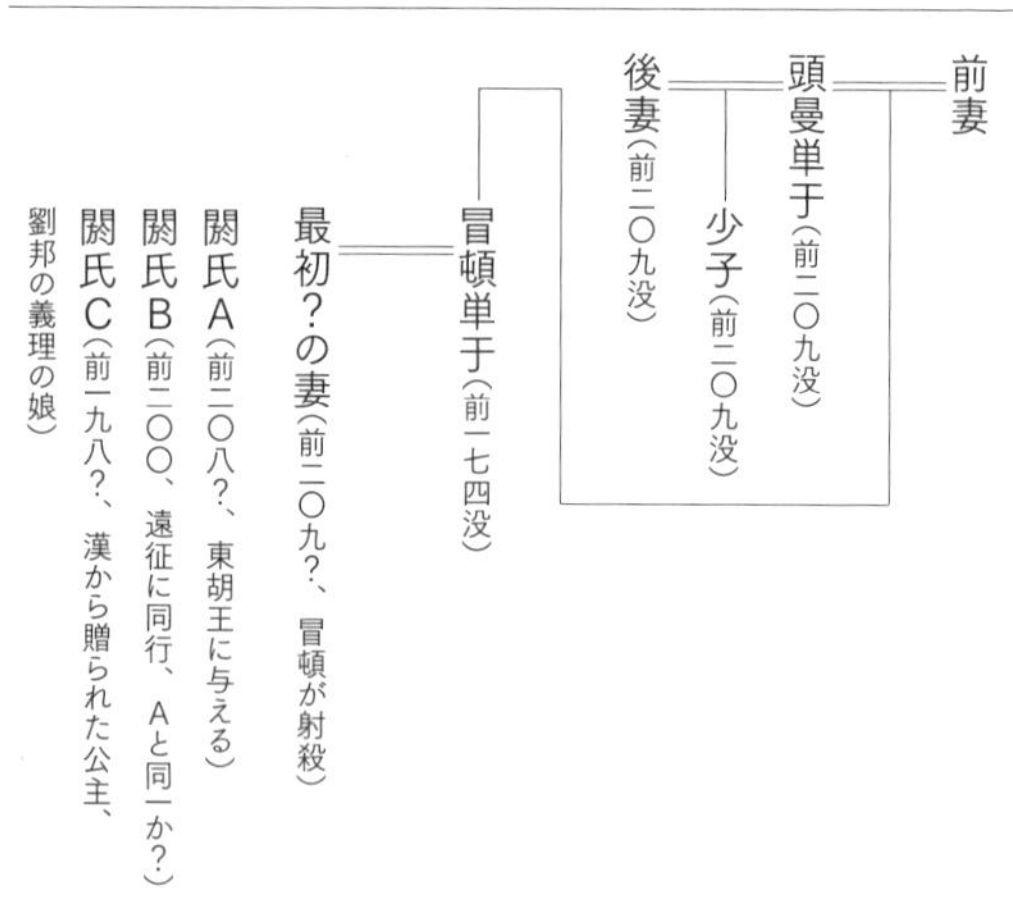

のことで、日本にもある。彼は部下に鳴鏑の騎射（馬に乗ったまま矢を射る）を習わせ、次のように命令した。「（自分が）鳴鏑を射るところに向かって射ない者がいたら、みな斬り捨てる」。獣を狩りに行って、鳴鏑を射るところに向かって射ない者がいたら、たちどころに斬ってしまった。それから間もなく、冒頓は自分の善馬（月氏から盗んだ馬であろう）に向かって鳴鏑を射た。すると部下の中にはあえて射ようとはしない者もいた。するとと冒頓はたちどころに斬ってしまった。しばらくして冒頓は愛する妻に向かって鳴鏑を射た。これにはさすがに恐れて射ない者が出た。するとこれもまた斬ってしまった。しばらくして冒頓は狩りに出かけ、単于の善馬に向かって鳴鏑を射たところ、部下はみなこれを射た。ここに至って冒頓は部下がみな使えるようになったことを知った。そこで父の頭曼単于が狩りに出かけるのに従って行き、鳴鏑でもって頭曼を射た。すると部下たちはみな鳴鏑の鳴る方向に射かけ、頭曼を射殺してしまった。さらに頭曼の後妻とその子供、すなわち冒頓の腹違いの弟、そして大臣の中で自分の意向を聴かず従わない者をすべて殺してしまった。そして冒頓は自ら立ち、単于となったのである。

草原遊牧帝国を建設

最初にも述べたように、このころは匈奴よりも月氏や東胡の方が威勢がよかった。冒頓が父を殺して単于となったことを聞くと、東胡の王は冒頓の権力基盤がまだ固まっていないと判断したのであろう、使者を派遣して次のような要求をしてきた。「頭曼が持っていた千里馬が欲しい」。千里馬とは一日に千里走る馬のことである。秦・漢代の千里は今日の約四一六キロメートルに相当する。匈奴が中国の度量衡を受け入れていたかどうかはわからないが、いずれにしてもとにかく耐久力にすぐれてよく走る馬ということであろう。この要求に対して冒頓が居並ぶ臣下たちに対応を下問したところ、臣下たちはみな「千里馬は匈奴の宝の馬ですから与えるべきではございません」と答えた。これに対して冒頓は、「隣りあっている国の人が欲しいと言ってきたのだから、どうして一頭の馬を惜しむことがあろうか」と言って、与えてしまった。

この対応を見て、東胡王は冒頓が自分たちのことを畏れおののいているのだろうと判断し、今度は次のような要求を出してきた。「冒頓単于の一人の閼氏が欲しい」。冒頓が臣下たちに下問すると、みな怒って、「閼氏を要求してくるとは、東胡王は人の道に外れています。攻撃命令を出してください」と言った。ところが冒頓は、「隣りあっている国の人が欲しいと言ってきたのだから、どうして一人の女子を惜しむことがあろうか」と言って、愛する閼氏を東胡に与えてしまった。

こうなると東胡の王はいよいよおごり高ぶり、西進して匈奴の地を侵そうとした。東胡と匈奴との間には棄てられた土地が千里あまりあって、おのおのその内側に監視所のようなものを作っていた。東胡はまたまた使者を派遣して冒頓に言った。「匈奴と我々との間には誰も住んでいない棄て地があるが、匈奴はそこまで到達することができないから、我々がそこを領有したい」。冒頓が臣下たちに下問すると、中には「あそこは棄て地ですから、与えても与えなくともどちらでもいいでしょう」と答える者もいた。すると冒頓は大いに怒って、「土地は国家の根本である。どうしてこれを与えることができようか」と言うと、与えてもいいといった者はみな斬り捨ててしまった。そして馬に乗ると、「遅れる者があれば斬るぞ」と言って国を挙げて東に向かい、東胡を襲撃した。東胡はもとより冒頓を軽んじていたので防備をしていなかった。そのため冒頓は軍勢とともに押し寄せるとたやすく東胡を撃ち破り、その人民や家畜を捕獲してしまった。東胡王のその後の動静は語られていないが、おそらく殺されてしまったのであろう。東胡王に与えた閼氏は取り戻すことができたかもしれないが、これも『史記』には書かれていない。

冒頓の権力掌握計画と東胡征服の策略とを比較すると、奇妙な類似点があることに気が付く。それは、第一に普通の人なら思いつかないような非情な手段でまず配下を驚かせて注目をひくこと、第二にまず愛馬の喪失（射殺あるいは贈与）で始まり、次に愛妻の喪失（射殺あるいは贈与）へと進み、そして最終目標に一気に突き進むという手段をとっていることである。少し話ができすぎているようにも思えるが、司馬遷はこの出来事からせいぜい一〇〇年ほど後の人であり、漢王朝の史官として種々の資料に近づくことができたことを考慮すると、まったくの絵空事とは思えない。

たいして抵抗も受けずに東胡を征服したことは、冒頓にとって大きな利益をもたらした。東胡の人民を捕獲したということは、それを匈奴の軍勢に組み入れることができたことを意味する。その増えた軍勢をもって冒頓は次に西に向かい、月氏を西方に駆逐した。さらに南方の中国との境界付近にいる勢力をも併合し、弓を引く兵士（おそらくほとんどすべて騎兵）を三〇万あまりかかえる勢力を誇るまでになった。ただしこのような数字をそのまま信用していいものか、疑問は残るが。

漢との対決

冒頓が中国のすぐ北方でこのように自由に征服活動を進めることができたのには、中国国内が乱れていて北方に関心を払う余裕がないという事情もあずかっていた。その内乱を収めて劉邦（高祖）が漢帝国を建てた翌年の前二〇一年、匈奴は漢と直接対決することになった。北方からの侵入に備えて、劉邦は王侯の一人である韓王信《かんしん》（本来の名前は韓信だが、股くぐりで有名な同姓同名の韓信と区別するために、韓王に封じられていたこともあり、韓王信と呼ばれる）を現山西省の太原《たいげん》（晋陽《しんよう》）に派遣した。しかし韓王信はそれよりもっと長城に近い馬邑《ばゆう》に駐屯することを劉邦に願い、許された。ところが韓王信が馬邑に移ると、匈奴が大軍で馬邑を包囲してしまった。韓王信は何度も使者を匈奴に派遣して和解しようと試みたが、この行為を劉邦は韓王信が匈奴と内通しているものと疑って、人を派遣して韓王信を責めた。逆臣として殺されることを恐れた韓王信は一転して匈奴に降り、匈奴側について南下し、漢を攻めるようになった。翌月にあたる高祖七年（前二〇〇年）の冬十月（秦と漢の初期には一年は十月から始まっており、武帝の太初元年、前一〇四年に正月が年の初めと改められた）、怒った劉邦はみずから兵を率いて反撃に出た。

皇帝がみずから軍を率いて遠征に出かけることを親征という。親は「みずから」という意味である。皇帝が先頭に立てば士気は上がるだろうが、万が一負ければ一気に王朝は存亡の瀬戸際に立たされる。だからめったなことでは親征などは起こさないものだが、建国直後で気分が高揚していたのか、はたまた腹心に裏切られて頭に血が上っていたのか、おそらくあまり軍備も整えないままに進発してしまった。これまで劉邦にとって相手であった項羽との戦いは、所詮は内戦であった。しかし匈奴との戦いは対外戦争である。ここに二大勢力の対戦の火ぶたが切って落とされることになった。

ともかく初戦は韓王信の軍を蹴散らし、北に追走した。ところが時は冬で、寒気が襲ってきて雪も降ってきたため、兵士の十人のうち二〜三人は凍傷にかかって指を切り落とさざるを得なくなった。これでは弓を引くことができない。決戦が始まる前に、漢軍は相当のハンデを背負っていたことになる。

劉邦は冒頓の本隊が北方にいるという情報を得ると、斥候《せっこう》を十人ほど派遣して匈奴の状況を探らせた。冒頓は精兵と栄養十分な牛馬を隠し、年寄りや弱そうな兵士と痩せた家畜を見えるところに出しておいた。斥候たちはみな匈奴が弱いとみて攻撃すべきと進言した。劉邦はまた臣下の劉《りゅう》敬《けい》を匈奴に使者として派遣していたが、まだ帰ってきていなかった。気が早っていた劉邦は全軍三二万を挙げて北に追っていった。そこに劉敬が帰ってきた。劉敬は漢の都を長安にするか洛陽にするかという問題で的確な意見を述べて、劉邦から郎中《ろうちゅう》という官吏に登用されていた。彼は次のように報告した、「二つの国があい攻撃しようとするときには、どちらもいいところを見せようとするものですが、わざわざ年寄りや弱い兵を見せたりすることから判断すると、必ずや奇襲兵を伏せているのでしょう。匈奴を攻撃するべきではありません」。このときすでに漢は行軍を開始していた。劉邦は怒り、「口先だけで官吏になれたような奴は、行軍を止めるようなでたらめなことを言うな」と言って、劉敬を監禁してしまった。

劉邦はおそらく二輪馬車に乗っていたのだろう。歩兵が大半を占める本隊よりも早く進んでしまった。北方の平城《へいじょう》(現大同《だいどう》)まで来たときにはまだ、多くの部隊は追いついていなかった。ここで冒頓は精兵四〇万騎をはなち、劉邦を平城近くの白登山《はくとうざん》に追い上げて包囲してしまった。七〜八年前に「三〇万あまり」だったことを考えると、ずいぶん増えたものだが、おそらく降伏したり、情勢を見て加わってきたりしたものなどが大勢いたのであろう。その四〇万騎は、西方が白馬、東方が白面の黒馬、北方が黒馬、南方が赤黄色の馬であった。そのように派手な陣立ての四〇万騎を伏兵として隠すのはさぞや大変だったろうと思うが、確認のしようがない。

さて、包囲は七日目となったが、漢軍は包囲の内側に食料を届けることも援軍を送り込むこともできなかった。そのとき巷で流行った戯《ざ》れ歌が『漢書』匈奴伝に記されている。「平城では本当に苦しそう。七日も食べていないので、弩《いしゆみ》を引くこともできない」。ここで劉邦は閼氏にたくさん贈り物をして冒頓へのとりなしを頼んだ。すると閼氏は冒頓に次のように助言をした、「両国の君主がお互いに苦しめあうというのは、いかがなものでしょうか。いま漢の地を得たとしても、終生そこに住むわけにはまいりません。また漢王にも天佑神助があるかもしれません。単于、そこのところをよくお考えください」。閼氏が劉邦を「漢王」と呼んでいるところが面白い。匈奴側から見れば、劉邦も漢帝国に何人もいる「王」の一人にすぎないというのか。ちなみに『漢書』では「漢主」となっている。

冒頓にもやや不安の種があった。韓王信の配下の将軍二人と待ち合わせをしていたが、そのときになってもその軍が来ないので、もしかしたらまた元の漢の方に寝返ったのではないかと疑心暗鬼に駆られていたのである。そこへ閼氏の助言があったので、囲みの一角を解いた。このときたまたま濃い霧が出たので、漢は包囲の内と外とで使者を往復させることができたが、匈奴はそれに気が付かなかった。劉邦は兵士全員に矢を外向きにつがえて引き絞ったまま解かれた囲みの一角からまっすぐに出て、ようやく外の大軍と合流することができた。こうなると冒頓としても仕掛けることはできず、兵を引いて去っていった。漢もまた兵を引き、劉敬を使者として匈奴と和親の約を結んだ。もしここで冒頓が閼氏のとりなしを聞かずに攻め続けていたら、建国後間もない漢は大混乱に陥り、千年以上のちのモンゴル帝国が早くも誕生していたかもしれない。

劉邦はなぜ冒頓ではなく閼氏に贈り物をし、閼氏は冒頓に撤収の助言をしたのか。実はその裏に劉邦配下の策士、陳平《ちんぺい》の計略があったことが、前漢末〜後漢初の学者で政治家の桓譚《かんたん》が著した『新論』に語られている。それによると陳平はみずから閼氏のもとに赴き、次のような言葉を閼氏に吹き込んだ。「漢にはその容貌が天下に二人といないような美女がいますが、いま苦しいときなのでその美女を急いで迎えに行かせており、単于に進上しようとしています。単于がこの美女を見れば必ずや愛することになり、あなたは日々に遠ざけられるでしょう。まだ美女が到着しないうちに漢の君主を脱出させ、美女を伴わずに去った方がいいでしょう」。閼氏は嫉妬深い性格であったので、その通りにしたというのである。また後漢末の政治家、応劭《おうしょう》が『漢書』に付けた注解によれば、陳平は絵師に美女を描かせ、その絵を持たせて使者を派遣し、漢にはこのような美女がいるが、いま皇帝は困窮して美女を献じようとしていると言わせた。すると閼氏は自分への寵愛が奪われるのを恐れて、単于に対して上記のような助言をしたという。いずれにしても陳平の策はいやしくて下品であるので「祕計(=秘計)」とされ、正史には伝えられなかったという。この閼氏が、いったんは東胡王に売られその後冒頓によって奪還された人物であるとすれば、冒頓にとってもいささか後ろめたい気持ちもあり、閼氏の言うことを聞き入れたのかもしれない。

忍びがたきを忍ぶ漢の宮廷

その後も匈奴は漢の降将とともにしばしば侵入してくるので、困り果てた劉邦は劉敬の進言する懐柔策を採用することにした。それは劉邦の一人娘を冒頓に嫁がせて閼氏とし、さらに毎年匈奴に一定数量の絹糸・絹織物・酒・食物を送り、一方漢が兄、匈奴が弟となるというものであった。劉邦はかつて項羽の追撃を受けたとき、逃げる馬車を軽くするために自分の二人の子供を何度も馬車の外に落としたほどであるから(ただし落とすたびごとに御者を務める臣下が拾い上げていたが)、一人娘を匈奴にくれてやる程度の事には何の痛痒《つうよう》も感じなかったであろう。しかし母親の呂后が日夜泣いて悲しむので(劉邦は呂后に弱かった)、結局、実の娘を送ることはあきらめ、劉氏一族の娘を選んで公主《こうしゅ》に仕立て上げて送り込んだ。

和親の約が結ばれると匈奴の侵入はしばらく止んだがそれもごく短期間のことで、また新たな漢からの降将を得るとますます激しくなった。

前一九五年に劉邦が死ぬと、一人息子が二代目として即位するが、実権は呂太后が握っていた。『史記』は「高祖本紀」の次に「恵《けい》帝本紀」の代わりに「呂太后本紀」を置いている。つまり呂太后は皇帝扱いされているのである。

それから三年たった前一九二年、冒頓は呂太后に書簡を送った。その内容について『史記』は「妄《もう》言《げん》（でたらめ、あるいはみだらなことば）」とか「嫚書《まんしょ》（あなどる書）」というだけだが、『漢書』はくわしく記している。「独り身で精力を持て余している君主（自分、冒頓のこと）は低湿地で生まれ、牛馬のいる平原で成長しました。しばしば辺境まで行きましたが、中国を遊覧したいと願っています。陛下（呂太后のこと）も君主として独り立ちし、独り身で精力を持て余していることでしょう。両国の君主がとちらも自ら楽しむということがありません。そこでお願いですが、お互いに持っているもので持っていないものに替えてみませんか」。

冒頓がこの時点で独身になっていたとは、にわかには信じられない。呂太后に言い寄るために同じ立場だと強調したかったのであろうか。ともかく現代ならばセクハラで訴えられかねない手紙である。二人とも生年が不明なので、このとき何歳だったか特定できないが、冒頓がクーデタを起こしたときが二五歳とすれば四二歳、呂太后は二人目ののちの恵帝を生んだのが二五歳のときとすれば四三歳、熟年同士ということになる。

呂太后は大いに怒って丞相や武将らを召集し、その使者を斬って派兵するかどうかを議論させた。攻撃論が圧倒的であったが、智将の季布《きふ》が劉邦でさえ平城で苦しんだ例を引き合いに出していさめた。呂太后もさすがに冷静になってみると、ここは隠忍自重するにしくはないと考え直し、使者を派遣して返書を送った。「単于がわたくしめを忘れずに書を送ってくださいましたので、わたくしめは恐れかしこまっております。退いて考えてみますと、年老いて気も衰え、髪も歯も抜け落ち、歩行もままなりません。単于は聞き間違えておられるのでしょう。足りないところが多く、（お会いすれば単于を）汚してしまうことになるでしょう。わたくしめに罪はありませんので、どうか許してください。四頭立ての車に馬をつけて差し上げますので、普段用にお使いください」。こわもての呂太后としてはずいぶんへりくだった言い方で、ここまで卑下《ひげ》するかと驚くばかりだ。

万が一、呂太后が冒頓の申し出を受け入れて子供でもできたら、その子は匈奴・漢大帝国の君主になるのか（そのようになりかけて未然に防がれた例がある。戦国末、秦の昭襄《しょうじょう》王の母親宣《せん》太后は北方の戎《じゅう》〔異民族〕である義渠《ぎきょ》の王と密通し、二人の子を生《な》していたが、義渠の王らは秦側によって暗殺された）。また呂太后が挑発に乗って全軍を派遣して負ければ、匈奴が中国の北部を領有することになったであろう。

このときにも和親の約が結ばれた。それでも匈奴の漢に対する侵攻は止まなかったが、大規模に発展することはなかった。前一七六〜前一七四年ころには匈奴は西方に進出して、オアシス地帯を含む中央アジアの東半分くらいを支配下に置いた。その直後に冒頓は亡くなったようだ。先ほどの年齢推定を引き延ばすと、享年は六〇歳ころとなる。一代にして大遊牧帝国を築き上げた男の戦略は、妻をも道具として使う冷酷・非情なものであったが、漢に対する攻略は閼氏の嫉妬と呂太后の忍耐によって成功しなかった。女性を甘く見た報いであろうか。

⦿参考文献
沢田勲『匈奴――古代遊牧国家の興亡』（「東方選書四八」、東方書店、新訂版、二〇一五年）
沢田勲『冒頓単于――匈奴遊牧国家の創設者』（「世界史リブレット人十四」、山川出版社、二〇一五年）
司馬遷（野口定男ほか訳）『史記』（「中国古典文学大系十～十二」、平凡社、一九六八～七一年）
班固（小竹武夫訳）『漢書』（「ちくま学芸文庫」、筑摩書房、一九九七～九八年）
林俊雄『遊牧国家の誕生』（「世界史リブレット九八」、山川出版社、二〇一四年）
林俊雄『スキタイと匈奴　遊牧の文明』（「学術文庫」、講談社、二〇一七年）

漢の武帝

…かんのぶてい…

神仙に耽溺し皇太子を喪った皇帝

冨田健之

前156－前87年
漢の七代目皇帝。在位54年におよぶ。中央集権を確立し積極的な外征を行う一方、神仙思想に傾倒。

劉徹《りゅうてつ》（劉は姓、徹は諱《いみな》）は、紀元前一五六年、漢の第六代皇帝、景《けい》帝の第九子として生まれた。皇太子の兄が廃されるなどの幸運に恵まれ、七歳で皇太子に立てられ、前一四一年、父景帝が崩じると、徹は晴れて漢の第七代皇帝となった。武《ぶ》帝の登場である。ときに十六歳であった。

武帝は即位直後から、家柄などにとらわれない有能な人材の発掘に努め、そうした人材を恒常的に地方・中央の官界に取り込んでいくシステムを構築した。加えて皇帝を頂点とした官僚機構の整備を進め、中央集権的な支配体制の完成を目指した。

前一三三（元光二）年、馬邑《ばゆう》の役で遊牧民族匈奴《きょうど》との和親の関係が崩れると、前一二九（元光六）年武帝は匈奴との全面戦争にふみきった。漢の総力を投入した対匈奴戦争は、衛青《えいせい》そして霍去病《かくきょへい》という若き将軍たちの活躍により、漢の優位のもと展開した。ながらく中国世界に脅威を与え続けてきた匈奴だったが、繰り返される漢軍の攻撃をうけ、その勢力を徐々に弱め、ついにゴビ砂漠のはるか北に後退した。

武帝はさらに南方そして東方への勢力拡大を図った。南方ではいまの中国南部を中心に勢力を張っていた南越国《なんえつ》を滅ぼし、また西南夷《せいなんい》とよばれた中国西南部一帯の異民族を次々と平定した。東方では朝鮮に進出し、いわゆる朝鮮四郡を置いて朝鮮半島の直轄支配を行った。さらに、張騫《ちょうけん》を使者とする使節団を二度にわたって西域へと派遣した。その結果、西域の地理や風俗や政治状況などの知識がはじめて中国にもたらされ、のちにシルクロードとよばれるアジアとヨーロッパを結ぶ国際交易路の歴史がここにスタートする。

一方、こうした対外発展は、漢の国力を大きく損耗させることになり、国家財政は破綻の危機に瀕するまでになった。武帝はその危機を打開するため、塩鉄の専売制や均輸《きんゆ》・平準《へいじゅん》法といった財政政策を打ち出し、あるいは新税の導入や五銖銭《ごしゅせん》という貨幣の発行などを行った。こうした財政再建政策が功を奏し、漢は財政破綻の危機を脱するとともに、在位半世紀をこえた武帝のもと、東アジアの大帝国として繁栄を誇ることになった。

建元二年の政変

このように、英邁な君主であったと評されることの多い武帝であるが、そうした武帝にしても若気の過ちといえる失敗・失政があった。

即位翌年の前一四〇(建元元)年、武帝は高官人事に着手し、孔子《こうし》が唱えた倫理政治規範を体系化した儒学を学んだり、関心を持っていた竇嬰《とうえい》・田蚡《でんふん》・趙綰《ちょうわん》・王臧《おうぞう》らを政権の中枢にすえた。彼らはまず明堂《めいどう》の建設を建議し、裁可された。明堂とは、古《いにしえ》の周の時代に天子が政《まつりごと》を行い、諸侯を朝見した殿堂とされている。この建議の際、趙綰らの儒学の師である申公《しんこう》が推挙されており、武帝が儒学の理念にもとづく政治を指向していたことがわかる。ところが、その武帝の前に大きな障害物が立ち塞がった。

> 御史大夫《ぎょしたいふ》趙綰が、東宮（太后が暮らす宮殿）を通さずに政務を処理したいと奏請した。竇《とう》太后はおおいに怒って趙綰と王臧らを追放し、丞相（竇嬰）と大尉《たいい》（田蚡）を免職にした。（『史記』魏其《ぎき》・武安《ぶあん》侯列伝）

文帝の后であった竇太后は、武帝の祖母として宮中に隠然たる力を有していた。趙綰は彼女の存在が、武帝を支えて改革政治を進めていくうえでの障害になると考え、彼女の排除に動いたのである。しかし、竇

❖武帝系図

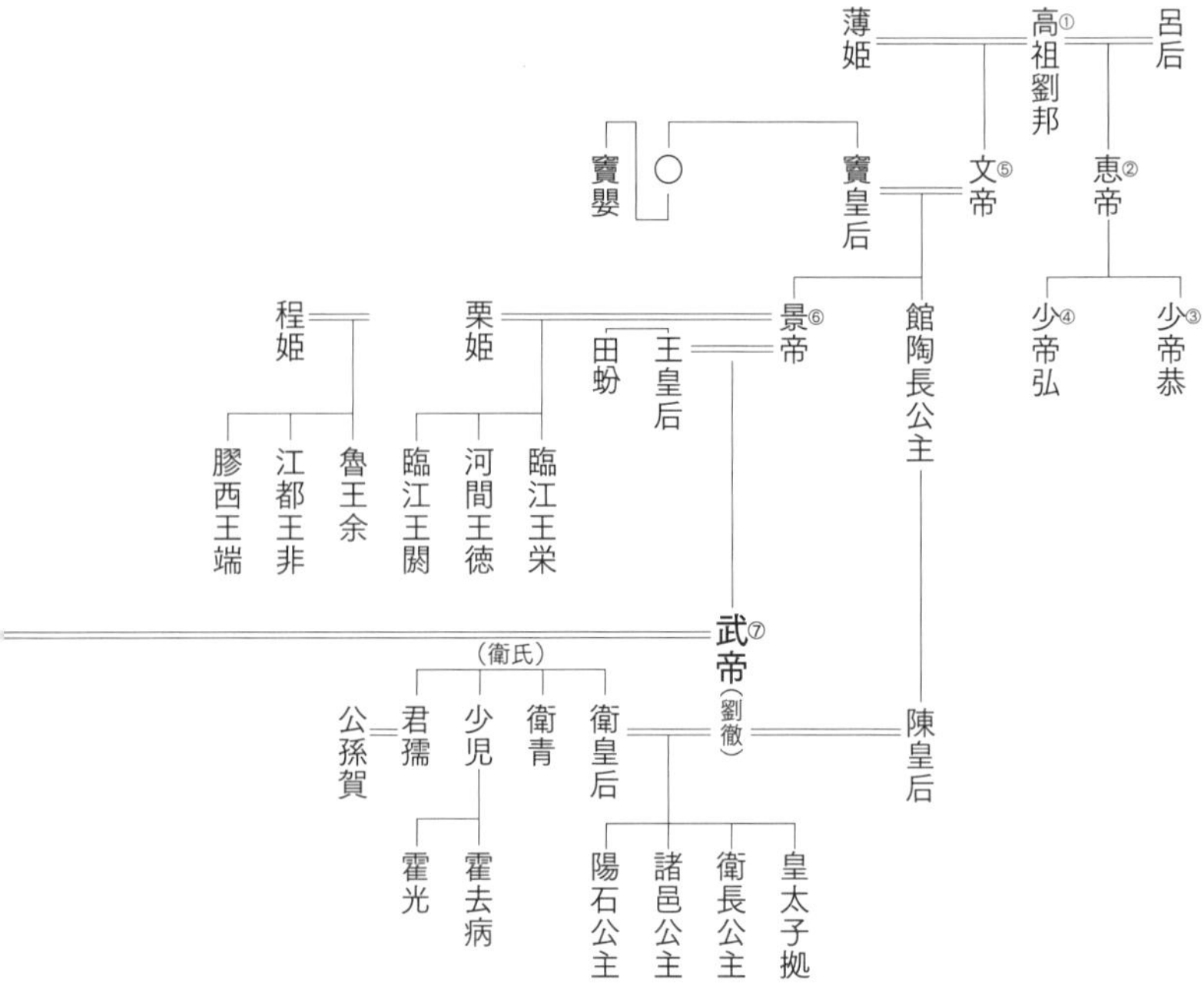

太后の怒りの前に、武帝たちによる政治改革はあっけなく潰《つい》えてしまった。これを建元二年の政変とよぶ。

この政変の背景には、武帝をもってしても、竇太后をはじめとする抵抗勢力の存在を無視し得なかったことが指摘されているが、武帝の側にもその若さゆえの甘さがあったとみるべきだろう。改革政治のブレインとして招かれた申公と武帝のやりとりである。

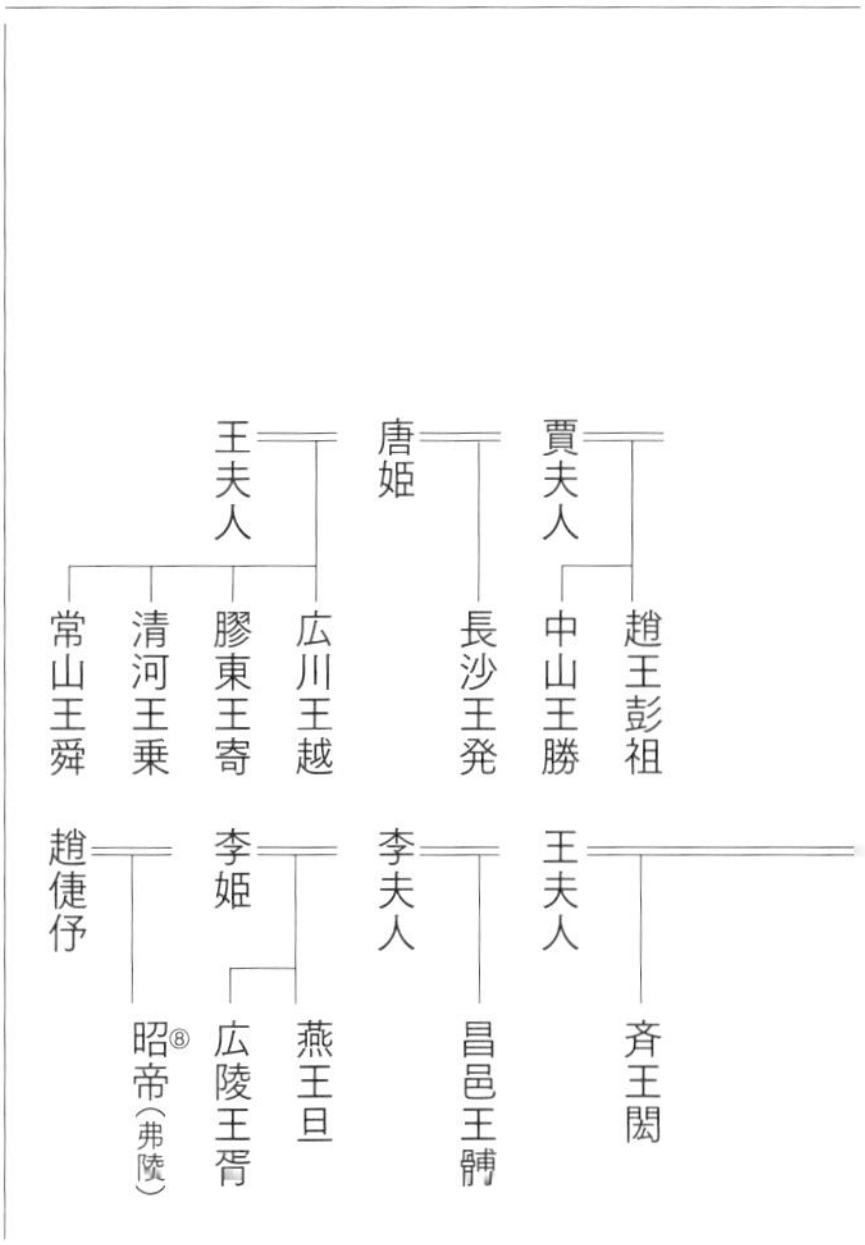

> 主上は治乱のことを問うた。申公はそのときすでに八十余の老人だったが、うやうやしく答えた。政治の要諦は多言することにあるのではなく、おもうに実行の如何にあるのみです、と。当時まさに武帝は文辞を好んでいたので、申公の返答を聞き黙り込んでしまった。（『史記』儒林《じゅりん》列伝）

武帝にすればまさに痛いところを突かれた思いだったに違いない。武帝、ときに十八歳。理念あるいは言葉だけが先走った、まだまだ政治家としては青二才だったのである。

瓠子の河決

前一三二(元光三)年五月、東郡《とう》濮陽《ぼくよう》(現河南省濮陽市)の瓠子《こし》で黄河が決壊し、大洪水が発生した。被災地は十六の郡におよんだ。「瓠子の河決」と呼ばれている。

そこで天子は汲黯《きゅうあん》と鄭当時《ていとうじ》を遣わし、人徒を徴発して塞がせたが、幾度塞いでもすぐ壊れた。(『史記』河渠《かきょ》書)

武帝はすばやく対策を講じはしたが、功を奏さなかった。同じ河渠書に、復旧工事責任者のひとりとして現地に派遣されることになった鄭当時が、五日間の準備期間を請うたのに対し、武帝は彼が任侠《にんきょう》の徒として各地に仲間がいることを念頭に、「千里の遠きに出かける場合でも、食料など持って行かないと聞いている。いま旅の支度をしたいと請うのはどうしたわけか」と揶揄《やゆ》したとある。要するに、武帝は「河決《かけつ》」(黄河の決壊とそれによる洪水被害)に対する的確な認識をもっていなかったとみるべきだろう。

その結果、河決はその後二三年もの間放置され、黄河下流域一帯は連年の水災に苦しめられることになる。と同時に、武帝自身も自責の念を抱き続けていたのではないだろうか。前一〇九(元封《げんぽう》二)年、武帝の陣頭指揮で数万人が動員され、瓠子の決壊箇所が修復されると、武帝は「瓠子の歌」とよばれる二篇の詩を作った。このなかで武帝は、前年に挙行した封禅《ほうぜん》の儀の際に初めて河決を知ったかのごとき虚言を弄している。『史記』をまとめた司馬遷は、瓠子の歌を載せた河渠書の最後に「瓠子の詩が作られたことを悲しみ、河渠書を作った」と記しているが、鶴間和幸氏は長期にわたって河決を放置したことへの批判であると解している。このように、英邁な君主として知られる武帝ではあるが、そうした人物にしても若気の至りから、幾たびかの挫折を味わったのである。

漢の繁栄と民衆の苦しみ

前一二九(元光六)年、武帝二八歳のとき、対匈奴戦争の火蓋が切って落とされた。その二年後、将軍衛青の活躍により、匈奴の根拠地の一つであった河南の地(オルドス)を制圧した(元朔《げんさく》二年)。さらに前一二一(元狩《げんしゅ》二)年、霍去病の獅子奮迅の活躍により、甘粛省の黄河以西の地域、いわゆる河《か》西《せい》回廊が漢の支配するところとなった。これによって戦いの大勢は決した。匈奴の勢力はゴビ砂漠のはるか北に後退し、漢への脅威は大幅に減じた。その後、武帝は対匈奴戦争勝利の余勢を駆って、南方そして東方への勢力拡大を進めた。その結果、漢の版図は始皇帝の秦のそれをはるかに凌駕するものとなった。若気の至りによる挫折を乗りこえ、武帝は逞しい君主として成長したのである。

しかし、武帝が推し進めた内外にわたる積極政策は、国家の財政を大いに疲弊させることになった。とくに対匈奴戦争には漢のもてる戦力・国力が集中投下された。そうした戦争が長期にわたったことで、漢の財政は窮乏し、破綻の危機に瀕することになったが、武帝の才はここでも発揮された。武帝は財政能力に長けた有能な人材を発掘し、適材適所彼らの能力を発揮させ、新財政政策と称される策を次々と断行した。結果、破綻の危機は回避され、新たな理念のもとでの国家財政の再建が進められた。

他方、こうした財政再建の裏には大きな負担を強いられた民衆の存在があった。武帝の財政再建は、主に比較的富裕な商工業者をターゲットにした増収策がメインであったが、ひとり農民など民衆がその埒外《らちがい》に置かれたとは考えにくい。対外戦争の長期化にともなう労役負担なども重なって、民衆の負担は重くなり、その生活も困窮していったようである。

南陽《なんよう》（河南省）には梅免《ばいめん》や白政《はくせい》がおこり、楚《そ》（江蘇省）には殷中《いんちゅう》や杜少《としょう》がおこり、斉（山東省）には徐勃《じょぼつ》がおこり、燕《えん》（河北省）から趙（山西省）にかけては堅盧《けんろ》や范生《はんせい》らがいた。群盗の大なるものは数千人を擁し、勝手に称号を名乗り、県城を攻撃して武器庫に保管されている武器を奪い取り、死刑囚を解放し、郡の太守や都尉《とい》を縛ってさらしものにしたり殺したりし、また檄文（触れ文）を発して各県の民に食料の提供を求めた。小規模な群盗は数百にのぼり、郷里で略奪行為をはたらく者に至っては数え切れないほどであった。（『史記』酷吏《こくり》列伝）

ここには「群盗」と記されているが、公然と称号を詐称し、郡や県の役所を襲い、武器を奪い、囚徒を解放し、役人を捕縛殺害し、檄を発して民衆に食料の提供を求めるなど、明らかに民衆の集団蜂起といった性格のものとみることができる。民衆の疲弊も限界に達していたのである。こうして、古代帝国としての繁栄の裏で、社会不安の増大という影が徐々に大きくなっていった。

封禅

> いまの天子は即位されたばかりのときから、とりわけ鬼神のまつりを大切にされた。（『史記』封禅書）

鬼神とは死者の霊魂をいうが、超自然的な力を有し、生者に禍福をもたらす霊的な存在だと考えられている。つまり、武帝は若い頃から神秘的な祭祀に関心を寄せていたのである。前一三三（元光二）年、二四歳のとき、長安の西方にある秦の旧都の雍《よう》に行幸し、五時《ごじ》の祭祀を挙行した。五時とは五帝（東の青帝、南の赤帝、中央の黄帝、西の白帝、北の黒帝）を祭る祭壇のことである。つづいて前一一三（元《げん》鼎《てい》四）年には土地神である后土《こうど》の祭祀を汾陰《ふんいん》で行い、さらに翌年（元鼎五）には天の最高神である泰一《たいいつ》を祭る泰時《たいじ》の祭祀を、離宮の甘泉宮《かんせんきゅう》で行った。

こうした武帝の神秘的祭祀への関心は、秦の始皇帝を強く意識したところに芽生えたものであった。始皇帝は戦国六国の征服を成し遂げた翌年、全国巡幸を開始するが、旧六国が位置していた東方地域を重点的にまわった。その途次、泰山《たいざん》（山東省）において天地を祭り、天下平定を報告する封禅の儀を挙行している。五時・后土・泰時の祭祀を実現した武帝にとって、残すは封禅《ほうぜん》のみであった。前一一〇（元鼎七）年、東方に巡幸し泰山に登り、天を祭る封の儀式を行い、翌日下山して山麓で地を祭る禅の儀式を執り行った。武帝は封禅の儀が実現したことから、この年を改元して元封元年とした。

武帝はその後、前一〇六（元封五）年、前一〇二（太初三）年、前九八（天漢三）年、前九三（太始四）年、前八九（征和四）年と四、五年間隔で立て続けに封禅を挙行している。こうなると武帝にとっての封禅とは、もはや大帝国樹立を天に報告するだけの意味ではなくなっているように思われる。武帝にとっての封禅とはいったい何だったのだろうか。

神仙への憧憬

武帝が封禅を強く意識するきっかけとなったのは、方士公孫卿《こうそんけい》の上言であった。方士（あるいは方術の士）とは、本来は占いや医薬・天文・暦法などの技術（方術）の専門家をさすが、そのなかでも神仙不死の術を体得したと称する者をいう。公孫卿もそうした怪しげな方士のひとりであった。前一一六（元鼎元）年に后土を祭る汾陰の地中から鼎《かなえ》が発見されたのを好機とばかりに、彼は武帝に近づき言上した。（以下『史記』封禅書）

今年陛下は宝鼎を得られましたが、今年の辛巳の日は朔旦《さくたん》（ついたちの朝）で冬至にあたりまして、むかし黄帝が宝鼎を得たときとそっくり同じなのです。

それに続けて、仙人の安期生《あんきせい》と交際のあった申公という人物から授かった書物を献上して、

この書のいうところでは「漢が興ってふたたび黄帝のときに合致する」とあり、また「漢の聖者は高祖の孫か曽孫である。そのとき宝鼎が出て、天子は神と通じて封禅の祭りを行うであろう」とあります。さらに申公が申しますには「漢の君主も泰山に登って封の祭りを行えば、仙人となって天に昇ることができよう」とのことでした。

公孫卿はさらに黄帝にまつわる伝説的事績を種々力説した。武帝の黄帝への憧れは一気に高まった。

ああ、もし私が黄帝になれるというのなら、妻子を捨てることなどくつを脱ぐようなものだ。

こうして武帝による封禅は実行に移されたのである。つまり、武帝の封禅は政治上の成功を天地に報告する報天祭儀というよりも、「封禅とは不死と一体となること」(方士丁公《ていこう》の言葉)というように、武帝個人の神仙不死への限りなき冀求《ききゅう》のあらわれであった。だからこそ、武帝はその後も四、五年の間隔でもって封禅を繰り返したのである。

武帝はその後も多くの方士たちの進言に動かされ、仙人は楼閣に住むのを好むと聞いては、長安に飛廉館《ひれんかん》と桂館《けいかん》を造営し、また甘泉宮に益延寿観《えきえんじゅかん》を建てて黄帝の長寿にあやかろうとした。さらに

長安城の西の城外に、皇帝の正殿である未央宮《びおうきゅう》をはるかに凌ぐ規模を誇る建章宮《けんしょうきゅう》を築いたが、その北側に併設された太掖池《たいえきち》には蓬莱《ほうらい》・方丈・瀛州《えいしゅう》といった神仙の島々が作られ、はるか東方海上にあるとされる神仙世界が現出された。武帝の神仙不死への耽溺《たんでき》ぶりが見て取れるだろう。

こうした神仙不死への異常なまでの執着ぶりは、それが皇帝のなせることであるだけに、自ずと社会の雰囲気に伝染したであろうことは容易に想像される。そして、それは武帝最大の悲劇というかたちとなって自らに跳ね返ってくることになるのである。

巫蠱の蔓延

武帝は最初の皇后陳《ちん》氏を廃すると、前一二八(元朔元)年、皇子拠《きょ》を生んだ衛子夫《えいしふ》を皇后とした。衛皇后である。「天子は年二九にしてようやく太子を得て、たいそう喜ばれた」(『漢書』武五子伝)。前一二二(元狩元)年、武帝三五歳のとき皇子拠は皇太子に立てられた。おそらくは、皇太子拠は父武帝の愛情と期待を一身に受けて育ったであろう。しかし、そうした皇帝と皇太子、二人の関係に影が差し始めたのは、父が還暦を過ぎ、息子も三〇歳代に入った頃だった。

武帝が常に意識していた始皇帝の享年は五〇歳だった。その歳をとうに越えた武帝は、冀求し続けた神仙不死が叶わない苛立ちと、「当時、主上は高齢で、胸中に憎むところが多かった」(『漢書』武五子伝)というように、高齢からくる猜疑《さいぎ》心も加わり、武帝の周囲にはただならぬ空気が漂いだした。そうしたなか前九二(征和元)年、武帝の近しい人々を巻き込んだ事件が出来《しゅったい》した。武帝を襲う最大の悲劇の序章となる事件だった。

衛皇后の姉、衛君孺《えいくんじゅ》の連れ合いである公孫賀《こうそんが》は、皇后一族に連なったこともあって立身出世し、官界の頂点である丞相にまで昇り詰めた。また賀の息子の敬声《けいせい》も中央政府の大臣ポストのひとつ太僕《たいぼく》に昇進していたが、巨額の公金横領事件を起こし、逮捕投獄されてしまった。父は息子をなんとか救いたいと考え、当時武帝自ら逮捕を命じていた長安の裏社会のボス朱安世《しゅあんせい》を自ら逮捕することをもって、息子敬声の罪を贖《あがな》いたいと願い出た。武帝の許しを得た公孫賀は配下の者を動員して朱安世を捕らえることに成功した。しかし、朱安世は獄中から、敬声が武帝と衛皇后の娘、陽石公主《ようせきこうしゅ》と私通し、巫《ふ》を使って武帝を呪詛《じゅそ》していることを告発したのである。告発を受けた武帝は徹底調査を命じ、そのため公孫賀父子は獄中で死に、その一族は皆誅殺《ちゅうさつ》されてしまった。それのみならず、敬声と私通しているとされた陽石公主および同じく武帝と衛皇后の娘である諸邑公主《しょゆう》、さらには衛皇后の弟衛青の子の伉《こう》までもが誅殺された。罪状は巫蠱《ふこ》をおこなったというものである。

巫蠱とは、木製の人形を地中に埋めて呪詛し、他人を呪い殺そうとする呪術である。呪術としては武帝のときの専売特許ということではないが、神仙不死を冀求した武帝の姿勢が、こうした摩訶不思議な呪術を流行らせたことは間違いないであろう。

巫蠱の乱

衛氏一族を巻き込んだ巫蠱の騒動は、いよいよ皇太子本人に波及し、最大の悲劇となって武帝を襲うことになる。そのキーパーソンとなるのが江充《こうじゅう》という人物である。

趙国の邯鄲に生まれた江充は、趙の太子の悪行を告発したことをきっかけに武帝にその名を知られ、その後都周辺の治安対策のポストに抜擢された。そこでも大いに辣腕《らつわん》を振るい、武帝の信任を得ることになった。ある日、江充が武帝のお供で甘泉宮に赴いていた際、皇太子が武帝のもとに派遣した家臣が、皇帝専用道路である馳道《ちどう》を通行しているのに出くわした。江充はすかさず家臣が乗っていた車馬を没収し、役人に引き渡した。皇太子は江充に謝罪し、武帝への報告を見逃してもらいたいと嘆願した。しかし、江充はその要請を無視し、武帝に一切を報告してしまった。このことをきっかけに皇太子と江充の間に対立が生じたのである。

皇帝位継承者の皇太子とあえて対立し、齢六〇半ばの武帝に与《くみ》した江充であったが、甘泉宮に行幸した武帝がそのまま病の床に伏したと聞いて、「主上が年老いたのを実感し、主上が崩御したら、(次期皇帝となる)皇太子に誅殺されるに違いないと恐れ」(『漢書』江充伝)、奸計《かんけい》を企てるに至った。それは、前年衛氏一族を窮地に陥れた巫蠱を利用し、皇太子を排除するというものであった。

江充は早速病床にあった武帝に上奏し、陛下の病は巫蠱によるものだと訴え、巫蠱捜索の許可を得た。江充は武帝の命を受け、長安城内の大捜索を断行し、やがて本命の皇太子に狙いを定めると、太子宮の敷地内から巫蠱の証拠物を発見したと報告した。目論《もくろ》み通り皇太子を窮地に追い詰めたのである。進退窮まった皇太子は、前九一(征和二)年七月、皇帝の命と偽って江充らを逮捕し誅するに至った。皇太子のこの行動は武帝の怒りを買い、武帝の命を受けた丞相率いる政府軍と皇太子軍との間で、長安城内を舞台に五日間にわたる戦闘が繰り広げられた。結局、皇太子の軍は敗れ、皇太子は長安城を脱出し、東にある湖《こ》県に逃れたが、追っ手に包囲され、自殺してしまった。享年三八歳だった。妃やその子供たちはことごとく誅殺され、また母衛皇后も自殺し、ここに皇后衛氏一族は滅び去ることになった。これが世にいう巫蠱の乱である。

この乱の原因としては、死期の迫った高齢の武帝と三〇代も半ばをとうに過ぎた皇太子との間の葛藤と、世代交代が現実味を帯びてくるなかで、武帝と皇太子それぞれの周辺に群がっていた人々の野望野心が複雑に絡み合ったことが考えられる。しかし、なんといっても武帝自らが迫り来る死への恐怖から不老不死を願い、呪術の世界に耽溺していくことで、社会全体にただならぬ雰囲気が蔓延していたという、そうした空気が大きく作用したことは間違いないであろう。漢という国家を揺るぎなき大帝国へと発展させてきた武帝であったが、齢六〇半ばにして、皇太子を喪《うしな》うという最大の悲運に襲われることになった。

慚愧

皇太子の死の翌年、前九〇(征和三)年、将軍李広利《りこうり》率いる七万の漢軍が匈奴軍の猛攻の前に壊滅的敗北を喫し、李広利も匈奴に投降してしまった。敗因のひとつに、巫蠱の乱後、李広利の一族の者が丞相劉屈氂《りゅうくつり》らとともに、李広利の妹で武帝の寵姫であった李《り》夫人の子昌邑《しょうゆう》王髆《はく》を皇太子に冊立しようとして巫蠱を行った疑惑がもちあがった。それに連座して李広利の妻子も獄に繋がれたため、手柄を立てて妻子を救出したいとの李広利の焦りがあったといわれている。

前年の皇太子の死後、武帝のもとには江充の陰謀と皇太子の冤罪を訴える声が続々と届いた。皇太子反乱の報に怒りを爆発させた武帝であったが、次第に皇太子の無実を信じるようになった。皇太子が自刃した湖県に「思子宮《ししきゅう》」を建て、そこに「帰来望思之台《きらいぼうしのだい》」と名付けた高殿を設けた。さらに江充の一族を処刑した。武帝の自責の念、そして後悔苦悩はいかばかりであっただろうか。そうした武帝に追い打ちをかけるように、李広利率いる漢軍の壊滅的敗北と李広利の投降という報が飛び込んできたのである。その衝撃たるや想像するに余りある。

李広利軍壊滅という事態をうけて、丞相田千秋《でんせんしゅう》と時の財政責任者桑弘羊《そうこうよう》は、輪台《りんだい》(新疆《しんきょう》ウイグル自治区庫車《クチャ》付近)に屯田し、穀物増産と防衛強化をはかるべしとの提言を行った。しかし、武帝はその提案をしりぞける詔《みことのり》を発した。いわゆる「輪台の詔」である。その一節にいう。

いま遠く輪台に屯田させ、亭障《ていしょう》・隧道《ずいどう》を築こうと請うているが、これは天下を擾《みだ》し労《つか》れさせるものの、民を優《のびや》かにする所以《ゆえん》でない。いま朕はその請いを聞くに忍びない。(『漢書』西域伝)

ここには往年の武帝の姿、ひたすら前進し続けてきた皇帝の面影は微塵も見て取ることができない。ここにあるのは、すっかり気弱になった古希を迎えんとするひとりの老人の姿である。こうした変貌をもたらしたもの、それは皇太子の死以外には考えられない。輪台の詔には、自らが招いてしまった皇太子の死に対する、武帝の慚愧《ざんき》の念が込められていたのである。その二年後、武帝は息を引き取った。享年七〇だった。

⊙参考文献

影山剛『漢の武帝』（歴史新書、教育社、一九七九年）
鶴間和幸『ファーストエンペラーの遺産―秦漢帝国』（中国の歴史三、講談社、二〇〇四年）
冨田健之『武帝―始皇帝をこえた皇帝』（世界史リブレット人十二、山川出版社、二〇一六年）
永田英正『漢の武帝』（清水書院、二〇一二年）
濱川栄『中国古代の社会と黄河』（早稲田大学出版部、二〇〇九年）
渡辺信一郎『中国古代の財政と国家』（汲古書院、二〇一〇年）

前45―後23年
前漢末に外戚として台頭、新を建てるが儒教主義的な政策が混乱を招き滅亡。

名君になり損ねた男
王莽…おうもう…

濱川 栄

前漢後期に権勢をふるった外戚《がいせき》王氏の中から謹厳実直な儒家官僚として台頭。当時流行の讖緯《しんい》思想を利用し、「漢（劉《りゅう》氏）の世は終わった、王莽《おうもう》が新王朝を開くべきだ」との世論を作り上げる。平帝（在位前一～後五年）夭折後、わずか二歳の劉嬰《りゅうえい》を皇太子とし、その成人までとの口実で「摂《せっ》皇帝」（仮皇帝）となるが、二年後「漢の高祖の霊が王莽の即位を望んでいる」との符命（予言）を得て劉嬰を廃し、皇帝となり「新」（八～二三年）を建国した。

しかしその後、儒教理念を実現するため次々施行した諸政策がことごとく失敗。やがて各地で反乱が勃発、漢の復興を称する劉玄《りゅうげん》（更始帝《こうしてい》）の軍に惨殺された（二三年）。

はじめに

「簒奪《さんだつ》」――君主の位又は大権を奪ふこと（『大漢和辞典』）。王莽ほどこの語句が似合う人物はいない。二〇〇年続いた前漢王朝（前二〇二～後八年）からほぼ平和裏に帝位を奪った簒奪劇は、あまりに鮮やかだった。

しかし、その後彼が善政を布き、新王朝を長らえさせていれば、簒奪の悪行は不問に付され、むしろ名君として美名を残したであろう。某国の首相も言うとおり「政治は結果責任」であり、終わりよければ全てよし、逆に終わり悪ければそれまでの功績も栄光も全て水の泡、汚名だけが残るのが歴史の常である。

王莽の場合、その転落ぶりもまた鮮烈であった。帝位に就くまでの天恵のような勢いから一転、打つ手全てが裏目となり、社会を殺戮《さつりく》と混乱に導いた挙句、四肢内臓をばらばらにされる悲惨な最期を遂げたのである。

しかし、彼の簒奪を当時の多くの人々は容認したのである。また、簒奪後の数々の失政も動機には汲むべき部分が多い。果たして王莽は本当に悪人だったのか。王莽の「悪」の実相に迫ってみたい。

『漢書』の立ち位置

王莽に関するほぼ唯一の情報源は、後漢(二五～二二〇年)前期の官僚班固《はんこ》が著した『漢書』である。『漢書』は前漢約二〇〇年の歴史を記した「断代史」だが、王莽の興亡も詳細に記す。

中国の歴史は、前王朝の歴史を次の王朝が残す場合が多い。当然前王朝を悪く言い、現王朝を正当化しがちである。さらに後漢に仕官する班固の立場からは、王莽を凡百の奪権者ではなく、「永続したはずの漢王朝を中断させた極悪人」と描かざるを得ない。当然筆致は厳しく、「口が大きく、アゴが短く、出目で瞳が赤く、大声でわめく」「フクロウの目、虎の口、山犬やオオカミのような声」

（『漢書』王莽伝中。以下、『漢書』の引用は書名省略）など身体的特徴まで攻撃している。

しかし、班固は王莽を全否定はできなかった。まず、祖父たちが王莽と親密だったからである。班固の祖父班穉《はんち》のすぐ上の兄班斿《はんゆう》が死んだ時は、王莽が喪に服したほどである（叙伝）。班穉は後に王莽と疎遠になり、おかげで班家は王莽と没落をともにせずに済んだ。しかし、自家と王莽の関係自体をもみ消すことはできない。

また、王莽による南北郊祀《こうし》（皇帝が天地の神を祀る儀式）や天子七廟制（漢朝にとって重要な皇帝七人の霊を祀る制度）の確立、明堂《めいどう》・辟雍《へきよう》・霊台《れいだい》（いずれも儒教の教育や儀式に必要な施設）の建造などは、後漢以後の諸王朝にも継承された業績である。また、王莽は前漢末から流行した「漢堯後説《ぎょう》」（漢王朝を伝説的聖天子である堯の後裔とする説）や「漢火徳説《かとく》」（各王朝の徳が木火土金水の五元素の循環に対応するとする陰陽五行説に基づき、漢の徳を堯と同じ火とする説。従来漢は土徳とされていたが、王莽は側近の劉歆《りゅうきん》の説く「漢火徳説」を容れ、自身を堯の後継者である舜《しゅん》と同じ土徳とした）を簒奪に利用したが、それらは班固も篤く信じた思想であった。つまり、班固は王莽とほとんど同じ思想的立場にあったのである。

そのため、班固は王莽の業績の部分は淡々と、しかし詳細に記録している。だからこそ我々は『漢書』から王莽の「悪ではない部分」も汲み取ることができるのである。この点はむしろ班固に感謝しなければならない。

簒奪以前

王氏台頭の契機は、王政君《おうせいくん》が前漢元帝（在位前四八～前三三年）の皇后（王皇后、元后）になったことにある[表1]。王莽は元后の異母弟王曼《おうまん》の次男だった（前四五年生）。元后は成帝（在位前三三～前七年）の生母として皇太后となり、成帝が子を残さず崩じた後も哀帝《あい》（在位前七～前一年）・平帝の太皇太后として君臨した[表2]。その間に一族は十人の侯（貴族のような地位）・五人の大司馬《だいしば》（当時の最高官）を輩出し、権勢を極めた。しかし父と兄が侯になれないまま早世した王莽は、母や兄の妻子たちを抱え困窮していた。

だが王莽は儒学者陳参《ちんさん》に師事して礼を学び、勤勉・清貧な日々を送った。王莽伝上は「折節して恭倹を為す」と伝える。「折節（節を折る）」は常套句《じょうとうく》で、「本性を曲げて勉学に励む」ことを表す。しかし王莽の場合は後年の狂信ぶりから見ても、下心から清貧を装ったわけではなく、本心から儒教に傾倒したようである。

そんな王莽にやがてチャンスが訪れる。大司馬大将軍として政界を牛耳っていた伯父の王鳳《おうほう》が病に倒れた。王莽は数か月入浴もせず、薬を毒見して献身的に看病した。結局王鳳は亡くなるが、王莽を優遇せよとの遺言を残してくれ、おかげで王莽は黄門郎《こうもんろう》に任官できた（前二二年）。「郎官」は高官への出世の登竜門である。

まもなく、王莽は秩禄《ちつろく》二〇〇〇石（官僚の最高額）の射声校尉《しゃせいこうい》に累進する。さらに元后からの推薦もあり、前十六（永始元）年新都《しんと》侯に封ぜられた。父や兄がなれなかった侯になったのである。官位も順調に累進し、やがて成帝の側近の一人となった。しかし王莽は栄達後も変わらず謙虚に振る舞い、

❖王氏略系図［表1］

（東晋次『王莽―儒家の理想に憑かれた男』白帝社、十八～十九頁の挿図を元に濱川作成）

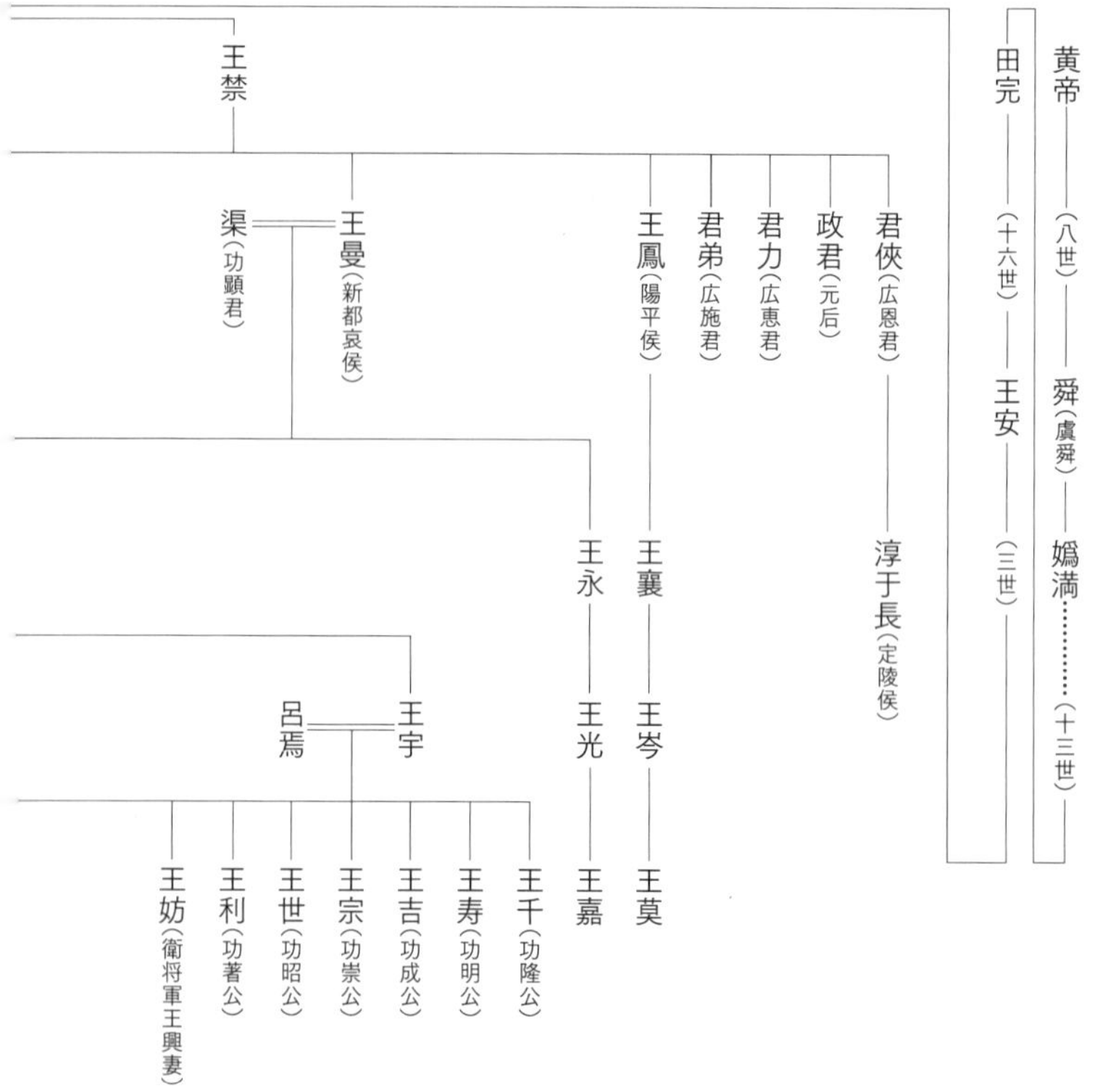

散財して賓客《ひんかく》や名士と交際し、さらに名声を高めた。王氏の専権が批判を浴びる中、彼の謹直さは成帝や元后の信頼を集めた。やがて従兄弟で政敵の淳于長《じゅんうちょう》を讒言《ざんげん》により獄死させ、ついに伯父王鳳と同じ大司馬の座に就いたのである（前八年）。

　こうした王莽の行状を班固は「わざと奇異な行いをし、それを恥じなかった」、「頭を地につけて敬礼し涙を流し、強く人を推薦したり自ら譲ったりした。こうして上は太后（元后）

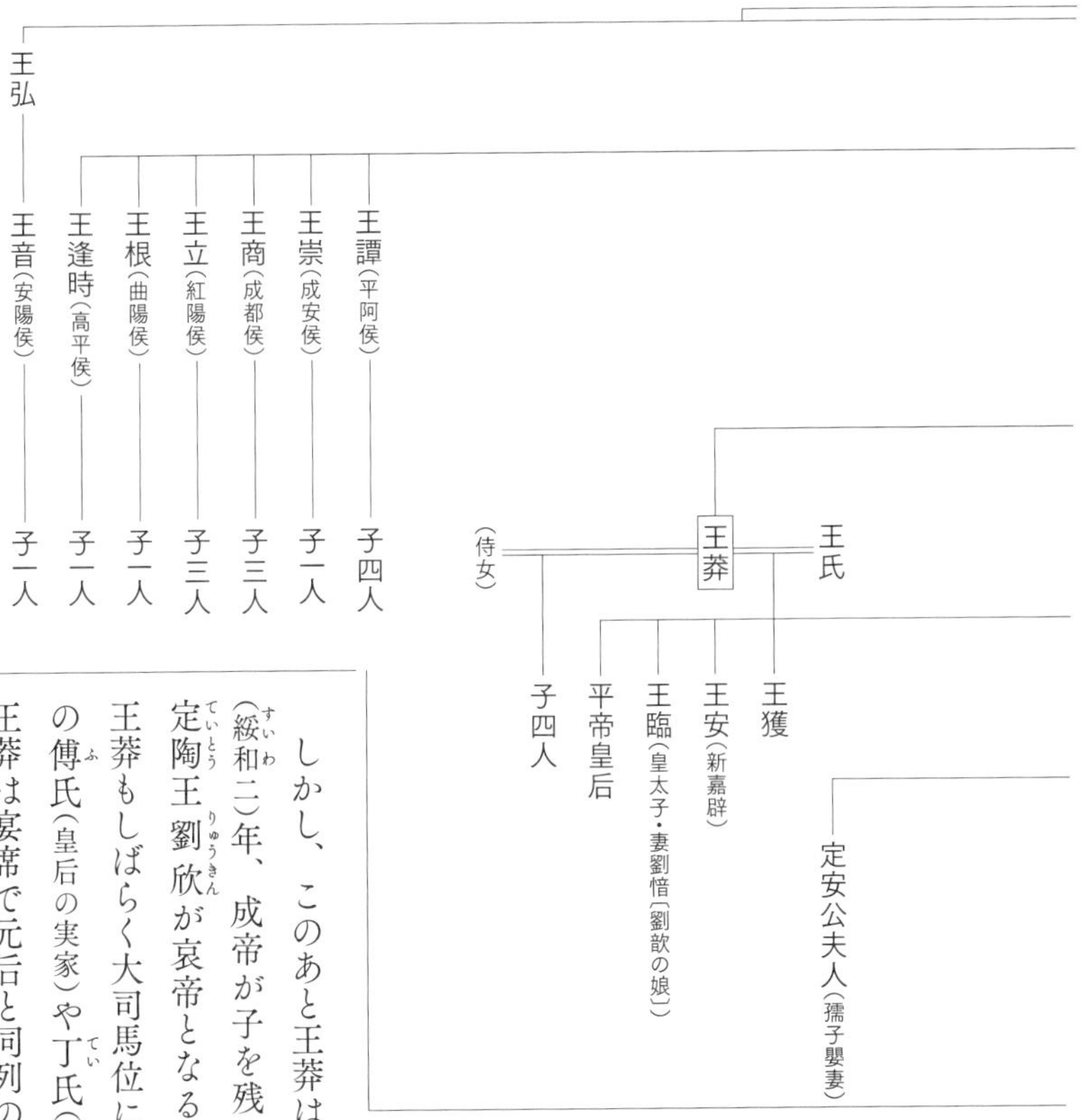

を惑わし、下は多くの人々を信用させた」（王莽伝上）などと酷評している。しかし、散財による人心収攬《しゅうらん》などは古来野心家の常套手段であるし、讒言による政敵の排除も政治の世界では日常茶飯事であろう。王莽だけが非難される筋合いではない。

しかし、このあと王莽はしばらく挫折を味わう。前七（綏和《すいわ》二）年、成帝が子を残さず崩じ、その異母弟の子の定陶《ていとう》王劉欣《りゅうきん》が哀帝となる［表2］。元后は太皇太后となり、王莽もしばらく大司馬位にあったが、次第に哀帝の外戚の傅《ふ》氏（皇后の実家）や丁《てい》氏（母の実家）が威勢を張ってきた。王莽は宴席で元后と同列の席次を求めた傅太后の非礼を責めて怒りを買い、大司馬を罷免された（同年七月頃）。二

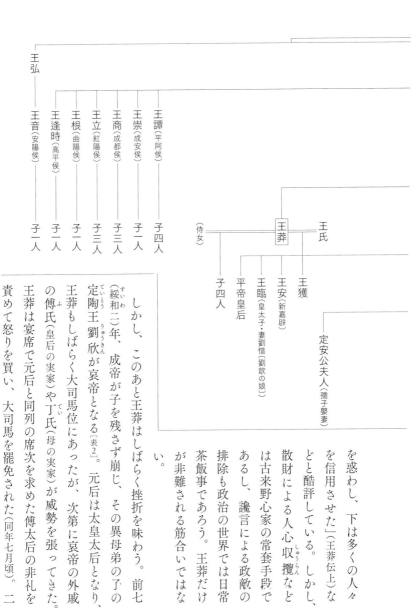

前漢皇帝略系図【表2】(渡邉義浩『王莽―改革者の孤独』あじあブックス、二九頁の挿図を元に濱川作成)

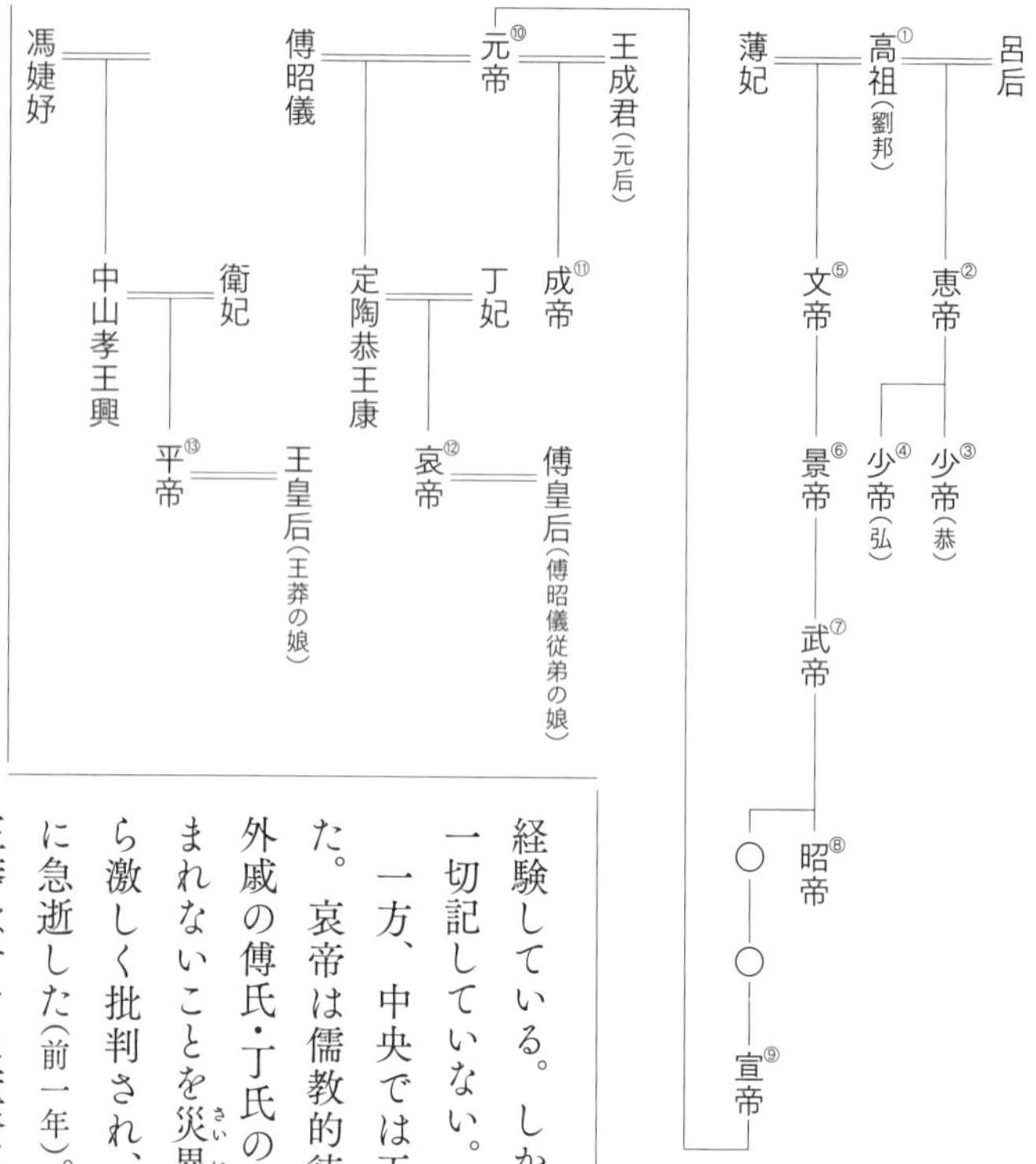

年後には就国(封建された土地に住むこと)を命じられ、都落ちを余儀なくされる。その後三年の地方生活の間に、王莽は奴隷を殺した次男王獲《おうかく》を厳しく責め、自殺させるという悲劇を経験している。しかしこの時の王莽の心境を『漢書』は一切記していない。

一方、中央では王莽の復帰を望む声が高まっていた。哀帝は儒教的徳治より法家的専制を志向したが、外戚の傅氏・丁氏の専横に悩まされ、何より実子が生まれないことを災異《さいい》思想(後述)に依拠する儒者たちから激しく批判され、無能な寵臣董賢《とうけん》に頼り切った末に急逝した(前一年)。そこで元后が王莽を呼び戻すと、王莽はすぐに董賢を自殺させ、元帝の庶孫で九歳の

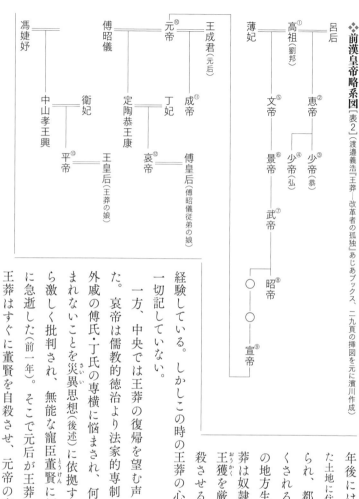

中山王《ちゅうざんおう》劉衎《りゅうかん》を帝位に即けた[平帝、表2]。そして、平帝の外戚を長安に入れず、哀帝の外戚や大臣を次々粛清して一気に全権を掌握、「安漢公《あんかんこう》」と称し、摂政となった。

続いて王莽は益州《えきしゅう》の異民族をそそのかし、白雉《はくち》を献上させた。白雉は善政の際に出現する瑞祥《ずいしょう》(めでたいしるし)とされ、周初に周公が幼い成王を摂政した際に現れたと儒教の古典『尚書大伝《しょうしょたいでん》』に見える。王莽はそれに倣《なら》い、自らの善政が僻遠まで達したという演出をしたのである。四(元始四)年、王莽は娘を平帝の皇后とし、「宰衡《さいこう》」の位に就く。翌年には儒教的諸制度の整備の功を讃えられ、元后より九錫《しゃく》(皇帝と同じ儀礼ができる九つの道具)を賜る。さらに匈奴《きょうど》に大量の財宝を贈って朝貢させ、その単于《ぜんう》(匈奴の王)の名を「嚢知牙斯《のうちがし》」から中国風に「知」一字にさせ、その他の周辺民族にも朝貢を促して自身の善政ぶりを内外にアピールした。

そして翌年、平帝も子のないまま崩御すると、宣帝の玄孫のうち最年少の劉嬰(二歳)を皇太子とし、その成長までとの条件で「仮皇帝」(摂皇帝)となる(六年、居摂元年)。さすがに王莽に簒奪の意図を感じた劉崇《りゅうすう》の蜂起(同年四月)、翟義《てきぎ》(成帝の丞相翟方進《てきほうしん》の子)の挙兵(居摂二年四月〜翌年二月)があり、後者は「王莽が平帝を毒殺した」と称し衆十万を集める大反乱となったが結局鎮圧。そして王莽は漢の高祖劉《りゅう》邦《ほう》の霊が禅譲《ぜんじょう》(平和的王朝交替)を命じた「符命」を入手(後述)、ついに劉嬰を廃し、自ら皇帝となり「新」を建国した(八年、始建国元年)。なお、王莽に操られ続けた元后はこの時漢の伝国の璽《じ》(印鑑)の引き渡しを求められ、「お前は漢の恩を忘れたか!」と激怒したが、結局泣く泣くそれを渡したという。元来無欲で平凡な女性だった元后は五年後、八四歳で死去した。

王莽への期待

王莽の簒奪を、なぜ当時の人々は許したのか。そこには前漢末特有の社会情勢が関係している。まず、成帝・哀帝・平帝と子のない皇帝が続いた。実は成帝には側室や女官との間に子がいたが、嫉妬した皇后により殺されていた。しかし、それでも継嗣を残すのが皇帝の責務であり、残せない皇帝が三代も続いたこと自体大変な「不吉」だったのである。人々が漢王朝の行く末に不安を抱くのは当然であった。

その不安を助長する風潮が、前漢末には蔓延《まんえん》していた。災異思想や讖緯思想である。災異思想とは、自然災害や異常現象（日食、男性が子を産む、牛の背中から足が生えるなど）を悪政に対する天帝（天上の最高神）の譴責《けんせき》とし、為政者たる皇帝に反省と政治改革を迫っていると解する思想である。儒学者の立場でこうした考えを最初に唱えたのは、前漢中期の大学者董仲舒《とうちゅうじょ》だった。その当時は絶対的専制君主武帝の時代であり、災異に委縮する風など皆無だったが、本来「怪力乱神を語らず」（『論語』）とし、神秘思想と距離を取り、現実政治の改善に努めてきた儒教が災異と融合した影響は徐々に現れていった。「悪政が災異をもたらす」という思想は、明らかに皇帝の政治を批判し、皇帝権力を制御する作用をもたらすことになる。

それが顕著になるのは、皇太子時代から儒教好きで知られ、父の宣帝に「漢を乱すのは太子であろう」と憂慮された元帝のころからである。この時期から儒学者の官界進出が急増する。彼らは儒教の理想（と自身の欲得）の実現のため多々献策を行うのだが、その際皇帝を動かす手段として、「皇帝も逆らえない天帝の意思」の表れである災異を利用したのである。特に宗室の一員である劉向《りゅうきょう》（劉歆の父）は盛んに災異を唱えて政治改革を主張し、以後続出する同様の儒家官僚の先駆となったが、その主張は「（元帝が重用した）外戚や宦官《かんがん》を除けば災害は終息するだろう」などという政敵排除の便法であり、文字通り「政争の具」でしかない。事実、自らもしばしば災異を利用して政敵を排除した王鳳（前述）などは、一方で「災異は天の仕業だ。人間にはどうしようもない」（王商伝）と人間との関わりを公然と否定している。しかし、政界に生きる者にとって災異思想自体の信ぴょう性など問題ではない。自身の命運がそれに左右される以上、盲目的に従わざるを得ないのである。

こうした風潮の中、儒家官僚の主張は過激さを増す。高官の一人李尋《りじん》は、哀帝に次のように上言している。

漢の暦数（運命）は中ごろ衰えましたから、天命を受け直すべきです。成帝は天命に応えず、そのため後嗣が絶えました。いま陛下（哀帝）は久しく病まれ、天変地異がしばしばあるのは、天が人を譴告《けんこく》しているからです。急いで年号を変えるべきです。そうすれば年を延ばし寿を益し、皇子が生まれ、災異を止めることができましょう。道を得ても行うことができないなら、罪科があってまさに滅亡するでしょう。（李尋伝）

上言を容れないと漢は滅ぶ、との主張はほとんど脅迫に近い。もちろんこんな訴えが全て受容されたわけではない。時には皇帝の怒りを買い、左遷、失脚、果ては投獄・死刑に処される場合もあった。しかしそんな危険を冒しても執拗に災異を唱え皇帝に政治改革を迫る官僚たちの姿からは、出世や政敵排除という動機もあるにせよ、それだけでは到底説明のつかない一種異様な時代の空気、思想的熱狂を感じざるを得ない。

さらに前漢最末期に至ると、災異思想は一段の飛躍を遂げる。災異はすでに起こった悪政を天が譴責する現象とされたが、この時期にはある種の超常現象を未来の予言と解し、それに従う政治を天が求めているとする解釈が現れる。こうした予言を「符命」という。最初の例は、平帝崩御後の五（元始五）年十二月に地方官が井戸から発見した「安漢公莽に告ぐ、皇帝たれ」と赤字で書かれた白石である（王莽伝上）。以後、似たような荒唐無稽な事例がいくつか報告され、王莽による革命を期待する風潮が高まっていく。そして極め付けが、八（居摂三）年に四川の哀章《あいしょう》なる不逞《ふてい》の輩《やから》が献上した銅製の箱である。箱には表書きが二つあり、一つは「天帝行璽金匱《き》図」、もう一つは「赤帝行璽某伝予黄帝金策書」、中には「王莽は真皇帝となれ、皇太后（元后）は天命のとおりにせよ」という文言と、新しい王朝の大臣十一人の姓名が哀章の名も含め記されていた。「赤帝」とは漢の高祖劉邦を指す。若いころ酔って白蛇を斬ったところ「赤帝の子が白帝の子を斬った」と近所の老婆が嘆いた、という故事に由来する（漢火徳説の根拠の一つでもある）。そこでこれらは、劉邦の霊が王莽への禅譲を元后に命じる文意とされた。王莽はこんないかがわしいものまで利用して簒奪を成し遂げたのである。

また、この時期には著者不明の「緯書《いしょ》」も流行した。「経」（たていと）に「緯」（よこいと）が織り合わされて布ができるように、儒教の真髄を理解するには「経」に加えて「緯書」を併せ読む必要がある、との理屈から出現したが、中身は「讖《しん》」（予言。「図讖《としん》」とも言う）を含む怪文書そのものだった。符命や図讖・緯書を信じる思想を「讖緯思想」というが、つまりは迷信である。当時の正統な儒教はこうした迷信と不可分だったのである。

前漢後半期の儒教一尊体制への流れと、皇帝権力を制御して善政に導こうとする儒教の理想追求の流れが一体化した結果、災異思想や讖緯思想は生まれた。王莽自身がそれらを生み出したわけではなく、単にその流れに乗ったに過ぎない。漢の衰退が懸念され、頻発する自然災害（いつの時代にも起こるものだが）も、高官や地方豪族による大土地所有の進展や貧富の差の拡大などの社会矛盾も全てそれが原因と思われていた当時、王朝交替による「世直し」に期待する声は天下に満ちていたのだろう。『漢書』からはその明証は看取できないが、王莽の簒奪への強い抵抗が劉崇・翟義によるもの程度しか見えない点からも、その状況は十分感じ取れる。王莽でなければ簒奪などしたはずがない、だから王莽は悪人なのだ、という理屈は成り立ちそうもない。

王莽の失敗

問題は、簒奪後の政治である。まず注目すべきは、「王田制」である。周代に実施されたと『孟子《もうし》』『周礼《しゅらい》』等の儒家文献に見える「井田制《せいでん》」に似た土地制度だった。「井田制」は、正方形の農地を「井」字型に九等分し、周囲八区画を農民八軒に与えて無税とし、中心一区画を八軒に共同耕作させ収穫物を全納させる制度である。地形や土地の豊凶を無視した図式的制度のため古来その実施を疑う声が多いが、農民に公平に土地を分配し生活を保証しつつ定税を得て王朝を維持するという儒教の理想を象徴的に示す制度で、その復活は儒者の悲願であった。

実は前漢哀帝期の前七(綏和二)年にも、土地所有を三〇頃《けい》(約五四・六ヘクタール)以下に制限する「限田策」が施行されかけたが、外戚らの猛反発で頓挫していた。大土地所有問題の深刻さと解決の困難さがしのばれる。しかし、簒奪成功直後の王莽には自信があったのだろう。王莽の「王田制」は身分・官位ごとに差等をつけて田地を分配する方式で、「井田制」ほど平等主義的ではなかったが、「天下の田を名づけて王田といい、……売買できないようにせよ」(王莽伝中)とした点は社会主義の「土地公有化」にも類似し、公平な土地分配という人類史上の普遍的願望の具現化の試みだったと言える。

「王田制」と同時に発布された「奴婢《ぬひ》(奴隷)の売買禁止令」にも注目される。哀帝期の限田策にも奴婢の所有制限が付記されていたように、土地問題と奴婢問題は表裏一体だった。中国は古代ギリシア・ローマほど奴隷に依存した社会ではなかったが、王朝時代を通じて奴隷は存在しており、特に漢代から唐代まではかなりの数が存在した。儒教は身分制度を前提としてはいるが、「天地の性、人を貴しと為す」(『孝経《こうけい》』)ともし、奴婢の保護や解放にも関心を示していた。のち三五(建武十一)年に後漢光武帝も「天地の性、人を貴しと為す。それ奴婢を殺すとも罪を減ずるを得ず」(『後漢書』光武帝紀)と詔しており、奴婢尊重の意思がうかがえる。しかし、それにしても王莽の奴婢へのこだわりは理解に苦しむ。前述のように王莽は奴隷を殺した次男を自殺に追い込んでいるが、右の光武帝の詔《みことのり》以前は奴婢殺害は死刑には該当しなかったはずである。つまり王莽は死ぬ必要のない次男を死なせたのである。儒教理念への傾倒だけでは到底理解できないが、王莽の心理を『漢書』は何も語らない。

次に、経済政策について。王莽は十(始建国二)年から「六筦《かん》」と呼ばれる経済統制を始める。「筦」とは本来「専売」の意味で、「六筦」の内容は多岐にわたるが、そのうち塩・鉄・酒の専売と均輸(地方の特産品を税として国家が徴収し、不足地に転売して利益を得る)・平準(物価安定時に国家が商品を買い占め、物価高騰時にそれを安値で売却して物価を調整する)は前漢武帝が対匈奴戦争などで深刻化した財政危機の打開策として始めたものだった。一方、国家が民衆に低利で融資をする「賖貸《しゃたい》」は従来にない政策であり、貧者救済を訴えていた王莽ならではの政策と言える。しかし、各種の専売制度や均輸・平準は民間の自由な経済活動を妨げ、例えば官製の粗悪で高価な農具を農民が買わされるなど弊害も多く、また聖人たるべき皇帝が「民と利を争う」ことになるなどの理由で特に儒学者から批判されてきた政策だった。そのため、王莽は前漢末に宮中の書庫から発見された『周礼』に依拠し(「賖貸」はまさに『周礼』にある語句)、六筦は儒教の教えに沿う政策だと主張した。なお『周礼』は同様の事情で世に出た『春秋左氏伝《さしでん》』とともに、劉歆による偽作が疑われ続けてきた経典である。

以上の王田制・奴婢売買禁止・六筦制を土地国有化・人権尊重・経済統制による格差是正を目指す政策とし、今日の社会主義に通じる革新性を評価する論者も多い。しかし、たとえ理想が格差是正であり、徳治の実現だとしても、結果が混乱と破壊を招いただけならば、社会主義の失敗と同様その政治責任が問われるのは当然である。

王田制は十二(始建国四)年の区博《おうはく》の「(秦が周の井田制を廃止し土地私有制を始めて以来)天下の民はその弊害を訴えておりません。今、民心に逆らって千年も前の制度を復活するのは、堯や舜(のような上古の聖人)が再来したとしても、百年ほどの施行の蓄積を待たないと実行できないでしょう。今は天下がようやく落ち着いたばかりで、民衆が新王朝になじみ始めたばかりの時です。まだ施行するべきではありません」(王莽伝中)との上言を受け、わずか四年で撤回された。そこに至る具体的状況を『漢書』は全く語らないが、地方豪族など大土地所有層の強固な反発が背景にあったことは間違いないだろう。

六筦も行き詰った。十六(天鳳三)年には詔で財政の逼迫《ひっぱく》を認め、翌年には六筦違反に死刑も含む厳罰で臨む詔を出した。期待した税収が得られていない状況がうかがえる。同時に奴婢一人につき三六〇〇銭の所有税を新たに課しているが、これも奴婢の減少・解放が進んでいなかった証左であろう。つまり、王莽による「社会主義革命」は失敗したのである。もちろん、近現代の社会主義も同様だったので王莽の失敗を一方的に責めるのは酷である。むしろ多くの人が望んでいた改革を断行した勇気を評価すべきかもしれない。

しかし、以下の諸政策についてはどうか。例えば、度重なる貨幣の改変。前漢時代は武帝が定めた五銖《ごしゅ》銭(重さが五銖＝約三グラムの銅銭)が信用を得て広く流通したが、王莽は摂政時代の七(居摂二)年に大泉《だいせん》(大銭)・契刀《けいとう》・錯刀《さくとう》という三種の貨幣を発行した。しかし簒奪後の九(始建国元)年には「劉」字を作る「金」「刀」を含む点が問題としてそれらを廃止し、小泉直一《しょうせんちょくいち》(重さ一銖)という貨幣を発行して大泉と併用させ、さらに翌年には重さ三銖(約一・八グラム)の「幺泉一十《ようせん》」、五銖の「幼泉二十《ようせん》」、七銖の「中泉三十《ちゅうせん》」、九銖の「壮泉四十《そうせん》」を、十四(天鳳元)年または二〇(地皇元)年には重さ五銖の「貨泉《かせん》」、二五銖の「貨布《かふ》」を発行するなど、頻繁に貨幣の改鋳を行った。『周礼』などの記載に従うという名目の下、実質的平価切下げで貨幣インフレを起こし税収増を図る意図だったようだが、あまりに煩瑣《はんさ》な貨幣の改変とインフレ誘導は当然庶民生活に大打撃を与えた。平時は一斛《こく》(約一八〇リットル)五〇〜一〇〇銭だった穀価が、王莽の末年には洛陽以東で二〇〇〇銭に高騰したという。

さらに理解に苦しむのが行政区画や地名、官名の改変である。『周礼』や『礼記《らいき》』王制などの経典に基づき、周の封建制の再現を目指して地方行政区画を大幅に変更し、首都長安を「常安《じょうあん》」、洛陽を「義陽《ぎよう》」とし、「祭酒」「属正」「卒正」など全く新たな官名を設けるなどした。しかも変更は何度も行われ、結局元に戻る場合もあり、官民ともども大混乱に陥った。いかに儒教理念の実践という大義があっても、これでは誰もついていけない。

外交の失敗も惨憺《さんたん》たるものだった。前漢最大の外患だった北方の遊牧騎馬民族・匈奴との関係は、武帝が満を持して対匈奴戦争を開始(前一二九年)して以来断続的に戦闘が続いたが、匈奴に内紛が生じ東西に分裂(前一世紀半)、間もなく西匈奴は東匈奴と漢の連合軍に滅ぼされ(前三六年)、以後は緊張をはらみつつも漢が優勢の状態で均衡を保っていた。ところが、あくまで儒教的華夷思想(中国文明の優越を絶対視し、周辺異民族を下位に見る差別思想)に執着する王莽はこの均衡を自ら壊してしまう。匈奴の単于の名を漢字一字に改めさせた(前述)だけでなく、簒奪後には周辺諸国に使者を派遣し、漢の滅亡と新の建国を告げ、漢が各国の君主に与えていた印綬《いんじゅ》(印鑑と組みひも)を回収し、新の印綬を与えた。しかしそれは、例えば漢が匈奴に与えていた印の文「匈奴単于璽」が漢の王(皇帝の親族が封建されるのが普通)または皇帝と同格の地位を保証していたのに対し、王莽が与えた「新匈奴単于章」という印文は「新の臣下である単于の首長」と露骨に匈奴を貶《おとし》める文だったのである。

こうした王莽の傲慢な態度に匈奴など周辺各国は激怒、戦争へと発展した(十年)。それは断続的に、新の滅亡まで続いた。全くやらずもがなの戦争である。上述のような内政の失敗だけならともかく、こうなると王莽を皇帝に押し上げた熱狂が一気に醒め、王莽への怨嗟《えんさ》の声が世に満ちるのも無理はない。

匈奴との戦争開始の同年、最側近の一人甄豊《けんぽう》の子・甄尋《けんじん》が符命を捏造する疑獄事件を起こし刑死、甄豊も自殺。劉歆の子の劉棻《りゅうふん》・劉泳《りゅうえい》その他の関与も発覚し、結局数百人が刑死。これを機に王莽と劉歆の関係も悪化する。十二(始建国四)年、王田制を中止。十四(天鳳元)年、漢の二〇等爵制と周の五等爵制を混合した新たな爵制に基づく地方官制を定めるが、前述した地名変更も加わり、行政に大混乱をきたす。十七(天鳳四)年、息子を地方官に殺された呂母《りょぼ》が無頼の徒を集めて蜂起し地方官を殺害。王莽は地方官の非を認め呂母の行為を顕彰するが、やがて呂母の勢力の残党が「赤眉《せきび》」となって勢力を拡大し、新の滅亡を早める。十八(天鳳五)年、高名な儒学者で王莽の支持者であった揚雄《ようゆう》が死去。二一(地皇二)年、皇太子だった四男・王臨《おうりん》が女性問題から王莽殺害を企図して発覚、王臨と妻劉愔《りゅういん》（劉歆の娘）が自殺。同月、三男・王安《おうあん》が病死。同年中、妻の王皇后も病死。いよいよ反乱が各地に広がる。二二（地皇三）年、赤眉が王莽の派遣した大軍を撃破し、翌年、昆陽《こんよう》の戦いで劉秀《りゅうしゅう》が王莽軍に大勝。同年、漢の復興を宣言し更始帝と称した劉玄の軍が常安になだれ込み、王莽を殺害、新は滅んだ。

儒教に殉じた王莽

死後二〇〇〇年「簒奪者」と揶揄《やゆ》され、憎悪されてきた王莽。しかし、今日では少なくない論者が彼の革新性や儒教の定着・発展に果たした貢献を認めている。泉下の王莽もようやく溜飲を下げているところだろうか。

しかし、まだ問題は残っている。彼の狂信的なまでの儒教への傾倒は、何が原因だったのかという点である。大土地所有の進展に伴う貧富差の拡大、災異思想・讖緯思想が蔓延する中で子のない皇帝が続く社会不安、打ち続く自然災害など、前漢末期の社会状況が必然的に王莽のような狂信的革命家の出現を望んだ面はあるだろう。しかし、それにしても簒奪後の王莽の失政の連続は理解に苦しむ。彼以外の人間ならば、あれほど性急な全面的改革は試みなかったのではないか。ここに、王莽という個人の心性に関わる問題が浮上してくる。

ここで、従来ほとんど等閑視されてきた事実に注目したい。王莽が同姓の妻を娶《めと》っていた、という事実である。「インセストタブー」（近親婚の禁忌）は世界中にあるが、特に儒教はこれに厳しく、同姓婚は「禽獣《きんじゅう》の交わり」と非難された。実際は少なからずあっただろうが、少なくとも表向きは厳に避けるべき行為だったはずである。

王莽の妻王氏は前漢昭帝期（前八七〜前七四年）に丞相となった王訢《おうきん》の孫の王咸《おうげん》の娘だった（王訢伝）。名門の出身ではある。しかし、儒教が定着しつつあった前漢後期にあって、同姓婚はありえなかったはずである。困窮していたとはいえ名門王氏の一員である王莽には、他に良縁がいくらもあったであろう。それでもあえて禁忌を犯したのはなぜか。しかし、『漢書』は単に同性婚の事実を記すだけで、細かい経緯は一切語らない。

困窮の中、儒教の教えに反する結婚をした王莽は、その負い目を払拭するためにこそ狂ったように儒教に傾倒したのではないか。その過剰適応は、家族にも不幸をもたらした。嫡子四人はみな王莽に先立って死んだが、三人は父に反抗しての刑死か自殺だった。王莽の妻は清貧を装うため下女のような衣服を強いられ、息子たちの横死を悲しむあまり失明し、病死した。「大義、親を滅す」（『春秋左氏伝』隠公四年）の通り、王莽は自身のみならず家族をも儒教理念の犠牲に供したのである。私はその姿に、つい三島由紀夫を重ねたくなる。熱烈な国粋主義者・天皇主義者として壮絶な割腹自殺を遂げた文豪三島は、実は戦争中に肺病を偽って召集逃れをしていた。後年のあの狂信的な行動は、実は全て召集逃れの負い目を払拭するための過剰適応だったかもしれないのである。

そうだとすれば、そのような三島個人の心理的トラウマに自衛隊や社会全体が引きずられずに済んだことは全く幸いであった。一方、三島と異なり実際に未曽有の破壊と混乱を社会全体にもたらした点、王莽の「悪」はやはりその一点に集約されることになるだろう。

⦿参考文献

班固撰・小竹武夫訳『漢書』(ちくま学芸文庫、一九九七〜九八年)
東晋次『王莽―儒家の理想に憑かれた男』(白帝社、二〇〇三年)
渡邉義浩『王莽―改革者の孤独』(大修館書店、二〇一二年)

前6−後57年
王莽滅亡後の政治混乱を収拾し、漢王朝を再興。戦乱からの復興と王朝の安定に努め、儒学を奨励。

実は「図讖」マニアだった後漢の初代皇帝

光武帝

…こうぶてい…

小嶋茂稔

後漢（二五～二二〇）の初代皇帝。姓は劉《りゅう》、諱《いみな》は秀、字《あざな》は文叔《ぶんしゅく》。「光武《こうぶ》帝」は、諡号《しごう》。廟号は世祖《せいそ》。南《なん》陽《よう》郡蔡陽《さいよう》県（湖北省棗陽《そうよう》市）出身。前漢第六代皇帝・景帝の子孫にあたる。王莽《おうもう》時代末期、農民反乱が各地で頻発しはじめた時期に蹶起《けっき》し、兄・劉縯《りゅうえん》とともに軍事行動を起こした。劉縯・劉秀兄弟は、その後、一族の劉玄《りゅうげん》の軍勢と合流するが、劉縯は、その劉氏集団内部で劉玄らと対立し殺されてしまう。兄を殺害された劉秀は、集団内部で隠忍自重を続け、機会を見て劉玄から離反して独自に勢力を拡大した。二五年、群臣から推挙される形で皇帝位に即き、年号を建武《けんぶ》と定める。その後、当時の巨大な農民反乱集団で、劉玄政権をも亡ぼした赤眉《せきび》も平定するなど、王莽政権滅亡（二三年）後、政治的に混乱していた中国の統一事業を進め、三六（建武十二）年、中国統一を回復した。

光武帝は、政策の重点を、戦乱で荒廃した中国社会の復興と安定に注ぎ、戦乱で奴婢《ぬひ》に転落した人々の解放令を何度も出したり、田租《でんそ》と呼ばれていた土地税の軽減を進めたり、郡におかれていた常備軍の廃止などを行っている。また、統一を果たした後は、全国的に耕地や人口の調査を進め、豪族と呼ばれる有力階層が、大土地所有を進めている実態をとどめようとした、とも言われている。

光武帝と中国統一の軍事行動を共にした功臣は雲台《うんだい》二十八将と呼ばれるが、彼らには功臣にふさわしい栄誉（列侯という爵位）と十分な経済的褒賞（列侯としての封邑《ほうゆう》）を与えたものの、一部の例外を除いて、重要な官職は与えなかった。これは、功臣たちが政治上の過失を犯して、処罰されることを恐れたからとされている。逆に言えば、失政を犯した官僚には厳罰も辞さなかったということである。光武帝の治世全体から言って、官僚へは厳正な姿勢で臨んでおり、綱紀は厳正なものであったと評価できる。

光武帝の亡くなる直前、洛陽の都を、倭の奴国王の使者が訪問し、「漢委奴国王《かんのわのなのこくおう》」印を賜与されていることも、日本列島に生きる我々には注目される出来事である。

光武帝の人物像

光武帝の人柄を探ろうと、後漢時代史研究の基本史料である『後漢書《ごかんじょ》』（南朝・宋の元嘉年間に范曄《はんよう》が編纂）を繙《ひもと》くと、天下再統一の偉業をなしとげた人物としては意外なくらいに、慎み深い性格であったようである。若き日も、南陽の豪族・劉氏一族の一人として、常日ごろは「稼穡《かしょく》（農作業）に勤め」（『後漢書』紀一、光武帝紀、以下、『後漢書』からの引用の場合書名を略し、紀・列伝の別と巻数のみ記す）ていた。その兄・劉縯が王莽政権を打倒するための反乱軍を一族を挙げて起兵しようとした際も、南陽の劉氏一族の人びとは、劉縯が起兵すると聞いて、「伯升《はくしょう》（劉縯の字）が俺たちを殺しかねない」（光武帝紀）と逃げ隠れたものの、光武帝も加わると聞いて、「謹み深く落ち着いているあの男も加わるのか」(光武帝紀)と、安心する空気が広がったという。かの劉邦《りゅうほう》のような豪放磊落《らいらく》なイメージからもほど遠く、「悪」の側面はなかなか見出しにくい。

しかし、王莽政権滅亡後の政治的混乱の中で、幾度も軍事的には危機に陥りながら、そのつど挽回して、最終的には全国統一を成し遂げた人物であるから、実際には、権力者であれば当然持っている冷徹酷薄な一面もあったろうと思われる。それがあまり喧伝されないのは、『後漢書』の編纂者范曄も参照したと思われる史料に、後漢王朝が自らの歴史を著した『東観漢記《とうかんかんき》』という書物(残念ながら范曄の『後漢書』が読まれるようになったため、現在は完全な形では伝わっていない)があるが、それは後漢王朝の言わば「官撰」史料であり、自らの王朝に不都合なことは書き残されなかったからではないかとも思われる。

その一例として、王莽が、その都・長安での反乱軍との戦闘のなかで殺害されて新が滅亡した後、南陽劉氏集団の総帥として皇帝の地位についた劉玄のことに触れておきたい。

『後漢書』に描かれる劉玄は、盗賊集団に身をおとしていたところで劉縯・光武帝の兄弟らと合流、ならず者たちの支持で劉氏集団の総帥にかつがれ、その結果として皇帝の名乗りを上げるのだが、本来皇帝位に即くような人物ではなかったとされる。その後長安に入城した後も、十分な統治を実現することができず、農民反乱集団である赤眉によって亡ぼされ、劉玄自身も哀れな最期を遂げたことになっている。兄を殺害されたこともあって、光武帝は早々にこの劉玄を見限り、自らの根拠地を河北に確立して中国統一を果たしていくことになるのだが、実際に劉玄が『後漢書』に描かれたような愚者であったかどうかについては解釈の余地もあろうと思われる。

劉玄は、光武帝とは高祖父（祖父の祖父）を同じくする光武帝より年長の人物であり、血統から言えば、劉縯・光武帝兄弟よりも、皇帝家の血統を引く南陽劉氏集団の本家により近い出自であった。実際は『後漢書』の叙述と異なって、南陽劉氏集団の内部に、劉玄派と劉縯・光武帝兄弟派の主導権争いのようなものがあって劉縯の殺害はその結果に過ぎず、元来は劉玄こそが総帥の立場にふさわしかったものの、光武帝の離反もあって軍事的に弱体化し、その結果赤眉に対抗することが出来ず滅亡してしまった。光武帝の皇帝即位を歴史的に正当化するためには、劉玄の評価を実際以上に低くしないといけないため、結果的に今日伝わるような劉玄像が形成されたのではなかったか。そうした想定も全くの絵空事とまでは言えないのではないだろうか。実際、唐の時代の歴史哲学者・劉《りゅう》知幾《ちき》がすでに、その著『史通《しつう》』のなかで、実際の劉玄は指導者にふさわしい力量を備えた人物であったが、後漢時代に編纂された『東観漢記』のなかで不当に評価を下げられたのではないか、と述べているほどである。

実は光武帝は、一族の劉玄を裏切り、赤眉から攻撃されている時も見殺しにして、自らの皇帝としての地位を確かなものにしようとした……、と論じることが出来れば、これこそ非の打ち所のない「悪」なのであるが、しかし、現在伝わっている史料からでは、そこまでの可能性を証明することは難しい。

兄の劉縯を劉玄一派に殺害されながら、隠忍自重して耐え続け、機会を見て劉玄から離反。漢の復興とはうらはら、まっとうな政治を展開できずに民衆の期待に応えることが出来なかった劉玄に替わり、光武帝は、若いときから学問好きな実直な人物であり、厳正な綱紀のもと優れた政治を行って、再興した後漢王朝の体制を磐石なものとした……これが、現在残された史料から描き出される光武帝像なのである。

では、本当に、光武帝は完全無欠で、今日的観点からも何ら欠陥のない人物と言えるのだろうか。

讖緯思想の時代

光武帝が、王莽政権に対して叛旗を翻すことを決意した場面に話をもどそう。二二（地皇三）年、劉縯の知り合いが人を脅かしたということで、光武帝は、巻き添えを避けて新野《しんや》に移り住んでいた。その時、南陽の中心地である宛《えん》県の李通《りつう》という人物が、「劉氏は再び立ち上がる、その時は、李氏が輔佐となる」（紀一、光武帝紀）という「図讖《としん》」を光武帝に示して、蹶起を促したのである。この、李通が光武帝に示した「図讖」とはいったい何であろうか。

厳密にいうと、「図」とは理想の世に黄河から現れるとされる龍馬の背に描かれた文字（「河図《かと》」と呼ばれる）のこと、「讖」とは符命のこととされるが、要するに、次の天下を治めるのにふさわしい人物が誰であるかを示す予言のような言葉やそれらを記した書物を指すことが多い。儒教の「経書《けいしょ》」に対して、〈よこいと〉の役割を果たすとされた「緯書《いしょ》」という書物も登場し、〈図讖〉と〈緯書〉がセットにされて「讖緯思想《しんい》」などと呼ばれているものである。この讖緯思想は、前漢半ば以降後漢にかけて大いに流行し、自らの政権の正統性を担保するのに利用されたものである。

讖緯思想をあからさまに使って、自らの政治的権威を高め、最終的には皇帝位を簒奪するに至ったのが、王莽であった。『漢書』王莽伝によると、五（元始五）年、平帝の死去した後の頃、武功《ぶこう》県の県長・孟通《もうつう》が井戸浚《さら》いをしたところ、上部が円く、下部が方形で、赤い文字で「安漢《あんかん》公の王莽に、皇帝となるように告げよ」と書いてある白石を得たとの上奏が行われるという事件が起こっている。『漢書』の編纂者である班固《はんこ》は、「符命はこの事件から始まった」とのみ記しているが、何らかの人為的操作が加えられたことは容易に想像される。これが王莽その人による作為なのか、別の人物の指示によるものかは分からない。ただ、この時代は、こうした文字が現れると、人びとがそれを信じたということは事実であった。実際、先の符命が上奏された際、王莽の伯母である王《おう》太后（元帝の皇后）は「これは天下を欺くものだ」と、王莽が皇帝位に即くことに抵抗したが、王氏一族の王舜《おうしゅん》は「こうなってしまってはどうすることもできず、制止することはできません」と王太后を説得しているほどであった。この時は、結局、王莽は摂政の地位に就いたのみで皇帝にはならなかったが、その後、図讖の効果もあって、王莽は皇帝位に即くに至っているのである。

そのような時代であるから、李通の示した図讖が蹶起のきっかけになったのはやむを得ないともいえるかもしれないが、しかし実態はそれにとどまらない。光武帝は、その後、様々なところで図讖を積極的に活用し続けるのであった。

光武帝と図讖

光武帝は、二四（更始《こうし》二）年、劉玄から離反し、独立して全国統一を目指すこととなって、順調に勢力を拡大し、その翌年、自ら皇帝位に即くことになる。そのきっかけも緯書の記述つまりは図讖なのであった。実は光武帝は、臣下たちの重ねての皇帝即位の進言に対して、慎重な態度に終始していた。ところが、光武帝が若き日に長安に遊学していた際の友人であった彊華《きょうか》なる人物が「劉秀が兵を起こして不道のものを捕らえ、四夷《しい》（東夷《とうい》・南蛮《なんばん》・西戎《せいじゅう》・北狄《ほくてき》）の人びとも雲のように集まって龍が野に戦い、四七の際、火（徳の漢王朝）がまた天下の主となるであろう」と書かれた「赤伏符《せきふくふ》」を差し出し、群臣が再び「受命の符は、人の天より受ける兆候の中で最大のものであります」と説得して、光武帝はようやく皇帝位に即くことを決意したと光武帝紀には描かれている。「赤伏符」のなかの「四七の際」とは、前漢の高祖・劉邦から数えて二〇〇と二八年後、ということを意味している。この「受命の符」を、当時の人がどこまで信じきっていたかは定かではないが、少なくとも光武帝の皇帝即位を正当化するだけの効果はあったようである。

やがて光武帝は、図讖を政治的に活用していくようにもなる。例えば、皇帝即位直後の高官人事にあたって、光武帝は「讖文を用いて、平狄《へいてき》将軍孫咸《そんかん》に大司馬《だいしば》の職務を代行させたため、人びとは喜ばなかった」（列伝十二、景丹《けいたん》伝）と伝えられている。大司空《だいしくう》には功臣の一人・王梁《おうりょう》を抜擢する。その理由は、先ほどの「赤伏符」の中に、「王梁は、衛《えい》を主《つかさ》どり、玄武《げんぶ》となる」と書いてあったからであり、王梁がこの時、かつて春秋《しゅんじゅう》戦国の衛国が遷った地である野王《やおう》の県令であったことと、玄武とは水神の名であり、司空《しくう》とは本来は水土の官であることから、王梁を三公の一人である大司空に任じたということである。いずれも、その人物の功績なり能力なりに応じた人事配置ではないし、また私的な関係による訳ではなく、専ら「讖文」なり「符命」に依拠して高級官僚の人事を行っているのであって、これは評価の高い光武帝の事績の中では、明確に「悪」に位置づけてよいものだろう。

飛び交う図讖と光武帝

図讖の影響を受けたのは、何も光武帝だけに止まらない。王莽滅亡前後の混乱期に現在の四川省に独立政権を建設し、最後まで光武帝に服属しなかった公孫述《こうそんじゅつ》も、その一人であった。

公孫述は、自ら皇帝位に即いているが、即位を決心させたのは、「八ム子系」とは、十二年を期とする」と夢の中で誰かが公孫述に告げたことであった。「八ム子系」とは、もちろん「公孫」のことである。十二年では短いと公孫述は思ったのであるが、妻に相談すると、「孔子《こうし》も朝に道を聞けば、夕に死んだとしても後悔しないと言っている。十二年もあれば十分ではないか」と回答されたこともあって即位を決意したという（列伝三、公孫述伝）。

また公孫述伝によれば、符命や讖記に書かれた自分に都合の良い文章をしばしば引用した文書を作成して光武帝治下の地域におくり、自らこそ天下の正統な支配者であるとの宣伝を行ったりもしていた。その内容は、例えば、「孔子は『春秋』を著し、赤の（徳を持つ漢のための）制を作り（隠《いん》公から哀《あい》公までの）十二公で（その著述を）断った。漢は（高祖劉邦から）平帝に至るまでの十二代であり、（天が定めた王朝の)歴数が尽きたの(で、新たなる支配者である自分が即位すること)は明らかである」といったような内容で、これには光武帝も、図讖を利用していただけに、気になったそうである。そこで光武帝は、「図讖に公孫といっているのは、(前漢の中興の祖と言われた)宣帝のことである。漢に代わる者は当塗高《とうとこう》❖3と言われている。君はどうして高の身であろうか」などと反論し、末尾に自ら「公孫皇帝」と署名した手紙を公孫述に送ったそうである。

王莽滅亡を契機に、中国各地には、事実上の独立政権が複数存在する時期が続いていた。なかでも、現在の甘粛省の地域に自立していた竇融《とうゆう》の勢力は、洛陽の光武帝に帰順すべきか、はたまた公孫述と連合して光武帝に対抗していくべきか、選択に悩んでいた。その選択を左右したのも図讖であったのである。列伝十三、竇融伝の記載を見てみよう。当時、劉玄がいったん漢王朝の復興を宣言しながら、数年で滅亡したため、「同一の姓(=劉氏)が再び興ることはない(から、光武帝にも付かないほうが良い)。公孫述と手を組んだほうが良い」といった趣旨で、竇融に公孫述との連合を勧める者もいた。そこで、竇融は支配領域内の有力者や部下を集めて討論したのだが、そこでの決め手の一つはやはり図讖であった。討論の場で、智者とされる人物たちが語ったのは、「漢は堯《ぎょう》の運を承け、その(天から授かった王朝の寿命である)歴数は長く続いています。いま皇帝の姓(が劉であること)は(孔子が著した予言書である)図讖の書に見えています」という内容であった。もっとも、智者たちは、同時に、「いま皇帝を称している者は数人おりますが、洛陽(を首都とする光武帝)が、土地は最も広く、兵士は最も強く、号令は最も明らかです。(天命が下されることを告げる)予言書(符命)を見て人事を察するに、他姓の者は（光武帝に）ほとんど対抗することなど出来ません」とも語っており、図讖の内容だけで判断した訳ではないのだが、判断の根拠として図讖書と社会経済的な現状分析とが等価に置かれていることは、やはりこの時代が讖緯思想の強い影響下にあったことを窺わせるものである。

図讖を否定して光武帝の怒りを買った儒学者の末路

光武帝の「悪」の側面として、図讖との関わりについて説明してきたが、最後に、図讖を認めなかった儒学者と光武帝の対立、そしてその儒学者の気の毒な最期を紹介してみよう。その儒学者とは、桓譚《かんたん》と言い、列伝十八、桓譚伝にその事蹟が伝えられている。そもそも桓譚は、前漢の哀帝・平帝の時代からすでに官僚であった。平帝の死後、王莽が摂政となって漢を簒奪する姿勢が明確になると、「天下の士は、競って（王莽の）徳や美を称揚し、符命を偽作して取り入ろうとしない者はなかった」（桓譚伝）が、桓譚は決して王莽に諂《へつら》おうとはしなかったと伝えられている。

桓譚は、劉玄が漢王朝の復興を宣言した際には太中大夫《たいちゅうたいふ》として召し出されたし、光武帝が即位した後にも召し出されている。その時桓譚は、光武帝が、政策の決断に図讖を用いていることを問題と考え、「そもそも人情では、現実の事実を軽視して異聞を尊ぶものですが、先王の記した経典《けいてん》を見ますに、みな仁義正道を本とし、奇怪虚妄のことはありません」と、本来の「経典」に依拠すべきことを主張し、「陛下は方士の錬金術を退け、たいへん英明であられたと聞いております。それなのに讖記を聞き入れようとなさるのは、またどうして誤られたのでしょうか。讖記の予言は、時として（現実と）合致することもありますが、喩えるならば、まぐれ当たりの占いの類のようなものでございます」と、図讖（讖記）をこき下ろしてしまった。光武帝は不快に思ったものの、その時はそのままにしておいた。

しばらくして、洛陽に霊台《れいだい》を設置するための議論がなされることになった。霊台とは、辟雍《へきよう》・明《めい》堂《どう》と並ぶ皇帝祭祀の対象となる施設である。この時、光武帝は、「私は、讖記によって霊台の場所を決めようと思うが、どうだろうか」と桓譚に尋ねた。桓譚はしばらく黙っていたが、「私は讖記を読みません」と答え、さらに光武帝に理由を聞かれると、讖記は経典ではないことを主張した。すると光武帝は非常に怒り、「桓譚は、聖なる讖記をそしり、法を無いものにした。司直《しちょく》に下して斬罪にせよ」と言ったとされる。

謹み深く落ち着いた人物とされる光武帝が、自ら死刑宣告をするほど、桓譚の讖緯否定の考えは許せなかったのであろう。この時、桓譚は、齢《よわい》七〇を超えた老人であった。激怒した光武帝に対し、桓譚は血が流れるばかりに頭を地面に叩きつけて謝罪し、しばらくして死罪は許された。しかし、六安《りくあん》郡（現在の安徽省六安市）の郡丞《ぐんじょう》に左遷され、任地への赴任途中で、桓譚は病気で亡くなるに至った。確かに、桓譚の提案した政策が光武帝に採用されることはなかったが、その著書『新論《しんろん》』（宋代以後散逸した）を献上された光武帝は、一読して称賛したと伝えられており、学者としての桓譚の力量は評価していたと思われるが、それでも図讖（讖記）を否定されることは許せなかったということなのだろう。

死罪を許されたとは言え、七〇を超えた桓譚にとって、洛陽から遠く離れた土地の地方官（郡丞）に左遷され、任地に赴任しなければならないというのは、死刑にも等しい仕打ちだったのではないだろうか。結果的に一人の儒学者を死においやったことになり、この点からみても、光武帝にとっての「悪」とは、讖緯にかぶれたことと言って良いのではなかろうか。

❖1…「光武帝」というのは、死後に皇帝としての事績を踏まえておくられる「謚号」であり、その存命中の事績を記す場合には、本来の姓名を記すべきであるが、煩を避けるため、皇帝即位前も含めて「光武帝」として叙述する。

❖2…『後漢書』の現代日本語訳に際しては、渡邉義浩主編『全訳後漢書』（汲古書院、二〇〇一〜一六）を参照し、必要に応じて文言を補ったところもある。

❖3…列伝三、公孫述伝に附された唐の李賢の注に引用されている『東観漢記』には、「光武帝は公孫述に書簡を送り、『赤（徳である漢の天命）を継承する者は、黄（徳のもの）である。（その者の）姓は当塗といい、その名は高である』と述べた」と書かれている。

155–220年
後漢末に勢力を拡大、劉備・孫権と天下を三分し、三国・魏の基礎を築く。

曹操…そうそう…

「非常の人」、その制御できない行動

渡邉義浩

曹操《そうそう》は、三国時代の曹魏《そうぎ》の事実上の創建者である。黄巾《こうきん》の乱で功績を挙げ済南《さいなん》の国相《こくしょう》となり、後漢最後の皇帝となる献帝《けんてい》を許《きょ》に迎えて勢力を拡大し、二〇〇年、官渡《かんと》の戦いで袁紹《えんしょう》を破って華北を制圧した。しかし、二〇八年、赤壁《せきへき》の戦に敗れ、天下三分の形勢が成った。曹操の存在の故に、三国時代は歴史の転換点となった。政治的には、衰退した漢の統治方法の刷新を目指し、隋唐の律《りつ》令《りょう》制度へと繋がる法の整備を開始した。経済的には、均田《きんでん》制や租庸調《そようちょう》制の起源となる屯田《とんでん》制(民屯)や戸ごとに布を取る調の徴収を推進した。さらに、文化的には、儒教一尊の価値観を崩壊させ、道教の起源である五斗米道《ごとべいどう》を保護し、文学や書画に新たな価値を認めていく。『三国志』を著した陳寿《ちんじゅ》は、曹操を「非常の人、超世《ちょうせい》の傑《けつ》」と評し、その傑出した才能を表現している(『三国志』武帝紀)。

親の仇を民に及ぼす

時代を超えた常ならざる人と評された曹操であったが、その行動は傍目《はため》からは理解しにくいところも多かった。それらの中でも、生涯の最大の汚点とされるものが、徐州《じょしゅう》大虐殺である。ま

だ、曹操が袁紹の弟分として、袁紹の庶弟《しょてい》である袁術《えんじゅつ》の勢力と争っていた頃のことである。曹操は、攻め寄せた袁術を撃破し、揚州《ようしゅう》へ追撃していくと、袁術に与《くみ》していた徐州牧《ぼく》の陶謙《とうけん》は、曹操の進撃を止めるため、自らの勢力下に乱を避けていた曹操の父である曹嵩《そうすう》を殺害した。曹操は激怒する。

> 興平《こうへい》元(一九四)年春、曹操は徐州から帰還した。これよりさき曹操の父である曹嵩は官を辞め、のちに(故郷の)譙《しょう》県に帰った。董卓《とうたく》の乱を琅邪《ろうや》郡に避難していたが、陶謙に殺害された。そのために曹操の意向は復讐にあり、東へ行き(陶謙を)討伐した。夏、荀彧《じゅんいく》と程昱《ていいく》に鄄城《けんじょう》を守らせ、再び陶謙を征伐した。五つの城を陥落させ、そのまま各地を攻略して東海《とうかい》郡まで至った。(軍を)還して郯《たん》県を通過すると、陶謙の将である曹豹《そうひょう》が劉備《りゅうび》とともに郯の東に駐屯して、曹操を待ち伏せていた。曹操は攻撃してこれを破り、そのまま攻めて襄賁《じょうほん》を陥落させた。(曹操の軍が)通過した所では殺戮されるものが多かった(『三国志』武帝紀)。

陳寿の『三国志』は、曹魏を正統とするため、曹操の悪事を隠すことが原則である。ここでも、「通過した所では殺戮されるものが多かった」とさらりと触れるだけであるが、状況は深刻であった。虐殺を避けて徐州からは、笮融《さくゆう》・諸葛瑾《しょかつきん》・厳畯《げんしゅん》など多くの者が江東《こうとう》に逃れている。徐州からの北来「名士」を吸収した孫呉《そんご》は、それを政治的基盤の一つとする。孫権《そんけん》陣営は、曹操を「豺虎《さいこ》」と評し、徐州出身の魯粛《ろしゅく》や諸葛亮《りょう》は、曹操を暴虐な項羽《こうう》に準《なぞら》えた。両者の反曹操感情は、やがて孫権と劉備の同盟として、曹操に立ちはだかる。赤壁の戦いである。曹操はやがて徐州を支配したものの、「泰《たい》山《ざん》の諸将」と呼ばれる臧覇《ぞうは》たちに統治を委ねた。自らへの反発が強すぎたためである。

徐州だけではない。兗州《えんしゅう》を代表する「名士」の辺譲《へんじょう》は、徐州大虐殺を批判した。このとき曹操の拠点であった兗州に動揺が広がる。曹操は、権威の建て直しをあせり、辺譲を殺して武威を示すが、完全な逆効果であった。兗州「名士」の陳宮《ちんきゅう》と張邈《ちょうばく》は、第二次徐州遠征の隙を衝き、呂布《りょふ》を引き込んで反乱を起こす。ここまで、曹操を支えてきた兗州「名士」の衛茲《えいじ》と鮑信《ほうしん》は、すでに亡い。そうした中で、かつて州の輿論《よろん》をまとめ、曹操を兗州牧に迎えた陳宮が背いたのである。兗州を失うことは、時間の問題と思われた。

この危機を救った者が荀彧である。兗州東郡の「名士」程昱の「民の望」に依拠しながら、荀彧は本拠地の鄄城のほか、范《はん》・東阿《とうあ》の二県を夏侯惇《かこうとん》とともに死守した。曹操は急遽帰還し、その後一年余りをかけて兗州を回復する。曹操は程昱に、「子《きみ》の力がなければ、吾《わたし》は帰るところがなかった」と、程昱が兗州「名士」として影響力を発揮し、拠点を死守したことを感謝した（『三国志』程昱伝）。ただし、それによって兗州の支配を元通りに回復できたわけではない。この結果、曹操は新たな拠点を求める。そこが、汝南《じょなん》郡と並ぶ名士の中心地であり、荀彧の故郷でもある豫州潁川郡《よしゅうえいせん》なのであった。のちに献帝を迎える許県は、潁川郡に属する。曹操は、潁川郡で屯田制を始めて、自らの経済基盤から再建したのであった。

このように徐州大虐殺は、曹操の生涯の中でも最大の危機であった。赤壁での敗戦など、これに比べれば微々たる打撃でしかない。それはどまでの失態をもたらしたものは、曹操の親への「孝」の思いであった。当時、親を殺されたときに仇を討つことは、「孝」の表現として、むしろ高く評価されることであった。しかし、曹操は、その思いが強すぎて、仇の陶謙だけではなく、陶謙が統治する徐州の「民」までを「仇」として虐殺した。これは、行き過ぎである。荀彧や程昱、あるいは夏侯惇や曹仁《そうじん》は、なぜこれを止められなかったのであろうか。

落ち着きの無い日常

曹操の日常について、『曹瞞伝《そうまん》』は、次のように伝えている。ただし、『曹瞞伝』は、呉の人が曹操のことを悪く書いたものである。しかし、それだけに、『三国志』が伝えなかった曹操の真実の姿に迫っているのかもしれない。

曹操は、軽佻浮薄《けいちょうふはく》な人柄で威厳がなかった。音楽好きで、芸人を傍らに侍らせ、いつも昼《ひる》日中《ひなか》から夜まで楽しんだ。衣服には軽い絹を着て、身体には小さな革袋をさげ、ハンカチやこまごました物を入れていた。時には(正式な冠ではない)恰帽《こうぼう》をかぶって賓客と会見した。人と談論するときは、常にからかい半分で話し、思っていることを全く隠さなかった。(宴席で)上機嫌で大笑いしたときなど、頭を杯やお碗の中に突っ込んで、頭巾はすっかりご馳走で汚れて、びしょびしょになるほどであった。その軽薄さは、このようであった。しかしながら、法を施行することは峻厳で、諸将のうち自分より優れた計画を抱いている者がいると、後から法に引っかけて処刑した。さらに、古い怨みのある旧知の者も、すべて見逃さなかった。曹操は処刑をする際、その者に向かって涙を流して嘆き悲しんだが、決して命を助けることはなかった(『三国志』巻一 武帝紀注引『曹瞞伝』)。

荀彧たちが、曹操の徐州大虐殺を止められなかった理由が少し見えてくる。曹操は、行動が突発的なのである。威厳がなかったことは、匈奴《きょうど》の使者が来たときに、代役を立てたという逸話があることからも分かる。小柄で、人をからかいながらぺちゃぺちゃ話し、部下が自分よりも優れた計画を抱けば、嫉妬をして後から殺す。こうした人に誰が諫言《かんげん》できよう。事実、荀彧は、徐州大虐殺の際にこれほどの働きをし、献帝擁立を進言し、袁紹との官渡の戦いを支えたにも拘《かかわ》らず、後漢に代わって曹魏を建国したい曹操に殺害された。旧臣ではないのに機密に関わった賈詡《かく》は、曹操に疑われることを恐れて、私的な交際を一切しなかったという。非常の人・曹操の才能は、誰もが認めるが故に、常軌を逸した曹操の突飛な行動は、誰にも止められなかったのである。時代を超えた才能を持ちながら、曹操が中国を統一して、自らの国家を建設できなかった理由であろう。

泣きわめく臨終

曹操は、正妻の卞《べん》夫人のほかに多くの妾を持ち、名が残るだけで二五人の男子に恵まれた。正妻の卞夫人は、曹丕《そうひ》(文帝)・曹彰《しょう》・曹植《しょく》・曹熊《ゆう》を生み、曹丕と曹植の後継者争いの末、曹丕が魏王を嗣ぎ、後漢を滅ぼして曹魏を建国する。このほか、劉氏が曹鑠《しゃく》を、環《かん》氏が曹沖《ちゅう》（象の重さを計るなど聡明で有名、早卒）・曹拠《きょ》・曹宇《う》を、杜《と》氏が曹林《りん》・曹袞《こん》を、秦《しん》氏が曹玹《げん》・曹峻《しゅん》を、尹《いん》氏が曹矩《く》を、陳《ちん》氏が曹幹《かん》を、孫氏が曹子上《しじょう》・曹彪《ひょう》・曹子勤《しきん》を、李《り》氏が曹子乗《しじょう》・曹子整《しせい》・曹子京《しきょう》を、周《しゅう》氏が曹均《きん》を、劉氏が曹子棘《しきょく》を、宋《そう》氏が曹徽《き》を、趙《ちょう》氏が曹茂《ぼ》を生んでいる。

なお、正妻の卞氏が娼妓《しょうぎ》の出身であることをはじめ、曹操の妻妾には有力な後ろ楯を持つ女性は見当たらない。皇后の母方の一族である外戚の専横により力を失った後漢の悪弊を防ごうとした曹操らしい先進性を女性関係からも見ることができる。

曹操が臨終の際に残した遺言は、二種類ある。一つは、曹操を英雄に描く『三国志』武帝紀に次のように記されている。

> 天下はまだ安定していないので、古《いにしえ》の葬礼に倣《なら》うことはできない。埋葬が終わり次第、みな喪に服すのをやめよ。将兵は駐屯地を離れてはならず、役人はそれぞれの職務を遂行せよ。入棺の時は平服を着せ、金や玉といった副葬品を埋葬する必要はない（『三国志』武帝紀）。

まことに立派な遺言である。近年発掘された曹操高陵《こうりょう》（西高穴二号墓）からは、「金や玉」が副葬品とされていた形跡は認められず、曹操は「平服」で葬られていた。曹丕は、遺言を守って父を埋葬したと考えてよい。

もう一つの遺言は、妙に生生しい。三国を統一した西晋に生きた陸機《りくき》(陸遜《りくそん》の孫)が見たと主張するもので、清《しん》の厳可均《げんかきん》が『全三国文』において、陸機の「弔魏武帝文《ちょうぎぶていぶん》」のほか、『太平御覧《ぎょらん》』などの類書に残る遺令も輯《あつ》めて、次のように整理している。

わたしは夜半気分がすぐれず目が覚めた。明け方になって、粥を飲み汗が出て、当帰湯《とうきとう》を服用した。わたしは軍中では軍法に従って事を行ってきたが、それは正しかったであろう。しかし、些細なことで怒ったりして、大きな失敗をした。これを真似《まね》てはならない。天下はまだ安定していないので、古の葬礼に倣うことはできない。わたしは頭痛持ちで、昔から頭巾をかぶっていた。わたしが死んだ後、死に装束も生前と同じ服装にせよ。それを忘れてはならぬ。文武百官の殿中における追悼は、十五回泣き声を出してくれればそれでよい。埋葬が終わり次第、みな喪に服すのをやめよ。将兵は、駐屯地を離れてはならず、役人はそれぞれの職務を遂行せよ。入棺の時は平服を着せ、鄴城《ぎょうじょう》の西の丘にある、西門豹《せいもんひょう》の祠堂《しどう》近くに埋葬せよ。金や玉といった副葬品を埋葬する必要はない。わが婢妾《ひしょう》と歌姫たちには苦労をかけるが、銅雀台《どうじゃくだい》に控えさせ、よく待遇せよ。銅雀台には六尺の床を準備し、細くてあらい布の帳《とばり》をかけ、朝夕乾し肉と乾燥させた飯の類を供えよ。月の一日と十五日は、朝から正午まで、その帳に向かって伎楽《ぎがく》を奏でよ。汝《なんじ》らは時々銅雀台に登り、わたしの眠る西陵《せいりょう》の墓地を眺めるように。余った香《こう》は夫人たちに分けてよい。祭祀は命じない。仕事のない妾たちは、組紐《くみひも》の履《くつ》の作り方を学びそれを売ればよい。わたしが官を歴任して受けた印綬《いんじゅ》は、みな蔵の中に保管せよ。わたしの余った衣服は、別の場所にしまってよい。もしできなければ、兄弟で分けるがよい。

陳寿が『三国志』に記した堂々とした遺令と同内容の部分を含むため、本来、これが曹操の遺言であり、『三国志』のそれは、これを省略したものであるという見解もある。事実、曹操高陵は、今も残る「鄴城の西の丘にある西門豹の祠堂」の近くにある。しかし、陸機がこの遺言の大部分を主たる内容として著した「弔魏武帝文（魏の武帝を弔する文）」には事実誤認があり（後述）、この遺言の信憑性を損ねている。

『文選《もんぜん》』にも「弔文《ちょうぶん》」（お弔《とむら》いの文）の代表として収められる「弔魏武帝文」は、陸機が曹操の遺令を目にした驚きと嘆きから始まる。

元康《げんこう》八（二九八）年、わたしは尚書郎《しょうしょろう》から、著作郎《ちょさくろう》になり、宮中の秘閣に出入りするようになって魏の武帝の遺令を目にした。遺令を見たわたしは愕然《がくぜん》として溜め息を漏らし、しばらくの間、心を傷め思った。

陸機は、心を傷めた理由を次のように記す。

魏の武帝が継嗣曹丕に遺言し、四人の息子たちに教えを残す様子からは、国を治める計略は遠大で、家を盛んにする教えもまた弘大であることが分かる。また武帝は、「わたしは軍中では軍法に従って事を行ってきたが、それは正しかったであろう。しかし些細なことで怒ったりして、大きな失敗をした。これを真似てはならない」と言っている。立派である。これこそ達人の正しい言葉である。（しかし）女児を抱き末っ子の曹彪を指さして、四人の息子に向かって、「おまえたちに面倒をかけるが」と言って泣いた。痛ましいことだ。過去には天下を治めることを責務としながら、今は死に臨んで人に可愛い我が子の世話を頼むのである。命が尽きれば何もかもなくなってしまい、死ねば魂さえなくなってしまう。しかし閨房《けいぼう》の女性たちに女々しく心惹《ひ》かれ、家の者たちがすべき事にまで気を配るのは、あまりにも細かすぎないだろうか。また武帝は、「わが婢妾と歌姫は、みな銅爵台《どうしゃくだい》に控えさせよ。銅爵台の上に八尺の床と細くてあらい布の帳を用意し、朝夕乾し肉と乾燥させた飯の類を供えよ。月の一日と十五日は、いつも帳に向かって歌舞を行うように。汝らは時々銅爵台に登り、わたしの眠る西陵の墓地を眺めよ」と言い、さらに「余った香は夫人たちに分けてよい。仕事のない妾たちは、組紐の履の作り方を学びそれを売ればよい。わたしが官を歴任して受けた印綬は、みな蔵の中に保管せよ。わたしの余った衣服は、別の場所にしまってよい。もしできなければ、兄弟で分けるがよい」と言った。結局兄弟はこれを分けてしまった。死ぬ者はあとに残る者に要求すべきではないし、あとに残された者は死んでいった者の言葉に背くべきではないのだ。

陸機は、天下の英雄である曹操が、死に臨んで「閨房の女性たちに女々しく心惹かれ」、「夫人に名香を分け」ることを言い遺し、「妾たちが履をつくる」ことにまで気を配っていることを、あまりにも女々しいと思ったのである。

わが身の外にあるものに心を惑わせ、閨房の女性たちに対する思いを細かく言い残すことは、賢人としてあるべき姿ではないであろう。私は大いに憤りを感じ胸の思いが溢《あふ》れんばかりになって、こうして弔いの文を書くことにしたのである。

陸機は、こうした曹操の女々しさを賢人としてあるべき姿ではないと批判する。そして、次のように文章を締めくくる。

（曹操が）家族の将来に心を奪われたことが（わたしには）惜しまれ、遺言が細かくつまらぬものであったことが（わたしには）恨まれる。広大な志を履の飾りに歪められ、清らかな精神を余った香に汚されてしまった。

陸機は、曹操の「分香売履《ぶんこうばいり》（香を分け履を売ること）」について、閨房の女性たちに思いを細かく言い残し、女々しく、賢人らしからぬ行為だ、と半ば憤りを感じながら悲嘆しているのである。

このように、陳寿の『三国志』に残された曹操の遺令が、帝王の遺言として堂々たるものであることに対して、陸機は、曹操が残される女性たちの将来を案じてこまごまと心配することを「女々しい」と悲憤する。もちろん、陸機のように捉えず、愛した女性たちを心配する曹操の「愛」をそこに見いだしてもよい。陸機は、意図的に曹操を貶めているからである。

陸機の記述は、歴史的に誤っている。曹操臨終の場に、曹丕を含めた四人の息子たち（曹丕・曹彰・曹植・曹熊）が立ち会ったはずがないことは、『三国志』から分かる。しかも、曹操の末子は、先に名を列挙したように曹彪ではない。曹彪の生年は一九五年なので、曹操が死去した二二〇年には、「おまえたちに面倒をかける」必要のない立派な青年である。西晋の朝廷において、孫呉の旧臣として、曹魏系の高官から、田舎者と馬鹿にされた陸機が、かれらの誇りである曹操を女々しく描こうとする意図が「弔魏武帝文」にはある。

しかし、そのことは、「弔魏武帝文」が引用する曹操の遺言が擬作であることをそのまま証明するものではない。むしろ、感情の高ぶるがままに生き、才能の赴くがままに既成の価値観を打ち破っていった曹操の最期を詩人の感性が直感的に把握し得た、という可能性も棄てがたいのである。

162−223年
漢の皇族の末裔。
漢の再興を図り、
蜀によって即位。
魏・呉と対峙した。

「仁の人」、そのほとばしる激情

劉備

…りゅうび…

渡邉義浩

劉備《りゅうび》は、前漢景帝《けい》の子である中山靖王《ちゅうざんせい》劉勝《りゅうしょう》の末裔と称し、曹丕《そうひ》の曹魏《そうぎ》建国に対抗して、季漢《きかん》（季は末っ子の意。蜀漢《しょくかん》とも称する）を建国した。季漢を地域名の蜀で呼ぶのは、『三国志』を著した陳寿《ちんじゅ》が、曹魏の正統を認めず後漢を継承した、と称する季漢を「蜀書」に記録したためである。劉備は、「恩は兄弟の如し」と称された関羽《かんう》・張飛《ちょうひ》らを率い、黄巾《こうきん》の乱以降、傭兵《ようへい》のように各勢力を転々とした。やがて、「名士」諸葛亮《しょかつりょう》の参入により荊州《けいしゅう》南郡に地盤を得ると、さらに劉璋《りゅうしょう》を征して益州《えきしゅう》を保有した。二二一年、後漢の正統を継ぐ者として皇帝に即位したが、征呉に敗れて二二三年に崩御した。

陳寿は、劉備は度量が広く意志が強く心が大きく親切で、人物を見分け、士人を待遇して、漢の高祖劉邦《りゅうほう》の面影がある。国を任せて遺児を諸葛亮に託し、心に何の疑念を持たなかったことは、古今の至公である、と高く評価している（『三国志』先主伝）。

不正役人を鞭打つ

劉備は、史実において、そして何よりも『三国志演義《えんぎ》』において、「仁」の人と描かれている。しかし、曹操や孫権のような地盤もなく、戦乱の中で成り上がった傭兵隊長であるため、本来は気性の激しい、戦いにも強い人物であった。黄巾の乱の際に義兵を起こして功績を挙げ、安喜《あんき》県の県尉《けんい》(郡の下に置かれた県の警察署長)となっていた劉備のもとに、督郵《とくゆう》という監察官がやってきた。劉備は謁見を申し入れたが、取り次いでもらえなかったという。督郵に対して、賄賂《わいろ》を差し出さなかったのか。あるいは、黄巾の乱平定に報償を出しすぎたので、戦功で官位を得たものを首にするという方針が朝廷にあったのか。いずれにせよ、劉備は激怒した。

(劉備は)黄巾を討伐して功績があり、安喜県尉に任命された。督郵が公事(である配下の県の監察)のために安喜県(河北省定《てい》県)に到着した。先主(劉備)は謁見を求めたが、取り次いでもらえず、直ちに(督郵のいる宿舎に)入って督郵を縛りあげ、棒で打つこと二〇〇回、(安喜県尉の)印綬《いんじゅ》を解いて督郵の首にかけ、馬つなぎにくくりつけ、官位を棄てて亡命した(『三国志』先主伝)。

棒で二〇〇回も討てば、打ち所によっては命を失う。ここに、劉備の激情を見ることができよう。『三国志演義』は、劉備のあまりの激しさを嫌い、督郵を打った者を劉備から張飛に変更している。しかし、小説がいかに虚構を創ろうとも、劉備はそもそも激しい人物であり、異形であった。

(劉備は)身長が七尺五寸(約一七三センチメートル)、手を垂らせば膝《ひざ》の下まで届き、振り返れば自分の耳を見ることができた。言葉は少なく、よく人にへりくだり、喜怒は顔色に出さなかった。好んで豪傑と交際し、無頼《ぶらい》の少年たちは先を争ってこれに付き従った。中山国(河北省中山郡)の大商人である張世平《ちょうせいへい》・蘇双《そそう》らは、資産は千金を重ねるほどであったが、馬を売って涿《たく》郡に往来していた。(先主を)見てこれを評価し、そこで多くの金財を与えた。先主は、これによって兵を集めることができた(『三国志』先主伝)。

劉備が、「喜怒」を「顔色に出さなかった」のは、自らの激情を隠すためもあったであろう。その生業《なりわい》も、「無頼の少年たち」を集めて、中山国(国は郡と同等の行政区分)の馬商人の用心棒をすることであった。祖父に大宦官《かんがん》の曹騰《そうとう》を持ち、父の曹嵩も三公(三人置かれた総理大臣)の筆頭である太尉《たいい》となった曹操とは、明確に家柄が異なるのである。したがって、劉備は戦いに勝ち、根拠地を手にいれても、そこを永続的に統治できなかった。それは、知識人である「名士」と出身階層が異なるため、「名士」が集団に居続けなかったためである。

劉備はこの問題を克服するため、「名士」諸葛亮に三顧《さんこ》の礼を尽くして集団に迎えた。関羽・張飛を中心とする傭兵集団から、「名士」諸葛亮を中心とする政権へと集団を変容させることを三顧の礼という大仰《おおぎょう》な礼によって内外に宣伝したのである。もちろん、関羽・張飛は不満であった。「わたしに諸葛亮が必要であることは、魚に水が必要なものである」という言葉で知られる「君臣水魚の交わり」は、不満顔の関羽・張飛に対する劉備の言い訳であった。

人の国を奪って大宴会

諸葛亮の加入により、地域への支配力と外交力を持った劉備は、孫権《そんけん》と同盟して赤壁《せきへき》の戦いに曹操を破り、初めて荊州南部を根拠地とすることができた。続いて劉備は、諸葛亮の「隆中対《りゅうちゅうたい》（いわゆる天下三分の計）」に基づいて、劉璋から益州を奪おうとする。諸葛亮の親友である龐統《ほうとう》を軍師として、益州に進行し、ようやく重要な軍事拠点である白水関《はくすいかん》を取った。劉備は気が緩んだのであろう。いつもは、顔に現さないはずの喜びを宴会で爆発させる。

（劉備は）涪《ふ》県で大いに宴会を開き、酒盛りをして音楽を奏《かな》でた。（劉備が）龐統に、「（これまでの戦勝を祝う）今日の宴会は、楽しいというべきである」と言った。龐統は、「他人の国を討伐してそれを歓びとするのは、仁者の軍隊ではありません」と言った。先主は酔っており、怒って、「（有徳者の周の）武王が（暴虐な殷《いん》の）紂《ちゅう》王を放伐したとき、（士気旺盛なその軍隊は）口で歌い手足で舞って喜び楽しんだが、（武王は）仁者ではないのか。君の言は適切ではない。さっさと退席して出て行くべきである」と言った。ここにおいて龐統は即刻退出した。先主はすぐに後悔して、（龐統に宴会場へ）戻るように要請した。龐統は元の座席に戻ったが、決して（先主に）振り向いて挨拶しようとせず、平然と飲み食いしていた。（気まずい空気の中で）先主が、「さきほどの議論は、だれが誤っていたのかね」と言った。龐統は答えて、「君臣ともに誤っておりました」と言った。先主は大笑いして、酒宴の楽しい雰囲気は元のとおりとなった（『三国志』龐統伝）。

三顧の礼で迎えた諸葛亮と違って、龐統には遠慮するところが少なかったのか。劉備は「他人の国を討伐してそれを歓びとするのは、仁者の軍隊ではありません」という龐統の諫言に、感情を爆発させる。これに対して、平然と退出する龐統の器量の大きさは、さすがである。臥龍《がりょう》・鳳雛《ほうすう》と諸葛亮と並称される割には、この直後に戦死するため、功績の少なかった龐統であるが、「君臣ともに誤っておりました」と劉備の誤りを公然と指摘する態度にその志を見ることができよう。こうして劉備は、龐統と共に軍を進め、流矢に龐統を失うという犠牲を払いながらも、益州を征服する。

しかし、龐統を失った痛手は大きかった。荊州を守っていた諸葛亮は、劉備を支援するために、張飛と趙雲《ちょううん》を率いて益州に入った。荊州に残った者は、関羽である。関羽はのち、関聖帝君《かんせいていくん》として神格化され、清では孔子《こうし》の文廟《ぶんびょう》と並んで武廟《ぶびょう》に祀られたため、『三国志演義』では、諸葛亮を後回しにしてまでその「義」が強調される主役となる。ところが、史実の関羽は、強情で「名士」に対抗心を持ち、北に曹操、東に孫権と対峙《たいじ》する要地である荊州を守り続けられるほどの外交力を持ってはいなかった。したがって、劉備が漢中《かんちゅう》で曹操を破り、曹操の魏王即位に対抗して漢中王を称する中、関羽も北上して曹仁《そうじん》を攻撃している最中に、孫権に裏切られる。腹背に敵を受けた関羽は敗退し、孫権に処刑された。劉備の激情は暴発する。

国是よりも義弟の仇討ち

関羽の死去から間もなくして曹操も薨去《こうきょ》し、二二〇年、子の曹丕は後漢を滅ぼして曹魏を建国した。漢の一族と称する劉備は、これを認めず、二二一年、季漢を建国する。旧季漢の臣下である陳寿が、『三国志』で「蜀」という地域名を使ったように、季漢は曹魏が漢を滅ぼしたことを正統と認めないために創建した国家であった。したがって、劉備は何をおいても、曹丕と戦い、その国家を滅ぼさなければならなかった。

しかし、関羽を失った哀しみにくれる劉備は、軍を起こすことができない。情を同じくする張飛が、関羽の仇討ちのため、呉に出兵することを求めると、劉備は討呉を決定する。しかも、張飛が関羽の仇討ちの準備を急ぐあまり、部下に殺害され、張飛の首を持った暗殺者も呉に逃亡すると、劉備の感情は高ぶるばかりである。『三国志演義』では、諸葛亮は堂々と劉備の東征に反対する。ところが、陳寿の『三国志』には、諸葛亮の諫言は記されず、『三国志』の裴松之《はいしょうし》の注に引用される『趙雲別伝』という本に、趙雲の反対が記されるだけである。

孫権が荊州（の関羽）を襲撃すると、先主は大いに怒り、孫権を討とうとした。趙雲は諫めて、「国賊はそもそも曹操であって、孫権ではありません。かつ、先に魏を滅ぼせば、呉は自分から降服いたします。曹操の身は斃《たお》れましたが、子の曹丕は（漢を）簒奪《さんだつ》し（帝位を）盗みとりました。（それに反発する）多くの人々の心にそって、急いで関中《かんちゅう》を図り取り、黄河と渭水《いすい》の上流を拠点として凶逆（なる曹丕）を討てば、関東の義士が、必ずや兵糧を持ち、兵馬に鞭打って（わが）王師を迎えるでしょう。魏をそのままにして、先に呉と戦うべきではありません。戦いが一たび起これば、すぐに解

くことはできません」と言った。先主は聴かず、こうして東征し、趙雲を留めて江州《こうしゅう》の都督《ととく》とした。先主の軍が秭帰《しき》で敗れると、趙雲は兵を進めて永安《えいあん》に至ったが、呉軍はすでに撤退していた（『三国志』趙雲伝注引『趙雲別伝』）。

「国賊はそもそも曹操であって、孫権ではない」。臣下の誰もが、趙雲の言う通りである、と思ったであろう。一国の皇帝たる者が、臣下の戦死を理由に、自ら軍を率いて本来の敵国ではない孫呉に東征することなど、あり得ない選択であった。しかし、国是《こくぜ》よりも義弟たちの仇討ちを優先させる劉備の激情に誰も逆らうことはできなかった。事実、東征を止めた臣下は、劉備の逆鱗に触れて罰せられている。趙雲だからこそ言い得た正論であった。

諸葛亮は、劉備のほとばしる激情の魅力と危険性をよく理解していた。国是よりも関羽への情愛を優先する劉備のカリスマ性に人々は集まった。その情愛は、「仁」にすら近い。だが、宋襄《そうじょう》の仁という言葉もあるように、仁であることは、人としては正しくとも、政治的には誤っている場合もある。その両面性をよく理解していた諸葛亮は、評価していた劉備のカリスマ性と軍事的才能に荊州奪回の可能性を賭けた。しかし、劉備は夷陵《いりょう》の戦いで孫呉の陸遜《りくそん》に大敗する。

臨終の乱命

諸葛亮は、このころ季漢の内部に磐石な政治基盤を築き上げ、丞相《じょうしょう》・録尚書事《ろくしょうしょじ》に任命されて、名実ともに文武百官の頂点に立っていた。これに対して、劉備の君主権力の最重要基盤である軍事力は、壊滅した。永安の名称を「白帝《はくてい》」と改めた劉備は、白帝城で死の床についていた。成都《せいと》から呼び寄せた諸葛亮に、劉備は遺言を告げる。

章武《しょうぶ》三（二二三）年春、先主は永安（白帝城）で危篤となった。諸葛亮を成都より召し、委嘱して後事を託した。（劉備は）諸葛亮に言った、「君の才能は曹丕の十倍である。必ずや国家を安んじ、最後には（天下統一の）大事業を成し遂げることができよう。もし後継ぎ（劉禅《りゅうぜん》）が輔佐するに足りれば、これを輔佐せよ。もし才能がなければ、「君自《みずか》ら取る可《べ》し（君が自ら〈天子の位を〉取るべきである）」」と（『三国志』諸葛亮伝）。

先に掲げたように、陳寿は、この遺言を「その国をすべてまかせて孤《みなしご》（の劉禅）を諸葛亮に託し、心になんの疑いも持たなかったことは、まことに「君臣の至公《しこう》（君臣の私心なきあり方として最高のもの）であり）」、「古今の盛軌《せいき》（古今を通じての盛んな行い）」である」と絶賛している（『三国志』先主伝）。陳寿は、これを表現するために『諸葛氏集』を編纂した。それが、父司馬懿《しばい》が諸葛亮を食い止めた功績を高く評価したい司馬昭《しょう》に認められて、陳寿は『三国志』を編纂することできたのである。陳寿の『三国志』の中核部分は、旧敵国であっても蜀漢の丞相諸葛亮は、西晋に生きる人々が学ぶべき対象となるべき、君主との篤い信頼関係を持っていた、という、ここの主張に置かれている。

これに対して、明末《みん》の思想家である王夫之《おうふし》（王船山《せんざん》）は、「君自ら取る可し」を君主として出してはならない「乱命」であるという。劉禅に取って代われという命令は、実行できないからである。さらに、王夫之は、陳寿が「君臣の至公」で「古今の盛軌」と称える君臣の信頼関係をも批判し、諸葛亮は関羽ほど劉備に信頼されてはいなかった、と述べている（『読通鑑論《どくつがんろん》』三国）。信頼関係があれば、守れるはずもない「乱命」を出す必要がないためである。

諸葛亮の抱負は、自分たち「名士」が政権の中心となり、理想の国家を建設することにあった。そのためには、君主と争ってでも政策を推進していく。たとえば、劉備に嫌われていた劉巴《りゅうは》について、諸葛亮はその経済政策を高く評価して、劉備に抜擢を求めていた。そうした「せめぎあい」に備えて築きあげた諸葛亮の勢力基盤は、「君自ら取る可し」と劉備に言わしめるほど確固不抜なものとなっていたのである。

こうしてみると、王夫之の洞察力の高さに気づく。もちろん、結果論として諸葛亮は、最期まで劉備の遺児劉禅を輔佐し続けた。しかし、この遺言には、劉備と諸葛亮との緊張関係が凝縮されている。劉備の最期の乱命もまた、その激情によるものなのであろうか。

182–252年
劉備とともに曹操を赤壁で破り、三国時代を現出。呉の初代皇帝となる。

「信の人」、その根深い猜疑心

孫権…そんけん…

渡邉義浩

孫権《そんけん》は、孫堅《そんけん》の次子として生まれた。孫堅は、後漢末、董卓《とうたく》を打破して洛陽を回復し、荒れ果てた陵墓を修復するなど漢室に忠義を尽くした。それを「漢室匡輔《きょうほ》」という理念に昇華した孫策《そんさく》は、江東《こうとう》随一の「名士」である周瑜《しゅうゆ》の支援を受けて、江東を統一した。しかし、父も兄もいずれも短命であった。兄である孫策の後を嗣いで、江東を統治したとき、孫権は十九歳、周瑜だけではなく北来の「名士」である張昭《ちょうしょう》が政権を支えた。長江という地の利を生かして曹操《そうそう》に対抗し、二〇〇年、赤壁《せきへき》の戦いでは周瑜が黄蓋《こうがい》の火攻め策を採用して勝利をおさめた。その後、魯粛《ろしゅく》の「天下三分の計」に基づき、劉備と共に三国鼎立《ていりつ》の形勢を実現し、曹丕《そうひ》・劉備《りゅうび》に続いて皇帝に即位した。しかし晩年は、二宮《にきゅう》事件などの失政も多く、二五二年に薨去《こうきょ》した。陳寿《ちんじゅ》は、身を低くして才能ある者に仕事を任せ、越《えつ》王勾践《こうせん》と同様の非凡さを備えたが、性格は疑り深く、容赦なく殺戮を行い、晩年になるほど激しかったと批判している（『三国志』呉主伝）。

百官が支持する宰相は拒否

赤壁の戦いに際して、戦わずして勝つことを最善とする『孫子《そんし》』の兵法に基づき、曹操は、孫権の陣営に降伏工作を盛んに行った。このため、孫呉《そんご》では張昭・秦松《しんしょう》などの北来「名士」を中心に、曹操に帰順すべきであるという意見が強かった。その理由は、曹操への降服論が渦巻くなか、主戦論を取った魯粛が孫権に述べた言葉から理解できる。

先程から人々が（曹操への降服を）説く議論を考えますに、ひとえに将軍（孫権）を誤らせようとするものです。ともに大事を図るには足りません。いま粛《わたし》は曹操に降服することができますが、将軍にはできません。なぜかと申しますと、いま粛が曹操に降服すれば、曹操は粛を郷里に託して、その名声に基づく地位を評価するでしょう。（その結果に授けられる官は）下曹従事《かそうじゅうじ》（州郡の上級属吏）より下にはなりません。牛の（牽《ひ》く）車に乗り、吏や卒を従え、「名士」の間で交友し、官を累《かさ》ねて（出世すれば）州《しゅう》牧《ぼく》や郡太守になることができます。将軍は曹操に降服して、どこに身を落ち着かれるつもりですか。願わくは急ぎ大計を定め、（降服を説く）多くの人々の議論を用いませんように（『三国志』魯粛伝）。

荊州が曹操の支配下に収められたとき、降服を主導した蔡瑁《さいぼう》ら荊州《けいしゅう》「名士」は、曹操のもとでそれなりの処遇を受けた。魯粛は、自分たち「名士」は、いずれ州郡の支配者になれることを述べて、降服論の論拠を明らかにした。張昭たち北来「名士」は、自分の持つ社会的名声に基づく地位に加え、

孫呉政権を降服させるという功績を積めば、曹操政権での厚遇を期待できたのである。

孫権の決断により降伏論は退けられ、赤壁の戦いは呉の勝利に終わった。しかし、曹操の分断工作の傷跡は大きく残った。赤壁の戦いで軍を率いた周瑜は早く没し、それを継いだ魯粛も卒《しゅっ》すると、孫権が信頼を寄せ得る臣下は、呂蒙《りょもう》など少数となった。しかも、関羽《かんう》との戦いの後に、呂蒙まで病死する。曹丕と劉備の対立にうまく立ち回り、曹魏《そうぎ》から呉王に封建されたは良いものの、丞相《じょうしょう》を置いて独立政権の体裁を整えようとすると、信頼し得る臣下の欠如問題は大きくのしかかった。

孫権が丞相を置こうとすると、「名士」の輿論《よろん》は、当然のように張昭を推したのである。しかし、張昭は赤壁の際に降伏を唱えたものである。したがって、孫権は百官の意見に従わず、丞相職の多忙を理由に、北来「名士」の孫邵《そんしょう》を丞相に就けた。孫邵が死去すると、「名士」層は、再び張昭を丞相の候補に挙げたが、孫権は、張昭の剛直を理由に、顧雍《こよう》を丞相とした。孫権は、「名士」層の意志に反して張昭を丞相に任じないことで、「名士」の自律的な秩序に人事権が掣肘《せいちゅう》されないことを見せつけ、君主権力の確立を目指したのである。

孫呉の君主権力が弱体な理由は、周瑜や魯粛が早くに卒したためばかりではない。なぜ政権が存立するのか、という正統性が存在しないからである。後漢から禅譲《ぜんじょう》を受けた曹魏、後漢の継承を掲げる季漢に対して、孫策以来掲げてきた「漢室匡輔」は、後漢の滅亡により意味を失い、孫呉が積極的に存在すべき正統性はない。孫権の即位は遅い。

曹魏の建国から遅れること九年の二二九年、黄龍《こうりゅう》と鳳凰《ほうおう》が現れたとの瑞祥《ずいしょう》に基づき、孫権は皇帝の位に即いた。即位を天に告げる告天文《こくてんぶん》は、孫権が即位すべき正統性として、東南の運気が高まっていること、および瑞祥が度重なり現れたことを挙げる。しかし、曹魏・季漢と比べ、孫呉の正統性の薄弱さは否めない。このためか、孫権は、天子として最も重要な儀礼である天を祭る郊祀《こうし》を行わなかった。孫権は、郊祀を行う場所は、土中《どちゅう》（中国の中央、洛陽のこと）であるべきとし、臣下の郊祀実施の勧めを拒否している。正統性の欠如を最も痛感していた者は、孫権であったのかもしれない。

その弱みを抱えているからであろう。即位の際に、「名士」の代表である張昭を辱《はずかし》めている。

孫権は帝位に即くと、百官を招き宴会を催し、（帝位に即き得た）功績を周瑜に帰した。張昭も笏《しゃく》（威儀を整えるにため、右手に持つ細長い板）を挙げて（同じく周瑜の）功徳を称賛しようとした。まだ口を開く前に、孫権は、「張公の（曹操に降服せよとの）計のとおりにしていれば、今ごろは（人から）食事を恵んでもらっていたであろう」と述べた。張昭は大いに恥じ入り、地に伏して汗を流した（『三国志』張昭伝 注引『江表伝』）。

孫権は、君主権力の存立基盤において、最も強烈な赤壁での軍事的勝利という事実を盾に、満座のなかで張昭を辱め、張昭の「名士」としての権威や張昭への「名士」層の支持を打ち砕こうとしたのである。

それでもなお、孫呉の「名士」が張昭を支持したのは、張昭の「名士」としての生き方への共感を理由としよう。孫権の虎狩りに諫言《かんげん》し、礼を逸脱した酒宴を中止させ、憚《はばか》りなく意見を述べて孫権の気持ちを損ね、宮中に出入り禁止となる。あるいは、曹魏の使者の無礼を圧倒し、周《しゅう》・漢を模範に孫呉の朝儀を整え、『春秋左氏伝解《さしでんかい》』や『論語注』を執筆する、張昭の「名士」としての儒教を中核に据えた生き方に、自分の模範を見る孫呉の「名士」層の憧憬《しょうけい》が張昭を支えていたのである。

かつて張昭を押し退ける形で初代の丞相に任命された孫邵は北海《ほっかい》郡の出身で、同郡の孔融《こうゆう》に「廊《ろう》廟《びょう》の才（朝廷に立つべき才能）」と評価されたほか、張昭・滕胤《とういん》・鄭礼《ていれい》らとともに孫呉の儀礼を制定した北来「名士」である。当然、『三国志』に専伝を持つべき名位にあるが、専伝は立てられていない。東晋の虞喜《ぐき》は、はじめ孫呉の史書を著していた項竣《こうしゅん》・丁孚《ていふ》たちの著書にはあった専伝を張温《ちょうおん》一派の韋《い》昭《しょう》が『呉書』（陳寿の『三国志』呉書の種本）に入れず、専伝がなくなった、と伝えている。張昭を頂点とする孫呉「名士」社会において、自律的秩序を破って丞相とされた孫邵は、その記録から抹殺されたのである。

孫邵への攻撃は、これに止まらない。孫邵は張温・曁豔《きえん》から弾劾《だんがい》を受けている。その背後にある孫呉「名士」社会の自分への眼差しを感じたのだろう。孫邵は丞相辞任を孫権に請うた。しかし、孫権はそれを許さなかった。張昭を支持する孫呉「名士」社会の自律的秩序に対して、君主の人事権が優越することを示すためである。孫邵が丞相就任後、ほどなく卒したのは、「名士」と君主権力との板挟みに耐えられなかったのではないか。

孫邵への攻撃の中心となった張温は、将来を張昭に嘱望されて高い名声を得た。孫呉「名士」社会の頂点に君臨する張昭の知遇を得た張温は、「名士」社会の自律的秩序を貫徹するために、孫邵だけではなく、「名士」として相応しくない者を目の敵にした。張温は、選曹郎《せんそうろう》（人事官）に呉郡の曁豔・徐《じょ》州広陵《しゅうこうりょう》郡の徐彪《じょひょう》という江東・北来の「名士」を並用すると、「名士」の自律的秩序に基づく人事を遂行した。人物評価を好む曁豔は、張温の下で清議《せいぎ》（名士の価値基準に合致しているか否かを判断する人物評価）を行い、名士の価値基準にそぐわない者たちを貶《おとし》め、降格されない者は十人に一人であったという。

（孫権は令を下して）張温は賈原《かげん》に語って、「卿《きみ》を薦めて御史《ぎょし》とすべきである」とし、蔣康《しょうこう》に語って、「卿を用いて賈原に代えよう」と言っている。（これは）みだりに国家の恩恵をひけらかして売り、自分の勢力を増そうとする行為である。その姦悪な心を図るに、成さないことはない（『三国志』張温伝）。

孫権は、張温を幽閉する際の「令」で、張温の人事をこのように断罪している。孫権には張温が「名士」間の人物評価に基づき人事を運用することは、本来君主に属すべき人事権という「国家の恩恵」を専らにする行為と受け取れた。これでは君主の官僚支配が一元化されない。このため孫権は、その配下であった曁豔を自殺に追い込み、張温を失脚させたのである。

朝廷に来ない臣下の門を塞ぐ

孫権は、張昭や張温への対応のように、つねに名士層と対峙的であったわけではない。なかでも後継者となる太子孫登《そんとう》には、孫呉「名士」社会および君主権の基盤である軍部から満遍なく支持を求めた。輔弼《ほひつ》役に江東「名士」（陸遜・顧譚《こたん》）・北来「名士」（諸葛恪《しょかつかく》・張休《ちょうきゅう》）・軍部（陳表《ちんぴょう》）をバランスよく置き、将来に備えようとしていた。ところが、それ以前に張昭との対立が勃発する。

二度目の対立の契機は、遼東《りょうとう》の公孫淵《こうそんえん》をめぐる政策にある。曹魏に圧迫された遼東の公孫淵が帰順を申し出ると、孫権は喜んで燕《えん》王に封建しようとした。だが、張昭は公孫淵を信頼せずに反対した。孫権は、張昭の反対を押し切り、使者を派遣する。意見を無視された張昭は怒り、病気を理由に出仕しない。それを恨んだ孫権が、張昭の家の門を土で塞ぐと、張昭は門を内側から固め、決して出仕しない態度を示した。公孫淵が果たして使者を殺害して孫呉を裏切ると、非を悟った孫権は張昭の家に行き、呼びかけるが張昭は応じなかった。業を煮やした孫権は、門に火をつけて張昭を脅かしたが、張昭はますます門を閉ざす。やがて子が張昭を抱えて出てきたので、孫権は自分の馬車に乗せて宮中に戻り、深く張昭に謝罪したのである。この事件の最中、孫権は次のように述べている。

> 呉国の士人は宮中に入れば孤《わたし》を拝するが、宮中を出れば君（張昭）を拝する。孤が君を敬うことは、これ以上ないほどであるが、それなのに（君は）しばしば人前で孤をやり込める。孤はつねに（国家安泰の）計を失わないか恐れている（『三国志』張昭伝）。

この言葉に両者の対峙性は集約されている。孫権は、君主を中心とする孫呉国家の秩序が、宮中では通用しても、「名士」間には尊重されないことを問題としている。孫呉の「名士」層は、孫呉「名士」社会では、孫権の君主権力よりも「名士」張昭の権威を尊重しているのである。このため孫権は、ついに張昭を屈伏させられなかった。貴族の自律的秩序に基づく社会的権威に、皇帝と雖《いえど》も介入できなかった中国貴族制の萌芽の一つをここに見ることができよう。

こうした状況では、孫権は強引な君主権力の強化に努めざるを得ない。孫権は、中書郎《ちゅうしょろう》の呂壹《りょいつ》と秦博《しんはく》を君主の耳目の官である校事《こうじ》（スパイ）に任命し、官僚の弾劾を行わせた。弾劾は丞相の顧雍にまで及んだ。名士層がこれに反発したことは言うまでもない。歩騭《ほしつ》は地震という災異を機に、儒教の天人相関《てんじんそうかん》説に基づいて校事の専横を批判したが、孫権は聞く耳を持たなかった。また、潘濬《はんしゅん》は手ずから朝会で呂壹を殺害しようとしたが、呂壹が悟って潘濬を避けたため、暗殺できなかった。結局、校事制度は、官僚の非違を察挙して君主権力の強化を図るという当初の目的を果たさず、校事に就いた呂壹の個人的権力を伸長させたに過ぎなかった。のちに孫権は、呂壹の寵用を群臣に謝罪して、信頼関係の回復を試みている。しかし、校事の設置は、君主権力の強大化という目論見に反して、却って「名士」層の反発を招き、君主への信頼感を失墜させたのであった。

柱石の臣を死に追いやる

二四一年、皇太子の孫登が没した。孫登は、名士が苦しめられた呂壹の専横を批判し、孫権だけではなく「名士」層にも期待の皇太子であった。代わって琅邪の王夫人《おう》の子である孫和《そんか》が皇太子とされたが、王夫人は孫権の娘の全公主《ぜんこうしゅ》と不和であった。このため、皇后に立てられなかったばかりか、讒言《ざんげん》により憂死する。そうしたなか、皇太子孫和への孫権の寵愛も衰えていく。これに対して、孫和の同母弟である魯《ろ》王の孫覇《そんは》が、全公主の支援を受けて、皇太子の地位を狙うようになった。こうして「二宮事件」と呼ばれる皇太子孫和と魯王孫覇との後継者争いが始まったのである。

二宮事件のそもそもの原因は孫権にある。孫和を立太子しながらも、魯王に封じた孫覇の待遇を孫和と等しくしたからである。孫権の待遇を見た寵臣たちは、孫覇を後継者として推し続ける。孫権が最も愛した歩《ほ》夫人と同族の歩騭、孫権の信任厚い武将の呂岱《りょたい》、全公主の婿である全琮《ぜんそう》などの近臣集団である。これに対して、丞相の陸遜を筆頭とする皇太子派は、名士の価値基準である儒教に基づいて、皇太子を守護した。陸遜は、皇太子は正統であり藩臣の魯王とは対応に差をつけるべきである、と上奏している（『三国志』陸遜伝）。すなわち、二宮事件は、儒教的な価値基準を遵守しようとした名士を主体とする皇太子派と、孫権の君主権強化の手先となった近臣勢力の魯王派との対立なのである。

したがって、孫権は、君主権力の強化のためであれば、一方的に皇太子派を弾圧すべきであった。それが「名士」とのせめぎあいに勝利する方法であった。しかし、二宮事件は結局、喧嘩《けんか》両成敗の形を取り、皇太子孫和を廃位するとともに、魯王孫覇にも死を賜い、幼少の孫亮《そんりょう》を皇太子に立てるという形で決着した。君主権力強化の方向性は、貫徹されなかったのである。孫権は、皇太子派の陸遜・顧譚・顧承《こしょう》・朱据《しゅきょ》・張純《ちょうじゅん》・陸胤《りくいん》・吾粲《ごさん》・張休たちを弾圧するだけではなく、魯王派の全寄《ぜんき》・呉安《ごあん》・孫《そん》奇《き》・楊竺《ようじく》をも殺害して、「衆」の不満を和らげざるを得なかったのである(『三国志』呉主伝)。

のちに孫権は、陸遜の子である陸抗《りくこう》に、二宮事件は誤りであったと謝罪している。揚州《ようしゅう》「名士」の筆頭である陸氏を弾圧し切れなかったのである。「名士」への弾圧が失敗に終わり、以後の政権運営に腐心する孫権の姿をここに見ることができよう。二宮事件は、君主権力と「名士」層の双方が傷つき、孫呉の国力を消耗させただけであった。こうした国力の衰退と幼い孫亮の皇位継承に不安を懐きながら、孫権は二五二年に薨去する。

陳寿が表現するように、孫権の根深い猜疑心《さいぎ》は、晩年になればなるほど表面化し、孫呉は赤壁のときの輝きを二度と見せることなく滅亡するのである。

569—618年
隋の二代皇帝。大運河建設など積極的な政策をとるも国力の疲弊と反乱を招く。

煬帝《ようだい》
どこまで悪人であったのか

金子修一

はじめに

五六九～六一八年。隋の第二代皇帝、在位六〇四(仁寿四)～六一八年(大業十四)。本名は楊広《ようこう》。後漢末以降、四〇〇年ぶりに中国を統一(五八九年)した父の文帝(楊堅《ようけん》、五四一～六〇四年、在位五八一〈開皇一〉～六〇四〈仁寿四〉年)の後を受けて皇帝位に即き、黄河と長江とを結ぶ大運河を完成させ、西方の吐谷渾《とよくこん》を滅ぼすなど、隋の威力を内外に示した。しかし、六一二(大業八)年・六一三年・六一四年と、三年連続の高句麗《こうくり》遠征を敢行し、そのほかにも大運河の開鑿《かいさく》、副都の洛陽の造営を行うなどして国力を疲弊させ、巡幸先である大運河沿いの江都《こうと》(揚州《ようしゅう》)で、近衛軍の反乱によって命を落とした。

煬帝は死後の諡号《しごう》である。中国では在位中の皇帝は「今上《きんじょう》」などと呼ばれ、死んだ後に諡号が贈られる。漢や隋の文帝など、平和をもたらした皇帝は文帝・孝文帝などと呼ばれることが多く、前漢の武帝や魏晋南朝の多くの初代皇帝など、武威を振って建国あるいは国威を伸長させた皇帝は多く武帝と呼ばれる(ただし、漢の武帝は正しくは孝武帝)。このような皇帝号は諡《おくりな》であり、いずれも死後に生前の事績に応じて贈られる。諡号の多くは諡法という決まりに従って選定されるが、「煬」は「内を好み礼を遠ざける」「天に逆らい民を虐げる」という意味で、はなはだ芳しくない。「帝」字には帝《たい》釈天《しゃくてん》など「タイ」と読む読み方もあるが、煬帝についてわざわざ「ダイ」と読む習慣がいつから始まったかは明らかではない。おそらく、通常の皇帝と区別する意味でそう呼ばれているのであろうが、「煬」字の使用と相まって煬帝に悪逆のイメージを与えていることは間違いない。

このように、悪逆非道のイメージの付きまとう煬帝であるが、刑法の律の条文を減らすなどの善政や、仏教を保護するなどの文化政策を行っていないわけではない。煬帝の伝記的な実相については、清水書院から刊行された布目潮渢《ぬのめちょうふう》氏の『隋の煬帝と唐の太宗　暴君と名君、その虚実を探る』（一九七五年、『つくられた暴君と名君・隋の煬帝と唐の太宗』と改題して再刊、清水新書、一九八四年）に行き届いた記述があり、同じことを本稿で再述してもあまり意味はない。そこで本稿では、基本的な事実は布目氏の高論に拠りながら、その後の研究の進展や筆者の関心に基づいて、違った角度から煬帝に関する史料を挙げてみたい。

文帝の死と煬帝の即位

煬帝は文帝の次男である。母は文帝の独孤《どっこ》皇后。独孤氏は北方民族由来の姓で、父方の楊氏も漢代以来の漢人名族の子孫を名乗っているが、漢族であったとしても、北方民族の影響の強い地域で育ったことは間違いない。独孤皇后の姉の一人（独孤信《しん》の長女）は北周明帝の皇后、もう一人の姉（独孤信の四女）は唐初代の皇帝李淵《りえん》の母で太宗の祖母である。皇后の父の独孤信は北周の大司馬《だいしば》・河内《かだい》公、北周初期の権臣の宇文護《うぶんご》に迫られて自殺させられたが、三人の娘が北周・隋・唐の帝室の姻戚となった点で、独孤氏は北朝の大変な名門であったといえる。

独孤皇后は文帝と結婚した時十四歳であったが、后は文帝と后以外の子を持たないことを誓った。后は謙抑で賢夫人の誉れが高く、文帝の政治に助言して宮中では二聖と称した。しかし嫉妬深く、尉遅迥《うっちけい》の孫娘が文帝の寵愛を受けると、后は文帝の執政中にこれを殺した。文帝は大いに怒り、単騎で山谷の間に入ること二十余里（一里は四百数十メートル）、後を追った高官の高熲《こうけい》・楊素《ようそ》が厳しく諫《いさ》めると、文帝は「吾は貴きこと天子為《た》るも自由を得ず」と太息した。高熲は「陛下は豈《あ》に一婦人を以て天下を軽んずるや」と注意したが、後に后は熲が自分を一婦人と言ったのを恨みとした。時の皇太子は長男の勇《ゆう》であったが、皇太子には女性が多く、太子妃の元《げん》氏が急死したのを、后は太子の愛妾雲《うん》氏が殺害したと疑った。文帝に高熲を退けるように建言し、太子を廃して煬帝の晋王広を皇太子としたのも、后の謀《はかりごと》といわれた。この時、煬帝は自分が皇太子にふさわしいと后に思わせるように、うまく立ち回った。六〇二（仁寿二）年に后が五〇歳で崩ずると、文帝は宣華《せんか》夫人（夫人は後宮の女官の身分）陳《ちん》氏・容華《ようか》夫人蔡《さい》氏を寵愛し、そのために体調を崩して危篤になると、侍者に「皇后在らしむれば、吾此れに及ばず（皇后が居さえすれば、自分はこうはならなかったのに）」と言ったという。

六〇四（仁寿二）年七月に、文帝が長安西郊の山中の仁寿宮《じんじゅ》で危篤になった時、皇太子の煬帝は宣華夫人陳氏に迫った。宣華夫人からそれを聞いた文帝は「畜生（煬帝）は大事を任せるには足りない、独孤皇后が自分を誤らせた」といい、廃太子勇を呼ぼうとしたが、煬帝は既に手を回して文帝の敕《ちょく》書《しょ》を持った使者を捕えて獄に繋ぎ、仁寿宮中の人の出入りを禁じた。その後まもなく文帝は崩御し、その晩に煬帝は宣華夫人に手を付けた。煬帝は即位すると人を長安に遣わし、文帝の死が知られていないうちに文帝の詔《みことのり》を偽作して廃太子勇を縊殺《いさつ》し、その後に文帝の死を公表した。そして八月に文帝の柩《ひつぎ》と共に長安に戻り、大興《だいこう》前殿で殯《かりもがり》、すなわち埋葬前の宮中での儀礼を行った。なお、隋の前の北周の長安城は前漢の長安城を引き継いでいるが、文帝は即位の後この長安城を壊し、その東南に新たに大興城を築いた。大興前殿はその正殿である。唐の長安城は隋の大興城を引き継いでいる。

以上のいきさつから、危篤の文帝を煬帝が殺したという疑いが絶えない。その可能性は多分にあると思われるが、そこで私が指摘したいのは文帝の遺詔《いしょう》である。遺詔は皇帝の遺言であるが、文帝の遺詔中には現代語訳で次のような意味の文言がある(『隋書』の高祖紀下)。

廃太子の勇や皇室の身分を剥奪された(これにも煬帝の差し金があったとされる)文帝の四男の秀《しゅう》は、悪心を懐《いだ》いて臣子《しんし》の心が無く、退けられた。古人も「臣下を知るのに君主以上の者はなく、子を知るのに父以上の者はいない」と。もし、勇や秀と共に国家を治めたならば、臣下は遍《あまね》く虐げられ、害毒は庶民に流れるであろう。今、悪い子孫は人々のためにすでに退けられ、好い子孫は統治という大業を担うに足りる。(中略)皇太子広(煬帝)は世継ぎの地位にいて仁孝は著聞し、その行いは朕《ちん》の志を達成するのに充分である。都や地方の官僚の協力を得て、心を合わせて協力し、共に天下

＝を治めれば、朕は瞑目《めいもく》しても（死ぬこと）、思い残すことは何もない。

文中の仁孝は、魏晋南北朝期に皇太子の資質を称える形容句としてよく用いられた。皇太子の資質を褒めちぎり、廃太子や庶民の地位に落としたその兄弟を悪《あ》し様に言う。これだけでも皇帝の遺言として不自然であるが、漢代以降の皇帝の遺詔を精査すると、意外にも皇太子の資質を保証し、後継者としての地位を担保する文言は、唐代の遺詔になって初めて継続的に現れるようになるのである。そしてその最初の例が文帝のこの遺詔であった。したがって、この遺詔が煬帝の息のかかった官僚によって作られた可能性は充分に考えられる。遺詔としてはあまりに露骨な文であり、唐になってからこのような文が流布したと勘繰りたくもなるが、これが原文のままであるとすれば、以上のように考えざるを得ないのである。

なお、文帝の子供は煬帝も含めて五人であるが、三男の秦王俊《しゅん》は六〇〇（開皇二〇）年に病死し、妃の崔《さい》氏が嫉妬で毒を盛ったのが遠因であったという。末子の漢王諒《りょう》は文帝が崩ずると任地の并《へい》州《しゅう》（山西省太原《たいげん》市）で兵を挙げ、鎮圧された後に皇籍を除かれて庶人となり、幽閉されて死んだ。四男の蜀王秀は、太子勇の廃嫡と煬帝の立太子に不満を持ち庶人とされたが、そこでも煬帝の工作があったという。江都で煬帝が宇文化及《うぶんかきゅう》に殺された時に、化及は秀を皇帝に立てようとしたが賛成者がなく、秀は化及に殺された。このように、文帝の子は煬帝も含めて全て非業の死を遂げた。

大運河の開鑿

唐の高祖李淵や太宗李世民《りせいみん》は、煬帝の末年の六一七（大業十三）年になって軍を興し、同年中に長安を占領した。その蹶起《けっき》の建前として、煬帝の悪政を糾弾し、「開皇の旧」すなわち文帝の開皇年間（五八一〜六〇〇年）の善政に戻すことを標榜した。そこで、唐初から編纂が開始され、高宗朝初期の六五六（顕慶元）年に完成した『隋書』では、文帝はおおむね名君として記され、煬帝のことは多分に悪く書かれる。そのような例として、大運河の開鑿について次に見てみよう。

隋は黄河と長江を結び、さらに黄河以北は北京、長江以南は杭州《こうしゅう》まで伸びる大運河を完成させた。初めに文帝の五八四（開皇四）年に、長安から渭水《いすい》の南を並行して黄河に入る広通渠《こうつうきょ》を通した。次いで文帝は五八七年に、黄河と長江との間を並行して流れる淮河《わいが》と長江とを結ぶ山陽瀆《さんようとく》（邗溝《かんこう》）を開いた。煬帝は即位翌年の六〇五（大業元）年に黄河と淮河とを結ぶ通済渠《つうさいきょ》を開き、六〇八年には後述する高句麗遠征とも関係して、黄河と涿郡《たくぐん》（現在の北京）とを結ぶ永済渠《えいさいきょ》を開いた。さらに、六一〇年に長江と杭州とを結ぶ江南河《こうなんが》を開き、これによって大運河が完成した。黄河と長江とを結ぶ運河は黄土で埋まり易く、元《げん》になると別のルートに替わったが、大運河は清《しん》朝まで中国の南北を繋ぐ経済の動脈として機能した。その中心となる通済渠を開いたのは煬帝であるが、『隋書』巻二四・食貨志《しょっかし》ではおおよそ次のように記されている。『隋書』煬帝紀を参照すると、おそらく通済渠の完成した六〇五年の時の描写である。

竜の形の竜舟や鳳凰《ほうおう》の飾りのある大船、黄竜（艦）・赤艦・楼船（楼《たかどの》のある船）などを造り、人々を募って錦を着せて䐝《においぶくろ》を身に付けさせ、青の絹糸の纜《ともづな》で船を引かせ、江都まで行幸した。煬帝は竜舟に御し、五品以上の高級官僚は楼船に乗せた。船の群れは舳《へさき》と艫《とも》を接するように二〇〇里以上も続いた。途中の州県には食事と宿舎とを提供させ、食事の供給が豊富であった地方官には官爵を加え、不充分であった官は譴責《けんせき》して死に至らしめた。

一方『隋書』食貨志は、最初に広通渠を開いた時の文帝の詔をおおよそ次のように引いている。

黄河から渭水をさかのぼる水運は便利であるが、渭水の流量は変動が大きく、流れが浅く川底の沙の多い時には水運が妨げられる。その距離は数百里に過ぎないので、運河を開きたい。開鑿《かいさく》の一時の労力で万代も利便を受けることができる。今は炎暑の疲れやすい時期であるが、暫《しばら》くの労働で永い逸楽を得ることができる。人々に宣告して、そのような朕の気持ちを知らせるように。

そして、水運が便利となり長安周辺の関内はこれに頼るようになった、と記している。

一読して明らかなように、煬帝の通済渠については運河の船旅の贅沢を強調し、文帝の広通渠開鑿では人民に対する配慮が記されている。隋代の大運河の実際の効能については史料が無く、経済的効果よりも南北朝統一の象徴的な役割の方が主であったとも思われるが、北京から杭州までを結ぶ運河の完成が煬帝の下で達成されたことは間違いない。『隋書』食貨志の記述はそのような歴史的評価よりも、文帝の仁政と煬帝の奢侈との対比を強調しているのである（拙稿「隋の文帝の運河開鑿（五八四年）」「煬帝の大運河（七世紀初）」、ともに歴史学研究会編『世界史史料3　東アジア・内陸アジア・東南アジアⅠ』、岩波書店、二〇〇九年、参照）。なお、先の引用文には纜で船を引かせたとあるが、大運河の両側は堤防まで土を叩き締める版築《はんちく》という工法の幅広い道を設け、その上を人力で船を引かせたのである。現在でもそうした河原の道の残っている所もあり、固い版築の基礎を利用して車道として利用する動きもあるという。

高句麗遠征

大運河以外にも、煬帝は大きな土木工事を興した。大運河と同じ年の六〇五年三月に東都洛陽を営建し、翌年の正月には完成した。足掛け十か月で完成しているのであるから、基礎はあったとしても、相当の突貫工事であったであろう。煬帝は三月に巡幸先の江都を出発し、四月には新しくできた洛陽に入っている。そして一度長安に戻るが、九月には洛陽に入り、その後は六〇九（大業五）年に比較的長く長安にいたほかは、おおむね洛陽に滞在するか、洛陽を起点に遊牧民との接壌地帯を含めて各地を巡幸した。煬帝にとっては、むしろ洛陽こそ首都であるかのような様相を呈した。また、六〇八年には壮年の男子二十余万人を発して楡谷《ゆこく》（楡林《ゆりん》の西、内モンゴル自治区托克托《トクト》市付近）以東の長城を築いた。文帝も五八七年に丁男十余万人を発して長城を修築させたが、二〇日で終わっており、煬帝の時の方が大規模かつ本格的であった。これらの長城の修築には、異民族の動きも関係していた。

一体、秦漢と匈奴《きょうど》との間に見られるように、中国が統一されると北方の遊牧民族との関係がまず緊張する。隋と突厥《とっけつ》との間も緊張したが、突厥の内紛に乗じて、隋は建国直後に突厥を東西に離間させ、東突厥を服属させることができた。また、西の黄河上流を本拠地とする吐谷渾は、直接北方民族と連絡を取ることのできない南朝と西域との交渉を仲介して南北朝期には繁栄を誇り、隋代に入ってもしばしば河西《かせい》回廊に侵入して隋と西域との交渉を妨害した。一方、東方の高句麗や百済《くだら》、特に高句麗は二〇〇年間の南北朝の間では、南北の双方の王朝に朝貢していた。隋が成立すると早速隋に遣使したが、五八五(開皇五)年には南朝の陳に遣使した。隋の台頭に危機感を抱いた行動であったと思われるが、五八九(開皇九)年に陳は隋に滅ぼされ、高句麗と隋との対立が深まることとなった。五九八(開皇十八)年に高句麗が靺鞨《まっかつ》と共に遼西《りょうせい》に攻め込み、文帝が激怒して漢王諒に兵を率いさせて反撃し、その作戦は失敗したが高句麗の嬰陽《えいよう》王(在位五九〇~六一七年)も謝罪する、という一幕もあった。しかし、煬帝と高句麗との対立はより深刻であった。

文帝は南北朝を統一しても対外政策には概して消極的であった。これに対して煬帝は対外積極策に転じ、西域との交渉も盛んに行うようになった。この点は、中国を統一し長期政権の確立した前漢で、中期の武帝(在位前一四一~前八七年)になって積極的な対外政策を展開したこととよく似ている。周囲の国々との交渉が隋に優位に展開する中で、六〇七年八月に煬帝は突厥の啓民可汗《けいみんかがん》の牙帳《がちょう》(テント）に幸《みゆき》した。しかし、この時に高句麗の使者が先に到着しており、その使者を啓民可汗は隠さずに煬帝に引き合わせた。中国の東北地方にいる民族にとって、中国王朝を経由せずに長城以北のステップルートを通して北アジアから中央アジアまで交渉を行うことは難事ではないし、それ自体中国王朝の了承を得るべきことでもない。しかし、煬帝は隋の頭越しの高句麗と突厥との交渉を恐れたのであろう。使者に対して嬰陽王に速《すみや》かに来朝すべきことを伝えるように言い、来朝しない場合には必ず啓民可汗を率いて高句麗に巡幸する、と威嚇した。実際には高句麗征討に啓民可汗が同行することはなかったが、これは突厥に対する威圧でもあったのであろう。

煬帝が長城を大規模に修築したのは翌年の六〇八年であり、黄河から涿郡まで大運河の永済渠を通したのも同年である。これらの土木工事は対高句麗戦の準備であったと考えられよう。翌々年の六〇九年に吐谷渾を平定して西海《せいかい》・河源《かげん》等の四郡を置いたのも、高句麗戦の前に背後の西方を安定させる行動であったであろう。また、六〇七年には倭国《わこく》が小野妹子《おののいもこ》を隋に派遣して、「日出《いづ》る処の天子、書を日没する処の天子に致す、恙《つつが》無きや云云《うんぬん》」という国書を送り、これを覧《み》た煬帝が「蛮夷《ばんい》の書、礼を無《な》みする者有らば、復《ま》た以て聞《ぶん》する勿《なか》れ（今後、礼に戻《もと》る蛮夷の書があれば、皇帝の許に届けないように）」と言った話は有名であるが、その翌年には煬帝は帰国する小野妹子と同行させて裴世清《はいせいせい》を派遣した。高句麗遠征を控えて倭国との間に無用の摩擦の生じるのを避けたのであろう。そしてついに、六一二（大業八）年から六一四年までの三年間、煬帝の親征も含めて毎年大軍を高句麗に派遣した。六一四（大業十）年には高句麗も和睦を乞《こ》い、煬帝は高句麗使を連れて長安に帰還し冬至に高句麗使も参加させて天を祀った。しかし、既に六一三年の第二次遠征の最中には国内で反乱が起こっており、煬帝は六一四年の暮れには長安を離れ、その後は洛陽を中心に各地を転々とした。そして六一六（大業十二）年には江都に行幸し、六一八（大業十四）年三月に近衛軍を率いた宇文化及の反乱で江都に落命した。なお、六一四年の冬至の祀天《してん》儀礼では戦勝を報告したのであろうが、当日は大風で一部の儀礼を省略し、終わると煬帝は御馬を疾駆させて帰ったという（『隋書』巻六・礼儀志一）。煬帝は天からも見放された、と言いたげな描写である。

おわりに

以上、煬帝の悪業とされる兄の皇太子勇の廃黜《はいちゅつ》及び殺害、父の文帝殺害の疑惑、国民を疲弊させた大土木工事としての大運河開鑿、長城・洛陽城の修築、高句麗遠征について一瞥《いちべつ》してきた。皇太子勇の廃黜と殺害、父の文帝殺害の疑惑については『隋書』に拠る限り疑いようはなく、このような事例は中国史のみならず世界史的にもしばしば見られた、と言ったところで弁護の仕様はない。しかし、大運河開鑿については巡幸の贅沢を強調しても、中国の南北を結ぶという象徴的な意味やその後の経済的な役割を過小評価するわけにはいかないであろう。一方、長城の修築が、高句麗と突厥との連携の事実を煬帝が知り、高句麗との関係が急速に悪化したことと関係していることは、推測に難くないであろう。大運河の一部の永済渠の開鑿もこれに関連する。また、中国北辺への巡幸や煬帝の高句麗親征は洛陽を拠点として行われた。そうすると、長城及び洛陽城の修築と高句麗遠征とは、煬帝における国際関係への関心の高さを示すものとして、共通の土俵で理解することができる。

さきに、文帝に比べて煬帝が著しい対外積極策に転じたのは漢代の武帝に類似すると述べたが、煬帝自身対外政策で名を揚げようと思っていたのかもしれない。煬帝が異常な事態の中で即位したことは廷臣には知られていたであろうし、これにからんで太子の位を廃された兄の勇が煬帝即位時に殺害されたこと、弟の諒が煬帝の即位に反対して挙兵した後に死んだことも公知の事実である。自分の即位における世評の芳しくないことは煬帝も自覚していたのではなかろうか。そうであれば、対外政策で実績を挙げて名声を揚げようと焦った煬帝が無理を承知で高句麗遠征を強行した、という解釈も成り立つかもしれない。これは筆者の単なる思い付きであるが、煬帝の事績を客観的に評価するためには、以上に挙げたような諸事業についても、そこに悪業という以上の歴史的意義を見出していく努力は必要であろう。

なお従来は、清朝の学者阮元《げんげん》の比定した揚州の煬帝墓が知られていたが、二〇一三年になって、墓誌の記述から煬帝のものとされる墓が揚州の別の場所で発見された。ただ、この墓は唐になって改葬されたものであるが、造成時のものと思われる梯子《はしご》が墓道に放置されているなど、規模の小さいことは除いても、墓誌から太宗の貞観《じょうがん》元(六二七)年または九(六三五)年に葬られたとされる墓としては、余り丁寧な作りであったとは言えない。一方六四八(貞観二二)年に亡くなった蕭《しょう》皇后の墓も並んで作られており、少し小ぶりながらこちらの作りは丁寧である。

598–649年
兄を倒して即位。中国統一を完成させ、唐の支配体制の基礎を固める。

「貞観の治」の光と影

唐の太宗

…とうのたいそう…

金子修一

はじめに

五九八～六四九年。唐の第二代皇帝、在位六二六（武徳九）～六四九（貞観《じょうがん》二三）年。本名は李世民《りせいみん》。父の高祖李淵《りえん》（五六六～六三五年、在位六一八～六二六年）を助けて隋末に太原《たいげん》（山西省太原市）に挙兵し、長安に進出。六一八年に唐を建てた後も、群雄の平定や突厥《とっけつ》との対応に東奔西走し、著しい軍功を挙げた。しだいに長兄の皇太子李建成《りけんせい》と対立し、六二六年に建成を倒すと皇太子となり、同年に高祖の譲位を受けて皇帝位に即いた。六二八年に中国全土を平定すると国内の安定に努め、「貞観の治」と呼ばれる太平の世を実現した。

唐の太宗は名君として知られる。「貞観の治」の貞観は年号で、太宗は在位中に貞観以外の年号を用いることはなかった。太宗崩御後に則天《そくてん》武后《ぶこう》が台頭し、武后と高宗《こうそう》（在位六四九～六八三年）との子の中宗（在位七〇五～七一〇年）・睿宗《えいそう》（在位七一〇～七一二年）の朝廷では唐室の李氏と武氏一族とのせめぎ合いで政治は混乱し、睿宗の子の玄宗《げんそう》（在位七一二～七五六年）の登場で、漸く唐朝廷の政争は収まった。玄宗朝の初期に呉兢《ごきょう》が、太宗と主だった臣下四五人との間の政治に関する問答等を「論君道」「論政体」「論任賢《じんけん》」「論求諫《きゅうかん》」「論納諫《のうかん》」等の全十巻・四〇篇・二八七項目に分類して編集し、『貞観政要』として玄宗に進上した。武后登場以降の政治の混乱を経て即位した玄宗に、「貞観の治」の再現を期待して編集した書物といえる。唐の中期以降に政治の教科書として読まれただけではなく、朝鮮や日本でも為政者に愛読され、ことに鎌倉幕府で北条政子《ほうじょうまさこ》が日本語訳の『仮名《かな》貞観政要』を作らせたほか、北条泰時《やすとき》が本書を愛読したことは良く知られている。

このように、貞観の治の通称は『貞観政要』によって有名となった。太宗と群臣との会話が太宗への批判や注文の部分も含めて詳細に記され、太宗礼賛に終わっていない点でも本書は読みごたえがある。しかし、太宗は兄の建成を殺し、高祖の位を奪うような形で皇帝位に即いており、唐の歴史に関する中心的な史料となる五代後晋《こうしん》の『旧唐書《くとうじょ》』、北宋中期の『資治通鑑《しじつがん》』では、在位中の太宗の政治姿勢の美点を強調して記述しているように見られる部分も多い。したがって、太宗の政治の功罪を客観的、正当に評価するのはなかなか難しい。本稿では、太宗の即位に至る事情、高宗の立太子の情況、及び晩年の高句麗《こうくり》遠征について述べてみたい。

玄武門の変

太宗の母は高祖の皇后の竇《とう》氏。隋末に没し、唐の建国時に太穆《たいぼく》皇后を追贈された。高祖の二一男のうち、長男で皇太子の建成、二男の太宗、三男の衛《えい》王玄覇《げんは》と四男の斉王元吉《げんきつ》が竇后の子で、玄覇は唐朝成立前に早逝していた。『旧唐書』巻六四・高祖二十二子伝を見ると、建成と元吉とが次第に結託を強めて太宗を排除しようとした様子が描かれている。建成は建国時に皇太子となったが、遠征の失敗から高祖が政術に閑《な》れていないことを憂慮して補佐役の臣下を附けている。太宗の功業が目覚ましくなると、高祖は太宗を皇太子とすることを考えるようになり、それを知った建成と元吉とが乱を起こそうと謀り、たまたま群雄の劉黒闥《りゅうこくたつ》の反乱が起き、後に太宗朝の名臣となった王珪《おうけい》や魏徴《ぎちょう》からむしろ劉黒闥を倒して功績を挙げるべきであると諭され、建成が劉黒闥討伐を願い出て彼を捕えて凱旋する、という一幕もあった。

高祖の晩生の諸王やその母親達は競って恩寵を求めたが、太宗は軍事を統括し、後宮の要求には応じなかった。六二一(武徳四)年に洛陽を獲得すると、高祖は後宮の女性達を洛陽に送って宮人や府庫の珍物を取らせ、彼女達の親族を官僚とする希望を出させた。しかし、洛陽を管轄する太宗は先に財物の目録に封をして高祖に奏上し、官爵は功績によって与えることとして、後宮の女性達の怨みを買った。また、張婕妤《ちょうしょうよ》(婕妤は後宮の女官の一)の父が田地を要求したのを高祖は認めたが、太宗は既に軍功のある淮安《わいあん》王李神通《りしんつう》に与えていた。これを婕妤が偽って、高祖が敕書《ちょくしょ》で自分の父に賜わった土地を秦王(太宗)が奪って神通に与えたと奏し、怒った高祖は「自分の詔敕は行われないのに、秦王の教命(教は皇太子や皇子が発する文書)は州県は受け取るのか」と、袂《たもと》を攘《はら》って太宗を責めた。

以上は、『旧唐書』巻六四・隠太子建成伝の一部であるが、この後にも高祖李淵の朝廷では高祖の威令が行き渡らず、建成や秦王世民・斉王元吉の教と高祖の詔敕とが並行して世間が混乱したこと、建成が勝手をして高祖が怒ったこと、兄弟の対立が激しくなって高祖は太宗を洛陽に行かせようとしたが、建成や元吉が太宗を自由にさせてはいけないと反対し、高祖が太宗の洛陽派遣を取り止めたということも記されている。同巻の巣《そう》王元吉(巣王は死後の追贈)伝では、元吉は唐建国の初めに唐の出身地の并州《へいしゅう》(山西省太原市)を守って失敗し、別の州の刺史《しし》に移されたが、前述の洛陽攻撃では戦功を挙げたと記す。その後、建成と組んで後宮にも運動し、高祖は太宗を疎《うと》んじて元吉を可愛がるようになった。太宗が高祖と元吉の屋敷に行った時には刺客に太宗を殺させようとしたが、失敗を恐れた建成が中止させた。たまたま突厥が侵攻した時には、その討伐に事寄せて秦王府の将兵を割こうとしたが、その計略に気附いた高祖は命令しなかった。そこで元吉は秦王を倒すように高祖に進言したが、高祖は答えなかった。

以上のように、『旧唐書』李建成伝・李元吉伝を見ると、唐初には高祖の抑えが利かず、李建成・李世民・李元吉がそれぞれかなり自由に活動していたこと、これに後宮の動きが加わって政治秩序の乱れていたことが記されている。また、高祖が一度は太宗を皇太子にしようと考えたり、その後疎んじたり、元吉を可愛がったと思えば太宗の不利を図ろうとする元吉の行動は抑えたりと、高祖自身もかなり揺らいでいた様子が見られる。建成伝・元吉伝を通じて、終始揺るがない態度を取っていたのは太宗のみであったことが印象づけられるが、実際その通りであったとも言い切れない。太宗は建成に仕えて太宗を除くことを進言した魏徴のような者も登用し、魏徴は『貞観政要』にたびたび登場して諫臣《かんしん》(御意見番)の代表格となった。よって、太宗の器量が大きかったことは否定できない。しかし、高祖がいかにも優柔不断であるかのような建成伝・元吉伝の記述は、いくらか割り引いて考えなければならないであろう。

李建成と李元吉とは夜宴で太宗に毒酒を進め、毒に当たった太宗は血を数升も吐いた(唐の一升は日本の一合に相当)。高祖は太宗を見舞った後、「ふだん酒を飲まない秦王とは夜宴をしないように」と建成に諭し、その後に前述の太宗の洛陽転出を図った。『資治通鑑』に拠れば、太宗が毒酒に中《あた》ったのは六二六(武徳九)年六月のことで、建成・元吉が突厥対策に事寄せて太宗配下の将兵の削減を図り、遂に太宗が蹶起《けっき》して自ら建成を射殺し、元吉を部下の尉遅敬徳《うっちけいとく》が射殺したのは、その後間もない六月中のことであった。長安の宮城北門の玄武《げんぶ》門を中心に起きたこの政変を玄武門の変という。高祖は建成や元吉の諸子を誅《ちゅう》し、太宗を皇太子としたが、「今自《よ》り軍国の庶事は大小と無く悉く太子に委ねて処決し、然る後に(自分に)聞奏《ぶんそう》せよ」(『資治通鑑』)、と詔《みことのり》した。実質的に太宗の皇帝代行を認めたのである。八月八日には高祖は位を太宗に伝えることを制し、太子はいったん固辞したが、翌日に東宮の顕徳《けんとく》殿で即位した。正殿の太極《たいきょく》殿は高祖の使用する殿であったからである。しかし、高祖には太上皇の尊号を上《たてまつ》り、高祖は弘義宮に移り住んで太安宮と改名した。

六三四(貞観八)年には宮城の東北の高台に大明《たいめい》宮を造営して太上皇の高祖の避暑の場所としたが、完成前に高祖が病身となったのでその移住は実現しなかった。高祖は翌年の六三五(貞観九)年五月に崩御し、献陵《けんりょう》に葬られた。

以上の高祖と太宗との親子関係をどのように考えるべきであろうか。高祖が優柔不断で統率力に乏しく、それが政治の混乱を長引かせたとすれば、太宗の行動も止むを得なかったのかも知れない。ただ、『資治通鑑』を見ると、高祖が太上皇になってから崩御するまでの九年間で高祖の記事が見えるのは、六三三(貞観七)年十二月❖1に前漢の未央《びおう》宮の跡で太宗と共に突厥の頡利《けつり(きつり)》可汗《かがん》や南蛮《なんばん》の酋長馮智戴《しゅうちょうふうちたい》等と酒を飲んだことの一度しかない。太宗は即位後しばらくは高祖の存在を警戒し、自分の治世が安定し、かつ高祖も衰えたところで優しく接するようになったのではなかろうか。なお、建成は太宗が即位してから改葬し、葬儀の日には太宗は宜秋《ぎしゅう》門で声をあげて泣く哭礼《こくれい》で見送り、甚だ哀れな態度であったという。しかし、西安博物院にある李建成の墓誌は「大唐故息隠《いん》王墓誌。王は諱《いみな》建成、武徳九年六月四日、京師《けいし》に薨《こう》ず。粤《ここ》に貞観二年歳次戊子、正月己酉朔、十三日辛酉、雍州《ようしゅう》長安県の高陽原《こうようげん》に葬る」という、八行で一行九字分の石に漢字にして五五字、七行目の三字目からは空格という簡素なものである。息王は死後の追贈の王号、隠は死後の諡《おくりな》であるが、墓誌の「隠」字には前の字を削って書き直した跡がある。従って、太宗が自分で殺した建成を手厚く葬ったとも思われない。

皇太子問題

太宗は自分の後継者選びにも苦労した。太宗の長孫《ちょうそん》皇后は賢婦人の誉れ高く、長男の承乾《しょうけん》と第四子の濮《ぼく》王泰《たい》、そして第九子の高宗を生んだ。承乾は太宗が即位すると八歳で皇太子となり、性格は聡敏であった。しかし、長ずるに及んで声色を好むようになり、節度がなかった。しかし太宗に知られるのを恐れ、朝廷で太宗に視《まみえ》る時には忠孝の道を言い、退朝後には小人《しょうじん》達と狎《な》れ親しんだ。

足に障害を得て歩行が困難となり、聡明で評判の良い魏《ぎ》王泰に太宗の愛情は移りつつあった。承乾は自分の廃立を恐れるようになり、魏王泰も自分の才能を誇り、皇太子となることを考えるようになった。それぞれに近付く臣下もあり、朋党というグループをなして両者は対立するようになった。たまたま、承乾が「称心」(心に称《かな》う)と名付けた楽人を溺愛していることを知った太宗が称心を殺すと、承乾は泰がその事を太宗に告げたと思って、泰に対する恨みはさらに激しくなった。その後は疾《やまい》と称して朝廷には参内せず、数十人から一〇〇人の家奴に伎楽を習わせ、胡人の髪型をさせて昼夜を分かたず舞踏させ、太鼓や笛の音は外に聞こえた。ついに、高祖の第七子で不行跡を太宗に注意されたことを恨みに持つ漢王元昌《げんしょう》、高昌《こうしょう》国を破る軍功を立てながら財物を私取するなどして、獄に下されそうになったことを恨んだ侯君集《こうくんしゅう》等と謀反を図り、それが漏れて六四三(貞観十七)年四月に元昌は自尽を命じられ、侯君集は誅殺された。承乾は廃されて庶人となり、六四五(貞観十九)年に配所の黔州《けんしゅう》(貴州省南部から広西壮《そう》族自治区北部)で死んだ。

　承乾の事件の際に魏王泰は無事であったが、太宗に面責された承乾は泰も朋党を作っていたことを挙げ、「もし泰を太子とすれば、その思惑にはまることになるだろう」と言った。これをもっともとした太宗は「泰が皇帝になれば承乾と晋王治《ち》(高宗)とは共に命が危うくなるが、晋王が皇帝となれば泰と承乾とは無事である」と言い、高宗が皇太子となった。泰は順陽《じゅんよう》王に封ぜられて均州鄖郷《きんしゅううんきょう》県(湖北省十堰《じゅうえん》市鄖県)に移され、後に濮王に改封されたが、六四九(貞観二三)年の太宗の遺詔《いしょう》では喪儀への参列を禁じられ、高宗朝の六五二(永徽三)年に薨去《こうきょ》した。

次の問題は、このような経緯で皇太子となった晋王治の権威をいかにして高めるか、ということであった。まず太宗は六四三(貞観十七)年の四月十一日に、皇帝の祖先の位牌を安置する太廟に行き、自分で制作した文を述べて祖先に陳謝した。八月四日には涼州《りょうしゅう》(甘粛省武威《ぶい》市)の昌松《しょうしょう》県鴻池谷《こうちこく》から、合計八八字の白い文字の浮き出た青い石が五つ発見され、その中には「太平天子李世民千年、太子李治」という文字もあった。すると太宗はその年の十一月三日冬至に長安城の南郊にある祀天壇《してんだん》で天を祀り、昊天《こうてん》上帝に告げる祝文《しゅうぶん》の中に、貞石(堅固な石)が出て、そこには祖先の功業や自分の祚《さいわい》、さらには皇太子に関する文字もあった、と述べている。そして、『冊府元亀《さっぷげんき》』巻三三・帝王部崇祭祀二には「太宗升壇《しょうだん》し、皇太子従いて奠《てん》す」とある。升は昇に同じで、奠は祭祀に酒などを供えることである。唐の祭祀には三回に分けて酒を地に注ぐ初献・亜献・終献という儀礼があり、皇帝が自分で行う場合には初献は皇帝が行う。「皇太子従いて奠す」というのは、おそらく高宗が亜献を行ったことを指す。そして、貞石の出た涼州には使者を派遣し、長安城の南郊壇での祝文に類似した告天《こくてん》文《ぶん》を読み上げさせ、涼州に曲赦《きょくしゃ》した。曲赦とは地域を限定して行う赦である。涼州から出た貞石は、太宗の意志によって行われたかどうかは判らないが、人の手によって作られたものであることは間違いないであろう。しかしそれを利用して、太宗は皇太子になったばかりの高宗を従えて天の祭祀を行い、高宗の立太子が天意にかなっていることを証明しようとしたのである。唐朝では、皇帝自身の行う祭祀が政治的意味を帯びるケースが多いが、貞観十七年冬至の南郊祀は、その意図が明確に把握できる最初の事例であったといえよう。❖2

高句麗遠征

高句麗との関係も、太宗にとって思い通りに行かなかった。高祖の六二四（武徳七）年には高句麗・百済《くだら》・新羅《しらぎ》の王が一斉に高麗王《こうらい》（高麗は高句麗の略称）・百済王・新羅王の称号を受けた。唐王朝による異民族冊封《さくほう》の始まりであり、唐と高句麗との関係は滑り出しは順調であった。しかし、六四二（貞観十六）年になると、高句麗の権臣の泉蓋蘇文《せんがいそぶん》が嬰陽王《えいよう》を殺し、王の弟の子の宝蔵王《ほうぞう》を擁立した。太宗は使者を派遣して新羅を攻めないように泉蓋蘇文を説諭したが、泉蓋蘇文は従わなかった。このころ、新羅は唐に接近しつつあったのである。六四五（貞観十九）年になると、太宗は高句麗征討の軍を起こし、自ら唐と高句麗との天然の国境となる遼河《りょうが》を渡り、安市城《あんしじょう》を囲んだ。しかし、城を落すことができず、八月が過ぎて寒さが近附いたので軍を返し、この征討は失敗した。なお、この年の日本（当時は倭国《わこく》）では、大化《たいか》改新の発端となる中大兄皇子《なかのおおえのおうじ》らが蘇我入鹿《そがのいるか》を誅殺した乙巳《いっし》の変が起こっているが、そこに太宗の高句麗遠征を始めとする東アジアの激動の影響をみる見方もある。翌年には高句麗が遣使謝罪して二人の美女を献上したが、父母兄弟と離れ離れになるのを憐れんで、太宗は二人を帰した。

しかし、六四七（貞観二一）年には、後に高句麗を滅ぼす李世勣《りせいせき》（太宗崩御後に「世」字を削って李勣とした）等を遣わして高句麗の辺城《へんじょう》を撃破し、その年の八月には江南十二州に命じて大船艦数百艘を造って高句麗を征討しようとした（『資治通鑑』）。翌年には将兵を派遣して渤海《ぼっかい》を渡って鴨緑水《おうりょくすい》に入り、泊灼城《はくしゃくじょう》を破った（『旧唐書』巻一九九上・高句麗伝）。さらに、高句麗の疲弊に乗じて翌年に三〇万の兵を発して一挙に滅ぼすことを群臣が議決し、これまでの高句麗征討で負担の無かった剣南《けんなん》（蜀、四川省）に舟艦を造らせることとし、太宗もこれに従った。しかし、蜀人は造船の役務に苦しんだ。すると名臣の房玄齢《ぼうげんれい》が瀕死の病を押して上表し、高句麗が臣節を失った場合、唐の民衆を侵略した場合、他日に中国の患いとなる場合には、高句麗を滅ぼしてよい。しかしそれがないのに、隋のために恥を雪《すす》ぎ、新羅のために讎《あだ》を酬いるというのでは、唐の損害が大きすぎる。高句麗の自新を許し、造りかけの船を焼き、徴収した人達を解散させれば、高句麗と唐との関係は回復するであろうといい、間もなく薨去した。しかし、その後も太宗は蜀での造船を止めず、山岳民族の反乱も起こったが、翌年の六四九（貞観二三）年には太宗が崩御し、太宗朝の高句麗遠征は終わりを告げた。高句麗は、高宗の六六八（総章元）年に李勣率いる唐軍と新羅軍との挟撃によって滅ぼされた。

おわりに

以上の太宗の事績をどう評価すればよいであろうか。唐初には高祖の権威も高くなく、建成・太宗・元吉の兄弟はそれぞれ自分用の官僚組織（王府）を持っていた。当然、配下の官僚同士の対立もあったであろうし、王朝の安定期に比べて兄弟の対立が厳しくなるのにはやむを得ない面もあったであろう。ただ、立太子の時から太宗が権力を握り、二箇月後には高祖が譲位して太宗が皇帝となり、それからほぼ十年後に高祖が崩御したことから見ると、玄武門の変前後の太宗の権威は相当高いものであったのではなかろうか。太宗は軍事的な準備以外にも、自分を支持する官僚の組織化なども進めていたのかもしれない。この点を検討するのは今後の課題である。

太宗の後継者争いでは、李承乾と魏王李泰とはそれぞれ朋党を作っていた。高宗が十五歳（数え年では十六歳）で皇太子になるのを支持したのは長孫無忌《ちょうそんむき》・李世勣（李勣）・褚遂良《ちょすいりょう》らであったが、太宗は崩御のひと月前の六四九（貞観二三）年四月には、「李世勣は才智豊かであるが、高宗には何の恩義もなく、高宗が即位しても心服しないかもしれない。今のうちに遠方の地方官にしておくから、私が死んだら中央官の僕射《ぼくや》に戻すように。その時に地方でぐずぐずしていたら殺すべきである」と、皇太子の高宗に指示している。太宗は臨終では後事を長孫無忌と褚遂良とに託して崩御し、褚遂良が遺詔を草した。長孫無忌は高宗の母の長孫皇后の兄で、高宗即位後は後見役を果たした。後に高宗が王皇后を廃して則天武后を皇后に立てようとした時、長孫無忌と褚遂良とは王皇后の廃立に強く反対し、則天武后が皇后となると遠方に退けられたが、李勣は「此れは陛下の家の事で、何ら外部の人に問う必要はない」と言って暗黙に武后立后を支持し、後に高句麗討滅の大功を挙げ天寿を全うした。武后立后の時の前二者と李勣との対照的な態度は、高宗即位時の太宗の扱いを反映しているのかもしれない。高宗が則天武后を立てたことについては、通常は高宗が武后の策略に乗せられたとされるが、長孫無忌から自由になりたかった高宗本人の意志であった、という解釈もある。[3] 承乾と魏王泰と対立を処理しきれなかったことの代償は少なくはなかった。

太宗の高句麗遠征は隋の煬帝の時のような大事には至らなかったが、六四五年の太宗の親征を皮切りに、小規模の戦闘を入れるとその崩御まで征討は止まなかった。なぜ晩年の太宗が高句麗遠征に固執したのか、明快な解釈は出せないが、太宗が捕虜や投降した人々を寛大に扱ったことに対して、江南の十二州や蜀の地方に艦船を造らせようとし、後者ではそれが山岳民族の反乱を引き起こしたり、蜀の人々が大きな負担に苦しんだことはあまり知られていない。太宗は享年五二歳であり、そう長命ではなかったが、若年からの激務の連続で晩年には抑えが効かなくなっていたのかもしれない。名君であり続けることの心理的負担は大きかったのであろう。


❖1…『資治通鑑』巻一九四に拠る。『旧唐書』高祖紀・貞観八年三月甲戌にも同様の詳しい記事があるが、『資治通鑑考異』巻十・唐紀二は、『太宗実録』では貞観八年正月に頡利可汗が死んでいるので、『唐暦』の記年に従う、としている。

❖2…拙稿「唐代皇帝祭祀の二つの事例」(拙著『古代中国と皇帝祭祀』所収、汲古書院、二〇〇一年、初出は一九八八年)及び拙著『中国古代皇帝祭祀の研究』(岩波書店、二〇〇六年)第七章「唐代における郊祀・宗廟の運用」参照。

❖3…孟憲実『唐高宗的真相』(北京大学出版社、二〇〇八年)参照。

623–705年
夫の高宗に代わり政治改革を進め、身内をも排除しつつ権力を掌握、女帝となる。

男の世界に敢然と切り込んだ女帝

則天武后

…そくてんぶこう…

氣賀澤保規

略伝

中国史上、唯一人女性で皇帝となった人物である。姓は武《ぶ》、名は照《しょう》（則天文字で曌）という。父は武士彠《ぶしかく》、并州文水《へいしゅうぶんすい》県（山西省文水県）の農民出身で、六一七（隋・煬帝・大業十三）年の唐の旗揚げに加わり、唐朝の高官となる。母は楊《よう》氏、隋室につながる家系である。武照は十四歳で唐の第二代皇帝太宗（李世民《りせいみん》）の後宮に入り、六四九（貞観二三）年に太宗が死んだ後、一時出家した形をとって、次の皇帝高宗《こうそう》（李治《りち》）の後宮に入った。その後、高宗の皇后王《おう》氏や淑妃蕭《しゅくひしょう》氏を除き、六五五（永徽六）年に皇后となると、気弱な高宗に代わって朝政をとり仕切った。

六八三（弘道元）年に高宗が没すると、武照は女帝への野心をむき出しにする。後継の息子を排除し、目安箱に相当する銅匭《どうき》を設置して密告を奨励し、酷吏《こくり》とよばれる下層出身の配下を使って政敵を弾圧した。他方、科挙制による人材登用につとめ、独特の則天《そくてん》文字を新造し、唐朝の「道先仏後」という宗教方針を仏教を優先する「仏先道後」に改め、「大雲経《だいうんきょう》」という経典を通じて女帝登場を正当化した。こうした長い準備をへて六九〇（天授元）年、唐を奪って周と改めた。これを「武周《ぶしゅう》革命」とよぶ。

武周政権は特別目新しい政治を実行したわけではないが、武照を頂点に女性が発言力を増した時代、また唐朝を支えた旧勢力系を排除し、科挙を通じて新たな人材が登場した転換期として注目される。しかし政治が内向きに流れた結果、外民族の突厥《とっけつ》（東突厥）や契丹《きったん》、またのちの渤海《ぼっかい》国につながる震《しん》国の抬頭《たいとう》をゆるし、律令支配体制に緩みを与えた。七〇五（神龍元）年一月、皇太子を押し立てたクーデターによって退位を迫られ、同年末に幽閉の身で死去し、夫高宗の眠る乾陵《けんりょう》に埋葬された。八三歳であった（年齢には他説もある）。

武照、太宗の後宮に入る

武照は、父武士彠と母楊氏の二女として、唐の六二三（武徳六）年に生まれた。姉が一人（後に韓国夫人《かんこくふじん》）、妹が一人の三姉妹であったが、他に異母兄二人がいた。父の出は山西省の中心太原《たいげん》（并州）に近い文水県の農民であるが、木材商人として財を築き、その財力をもって隋朝末期、太原府の責任者（留守《りゅうしゅ》）であった李淵《りえん》（唐の高祖）に接近し、その反隋の旗揚げに加わり、唐朝の重臣となった。唐になって前妻を亡くしていたところに紹介されたのが、楊氏であった。彼女の父は楊達《ようたつ》、隋朝の納言《のうげん》（大臣）を努めた人物で、隋室とは遠い縁戚筋にあたる。武士彠はこの名門との結婚を通じてみずからの家格を上げ、美しい三人の娘を授かることになった。

武照は勝気で活発な、そして目鼻立ちの整った美しい少女に成長した。数えで十四歳になった時の六三五（貞観十）年、二代皇帝太宗（李世民）の後宮に女官（宮嬪《きゅうひん》）として迎えられ、才人《さいじん》（正五品）という地位を与えられた。後宮では中位のランクとみてよい。この歳の六月に、太宗は長年苦労をともにした妻の長孫《ちょうそん》皇后を失い、そこで、高官の子女から容姿の麗しいものたちを選んで後宮に入れることになり、武照もその一人に加えられたのである。十四歳という年は、当時の結婚年齢としては標準なところであった。

まだ若かった武照は、多くの後宮の女性たちの中ではほとんど目立たず、太宗と接触する機会は余りなかったものと考えられる。ただしその時期のこととする次のような話が伝わっている。太宗には師(獅《し》)子驄《しそう》という名の荒れ馬があり、誰も手懐けられない。それを見た武照は、三つの品を用意してもらえればおとなしくさせてみせますと、太宗に申し出た。まず鉄の鞭を使い、それでもいうことを聞かなければ鉄の杖、それでもだめなら匕首で喉元をかっ切ってやりますと。この話は武照が後年皇帝についた後に語ったとされることで、じっさいに太宗に親しくこのような口が利けたとは考えられないが、彼女の性格の激しさを示す好個の事例となる。それに彼女は、馬を平気で扱い騎乗したことがそこに窺われる。彼女の生きた唐代、高位の女性たちがふつうに馬に乗って闊歩する、中国史上で他にはない時代であったことは記憶されてよい。

こうして武照は、少女から若くはつらつとした大人の女性へと変わる時期を、閉ざされた太宗の後宮で暮らした。期間は十三年に及んだ。その間、子供を身ごもった様子もない。結局最後まで太宗との接触は薄かったとみるしかない。しかし一方、太宗という大きな存在の間近で、政治の手法や権力の実態を見つづけたことは、後年政治の頂点に立ったときに大いに役立ったことだろう。

六四九〔貞観二三〕年五月、太宗は亡くなった。五二歳であった。そしてこれを機に、武照の身辺が動き始め、あとはひたすら権力の頂点にむけてひた走ることになる。太宗朝での十三年間はいわば助走段階、これからがいよいよ本番である。時に彼女二七歳、女としてもっとも美しさが増す時期にあたっていた。

武照、高宗の後宮に入る——「感業寺」の意味すること

武照の一生において、最大の困難といえば、この太宗から高宗への代替わりにあったことは言を俟《ま》たない。それはあたかも細い一本の糸を頼って先の見えない暗闇を進む、あるいは絶体絶命の断崖の上から次の断崖に飛び移るにも似た、たった一人の命がけの行動であった。

第三代皇帝となる高宗〔李治〕は、太宗と長孫皇后との間にできた三番目の子供で、長兄が承乾《しょうけん》、二番目が泰《たい》であった。太宗は皇帝につくと、すぐに承乾を皇太子としたが、彼は早くから素行がおさまらず、あげくクーデターを画策し、庶人《しょじん》に落された。順当であれば次は魏《ぎ》王泰が皇太子になるはずで、太宗じしんもそれを望んだが、重臣の長孫無忌《ちょうそんむき》らの強い反対にあい潰された。承乾が荒れた背後に弟との激しい確執があり、泰も当然責任を負わなければならないと。その結果、泰より十歳年下の晋《しん》王治にお鉢が回ってきた。部屋住みの身で帝王教育も受けずに過ごしてきた生活はそこで一変した。時に十六歳、それから太宗が亡くなるまでの六年間、皇太子として太宗の身近に仕え、六四九〔貞観二三〕年六月一日に即位した。これが高宗となる。

そして武照はこの高宗の後宮に突然、そして再び登場することになった。儒教的倫理観では、女性は二夫《にふ》に見《まみ》えず、つまり一人の男性(夫)に一生を捧げるのを美徳とした。これに従えば、皇帝の後宮を渡り歩くことはもってのほかである。皇帝が代われば、前帝の関係者は後宮から追い出され、新帝関係者が場を取って代わるのが決まりであった。であれば武照も同様で、二度ともどれない。にもかかわらず、いったい武照はこの高宗とどのように出会い、その後宮に入ることになったのか。通説では、太宗の後宮の女性たちは全員「感業寺《かんぎょうじ》」という寺に出家し、太宗の位牌を祀ることになったが、その後高宗が父の年忌(命日)のために寺を訪れ、尼となっている武照を見初めて還俗《げんぞく》させ、自身の後宮に迎えることになったといわれる。

しかしこれでよいだろうか。まず感業寺である。多くの史書にその名が載せられるが、具体的に寺の場所を詰めてみるとすべてぼやけてしまう。当時は道教優先の時代であり、皇帝の霊を祀るには太廟《たいびょう》という国家の施設があり、仏教寺院がそれを代行することはおかしい。皇帝の死によって後宮の女たちは全員出家するものという法令も確認できない。ましてかりに高宗が一年後寺を訪れたとして、多くの尼僧の中から武照をどう見つけ出せるのか。こうした様々な理由から、出家した武照が感業寺で高宗と出会ったとする設定にはかなり無理が感じられる。

それではつまるところ、両人の接点はどこにあったのか。おそらくそれは両人が病床に伏した太宗を看病するおりとしか考えられない。後年(六八四年)、武后に抵抗した李敬業《りけいぎょう》の反乱で出された檄文に、「太宗の後宮で仕えながら、その晩年に皇太子とただならぬ仲となり」と批判されたことからも、それは裏付けられる。一方は二二歳の皇太子で、他方は美しさを一段と増した年上の武才人《さいじん》である。彼女がリードしてことが進んだことは容易に推測できる。そこでできた関係をふまえ、高宗は即位後彼女を後宮に引き入れる算段をし、そのさい彼女の過去を清算するために出家の形がとられたが、実際は出家も剃髪もしていなかった、と私は推定する。

これに従えば、彼女は二重の意味で禁忌を犯したことになる。父と息子の両方と関係をもったこと、しかも父（太宗）の存命中に子（高宗）と関係ができたこと、である。とするとこの汚点となる過去は消さなければならない。そこで編み出されたのが、「太宗の死↓感業寺への出家↓寺で高宗と出会う↓高宗の手引きで後宮に復帰」という筋書きとなる。この流れから浮上する彼女は、あくまで受け身の存在、高宗によって運命をもて遊ばれた哀れな被害者となる。彼女は権力の頂点へと近づく過程で、この筋書きを巧妙に記録や記憶の中に埋め込み、みずからの立場を正当化したのではないか。であれば感業寺の所在が曖昧なのは当然のことであった。

❖唐朝前半期系図 〔 〕内は在位年

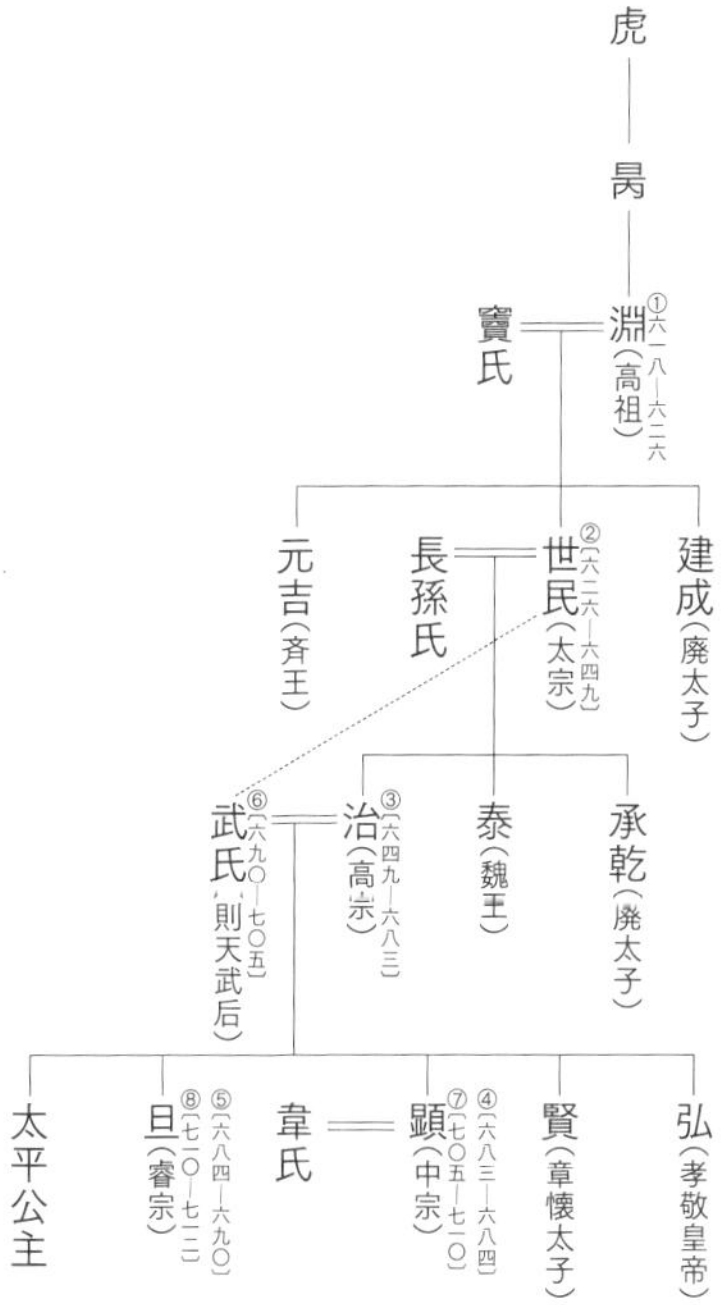

武后は何と多くの身内を殺したことか——女帝への荊の道

武照が再び宮中にもどるにあたり、もう一つ有利にはたらいた事情があった。皇后王《おう》氏と宮嬪の一人蕭淑妃《しょうしゅくひ》とが、高宗の寵愛をめぐって激しい女の争いを続けていたことである。皇后には子ができず、蕭氏には男子があり、寵愛もそちらに傾いている。皇后はそこで高宗を蕭氏から引き離すために、日陰の身にあった武照を後宮に引き入れることに同意した。それまで武照は母楊氏の里に身を隠していたのだろう。

だが一旦宮中に入ると、武照は周到にして激しく動き出す。まず皇后が期待したとおり高宗を蕭氏から離すと、その返す刀で王皇后を危機に追い込んだ。産んだばかりの女児を自分で殺して、皇后をその犯人に仕立て上げてである。こうして二人を排除し、重臣たちの反対を押し切り、六五五(永徽六)年には皇后に納まった。以後彼女は気の弱い高宗を背後から操る「垂簾《すいれん》の政」を進め、権力を掌握し、女帝への道を突き進むことになる。その過程で多くの人間が彼女の前に屍をさらすが、なかでも身近な血肉を分けたものたちも容赦なく殺したことは、その「悪女」ぶりを際立たせる。

皇后位について手始めにやったのは、地位を脅かす芽を摘むために、前皇后王氏と蕭氏を残酷にも手足を切り酒樽に押し込み殺害したことである。蕭氏は死ぬ間際、いつか猫に生まれ変わり武照の喉元を食いちぎってやると絶叫した。以来武后は二人の亡霊に悩まされ、宮中で猫を飼うのを禁じたという。犠牲になった肉親といえば、最初に矢面に立つのが実の子供たちである。かれらは女帝の座を阻む最大の障害となるからである。右にあげた女児は別にして、後を継ぐべき長男の李《り》弘《こう》、次男の李賢《りけん》が殺され、三男李顕《りけん》も殺されそうになり、四男の李旦《りたん》はひたすら母に恭順の姿勢を示して、死を免れた。このうち李弘は正義感に篤く心優しく、将来を嘱望された世継ぎに成長したが、母に毒を盛られ亡くなった。二四歳であった。父高宗の落胆は大きく、孝敬《こうけい》皇帝の名を贈り、皇帝に準じて埋葬してやった。

武后はこの他に、かつて自分たち姉妹や母に辛くあたった異母兄や従兄弟らを殺す。のみならず宮中に出入りする中で高宗とねんごろとなった姉の韓国夫人、その娘の魏国《ぎこく》夫人を毒殺し、韓国夫人の息子賀蘭敏之《がらんびんし》も殺害した。身内では後に武后政治を批判したかどで、孫の李重潤《りじゅうじゅん》、永泰《えいたい》公主も殺された。その他夫高宗につながる唐室関係者も、様々な口実をつけてほぼ根絶やし状態にされたことは改めて言うまでもない。身内は誰も信用できない。彼女が通った女帝への道がいかに厳しいものであったか理解できるだろう。

女帝政権への道を支えたものたち 「悪女」の彼方に

武后の下でかろうじて生き延びたのは、実の子供では二人の男と一人の娘太平《たいへい》公主、武家の側で甥の武承嗣《ぶしょうし》と武三思《ぶさんし》ぐらいであった。しかしそれに代わって、彼女に新たに引き上げられたものたちが身辺を固める。そもそも唐初の政権を担ったのは、唐室を中心とする関隴《かんろう》系貴族の系統に、山東門閥系を加えたものたちであった。しかし武氏は出が農民であるから、そのいずれにも属さない。そこで彼女は非門閥系から人材を集めることに決め、科挙による人材獲得に力を入れた。なかでも文学的能力を問う進士科《しんし》と儒教的経典に通じていることを問う明経科《めいけい》を重視し、ここから次代を担う人材が育った。

武后は高宗が亡くなった六八三年を境に、女帝への階段をかけあがることになるが、その筋道を付けるブレーン役が、北門学士と通称される科挙系につながる文学の士であった。さらに彼女の周りには、社会底辺のアウトローから出発した酷吏《こくり》とよばれる連中が集まり、銅匭《どうき》(投書箱)による密告と暴力で反対勢力を潰していった。また薬売りから武后の寝室に出入りする男妾となった薛懐義《せつかいぎ》(本名馮小宝《ふうしょうほう》)がいた。彼は上古の周代に政治が行われた明堂《めいどう》を復元して武周政治の足場を築き、傍らに大仏を収蔵した天堂を建造した。他方、彼女の出現を仏教の面から正当化するために、薛懐義が中心となって「大雲経」という経典を整備し、全土の寺院に配備させた。

この他、武后のとった政策に則天文字がある。天・地・日・月・星・国・君・臣などわずか二〇字程度の文字であり、従来はエキセントリックな彼女による思い付き的な仕業だなどと解釈されてきたが、じつはもっと大きな意図が込められていたのではなかったか。すなわち男の表現手段であった漢字の世界に、異質な文字を投げ入れ、それを書く度に武后とその背後の女たちの存在を意識させたのであろうと。

また事実上の都(神都)とした洛陽を貫流する洛水《らくすい》から、「聖母臨人、永昌帝業(聖母、人〔民〕に臨み、永く帝業を昌《さか》んにす)」の八文字が浮き出た予言石を発見したとして、大々的なセレモニーを挙行し、帝位につく裏付けとした。これも周到に考え抜かれた措置であり、これらを背後で立案したのは北門学士あたりであろう。

女帝という道を切り拓くには、通り一遍の手続きや既成の人材では到底不可能である。そのことを理解していた彼女は、それゆえ従来の枠に捉われない階層や出自、その発想や行動力を結集して頂点に立った。そしてもう一つ忘れてはならないのは、武后の背後に連なる女たちの存在である。彼女が政治の表舞台に立つことじたいが、女性の地位や発言力の向上を体現するが、武后も政策的に、たとえば親に対する喪に服する期間が父に三年、母には一年と差別されていたのを、母にも三年と改めさせたように、男女の対等さに気を配っている。じっさいこの時代の女たちは、家庭でも男女の関係でも活発に動き、中国史上他にはない様相を現出させた。女性たちも武后の抬頭を下で

龍門石窟の奉先寺大仏
武后が化粧料をさいて造営した(672年)。顔つきは武后に似せているといわれる。奈良東大寺大仏の源流となる。

則天文字
(『絢爛たる世界帝国』「中国の歴史 06」、講談社、2005年)

支えたとみてよいだろう。
武后とその時代は、同時代の既成の勢力からはもとより、牢固とした男社会の観念や論理に基づく中国史の本流からすれば、絶対に許されるべき対象ではなかった。それゆえ「牝鶏司辰《ひんけいししん》（雌鶏が時を告げる）」、「武韋《ぶい》の禍《か》」と絶えず悪しざまにいわれることになる。その意味で武后はまぎれもなく「悪女」の典型であるが、そうした強烈な個性が時代を彩り、中国史の魅力を演出していることをわれわれは忘れてはならない。

⊙参考文献

外山軍治著『則天武后　女性と権力』（中公新書、一九六六年）

林語堂著・小沼旦訳『則天武后』（みすず書房、一九五九年）

氣賀澤保規著『則天武后』（講談社学術文庫、二〇一六年）

氣賀澤保規著『中国の歴史6　絢爛たる世界帝国　隋唐帝国』（講談社、二〇〇五年）

666?―710年
義母武后により夫の中宗と共に幽閉される。復位後は実権を握り中宗を殺害。

「武韋の禍」のもう一人の立役者　女帝の道を踏み外した女

韋后…いこう…

氣賀澤保規

略伝

唐の第四代・六代の皇帝となる中宗李顕《ちゅうそうりけん》の皇后である。中宗の母が中国唯一の女帝となる則天武《そくてんぶ》后《こう》であった。その出は関中《かんちゅう》(長安一帯)の名門、京兆《けいちょう》の韋《い》氏である。記録によると、「中宗が太子となるの時、后(韋氏)を納れて妃《い》(皇太子妃)となす」(『旧唐書《くとうじょ》』韋庶人伝)とある。中宗が皇太子になったのが六八〇(調露二)年であるから、仮に同時期に、彼女が当時の平均的結婚年齢の十五歳で妃になったとすると、生年は六六六(乾封元)年頃と推定される。それであれば中宗(六五六〜七一〇年)との年齢差はちょうど十歳となる。

武后の夫であった高宗《こうそう》が六八三(弘道元)年末に亡くなると、皇太子であった李顕が皇帝(中宗)に即位し、それにあわせて韋氏も皇后となる。だが李顕は、みずから皇帝になる野心を燃やす母親の逆鱗にふれ、わずか二か月で帝位を追われ、廬陵《ろりょう》王として房州《ぼうしゅう》(湖北省)という辺地に流された。それから始まる厳しく監視された幽閉生活は、李顕が皇太子として武后に呼びもどされる六九八(聖暦元)年まで十四年という長期におよんだが、韋氏はその間夫を支えつづけ、じっと耐えた。

時の都洛陽（神都）にもどされたとき、時代は武后（則天皇帝）の武周《ぶしゅう》朝に変わっていた。二人は武周朝の皇太子と皇太子妃として過ごし、七〇五（神龍元）年正月（一月）にクーデターで武周政権が倒されたのをうけて、再興された唐の皇帝・皇后につくことになった。韋后はここに初めて武后という常にのしかかる巨大な圧力、前方を遮る高大な障壁から解放され、自分の意思で思うままに行動できることになった。そしてその挙句、凡庸で足手まといとなった夫中宗を娘の安楽公主《あんらくこうしゅ》と謀って殺し、義母則天武后が通ったのと同じ女帝への道に踏み出したところで潰された。七一〇（景龍四）年六月のことである。このときの決起を主導したのが李隆基《りりゅうき》、のちの玄宗《げんそう》皇帝その人であった。

はじめに　韋后とは誰か

七世紀後半から八世紀の初頭にかけて、中国史上まれにみる女たちが政治の実権を握り動かした時代が到来した。これは後世、男を主体とする秩序を乱した最も忌まわしい、恥ずべき時代と指弾されて、「武韋《ぶい》の禍《か》」とよばれ、後にはその時代を表す歴史用語として定着している。この用語において「武」とはいわずと知れた則天武后のこと、彼女は唯一の女帝にまで上り詰めた。ではもう一方の「韋」とは誰か、どのような人物であったのか、おそらくあまり知られていないだろう。

韋氏は武后の息子の皇后となったが、義母である武后の存在感があまりにも大きく、ために正面から取り上げられることは少なかった。その記録は正史の『旧唐書』后妃伝の韋庶人伝と『新唐書《しんとうじょ》』后妃伝の韋皇后伝、それに『資治通鑑《しじつがん》』の関連記事にほぼ限られる。本稿ではそれらを総合し、彼女の為人《ひととなり》や「悪女」とされる一面を浮き彫りにしてみたい。

則天武后の背中を見続けた女韋氏

則天武后には男子が四人いた。そのうち長男李弘《りこう》は聡明で慈悲深く、父親高宗はもとより周囲の臣下たちからも嘱望された。しかしそれがゆえに女帝となる野望を抱く母親から疎まれ、ある日食事に毒をもられ亡くなった。二四歳の青年であった。二番目は李賢《りけん》、彼も賢く高宗自慢の息子であったが、いつ頃か自分は本当は高宗が武后の姉の韓国《かんこく》夫人に生ませた子供ではないかと疑いはじめ、自暴自棄となって皇太子位を追われ、最後は幽閉、自殺させられた。その次に順番が回ってきたのが三番目、韋氏の夫となる李顕となる。

二人の兄に比して李顕は気の弱い凡庸な男であり、世継ぎとなる帝王教育も素養も身に付けないまま皇太子となった。兄たちがなぜ失脚、殺害されなければならなかったか、その背後にいる母親の存在、彼女の内に渦巻くどす黒い野望、それらのことについて十分理解できていなかった。李顕が皇太子になった頃に妃となる韋氏も、状況の本質はどこまでわかっていただろうか。彼女が、伏魔殿たる宮廷の現実を知るのは次の一件からである。

六八三年の十二月、高宗が五六歳で亡くなる。武后は野望を実行する機はまだ熟していないとみて、皇太子李顕を皇帝(中宗)につけ、自身は皇太后にまわった。その結果韋氏は皇后となる。しかし武后の本心がここにないことは明らかで、朝廷の主要ポストはすべて武后の息のかかったもので固められ、つけいる隙はどこにもなかった。凡庸な新皇帝は当座の飾り物、いつか自分がそこにとって代わると彼女は目論《もくろ》んだ。
だが豈《あに》はからんや、この息子はそうした事情を無視して、即位するとすぐに皇后の父韋玄貞《いげんてい》のためにポストを要求してきた。豫州《よしゅう》（河南省）の刺史《しし》（長官）であった韋玄貞を、中央の三省の一つ、門下《もんか》省の長官である侍中《じちゅう》につけたいという要求である。だがポストは埋まっている。李顕は怒った。「朕は皇帝だ。朕の力で韋玄貞に天下を譲ることでもできるのだ。たかが侍中をなぜ用意できないのか」と。

❖唐朝李氏と武后・韋后関係系図

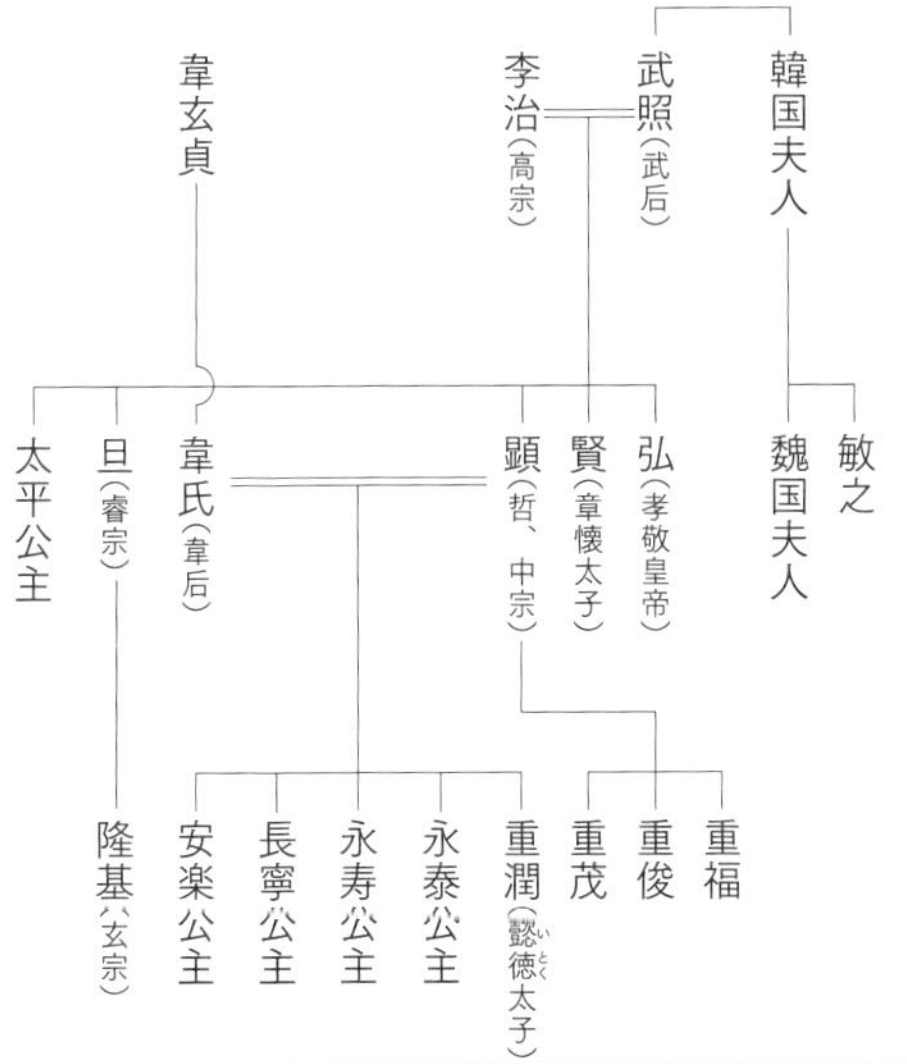

李顕がこのように動く裏に韋后がいたことは明らかで、彼一人でこのようなことを言い出せる度胸も発想もない。韋氏は皇后位につくと、これからは我々の時代、ついては父を閤内に起用してほしいと寝物語に懇願し、そこを突破口に武后体制からの転換をはかろうとしたであろう。これを聞いた武后は怒り、翌年二月に突如御前会議を招集し、その場で李顕の廃位を告げ、玉座から追い出した。「私に何

の罪があるのか」と叫ぶ李顕に、武后は「お前は妻の父韋玄貞に天下を与えられるといったではないか。これこそ大罪だ」と言い放った。

こうして彼らは房州(湖北省)という田舎に幽閉される。韋后本人は皇后在位わずか二か月で地位を追われたが、その過程で大変な人生の勉強をし、鍛えられたはずである。何よりも義母武后の権力にたいする凄まじい執着を目の当たりにした。また権力の座に坐ることの怖さと魅力も肌で感じ取った。一方、父韋玄貞とその一家が嶺南《れいなん》の欽州《きんしゅう》(広東)に流され、殺され離散するという不幸に見舞われた。勝ち気で世間知らずであった韋后は、そうした中をじっと堪えることを覚え、次の出番を待つことになる。

頼りない夫中宗を支えて　先の見えない暗闇のなかで

房州は現在の湖北省西北部の辺鄙《へんぴ》な山中にある。監視され外界と遮断された幽閉生活は、六九八(聖暦元)年九月まで十四年間つづいた。考えてみるにそれは余りにも長い歳月である。その間、李顕はしばしば精神的に不安定になり、都から皇帝の使いが来ると聞くたびに、それは死刑を伝達する使者にちがいないと思い、恐怖のあまり自殺を企むこともあった。

だが韋氏はそうした境遇のなかで、恐怖におののく夫に向かって、「禍と福は背中合わせのもの、不幸がいつ幸せに変わるかわかりません」と慰めつづけた。こうして苦労をともにするなかで、両人の信頼の情は深まり、李顕は彼女の助けに感謝してこう約束した。「晴れて再び世に出ることがあれば、お前にはやりたいことは何でも認めてやろう」と。韋氏が後年つづける勝手放題は、これを言質にとってのことかもしれない。

そして韋氏が予期したとおり、かれらに再び世に出る機会がめぐってきた。六九八年秋九月に、李顕は都から呼び出しがかかり、今度は皇太子として人々の前に立つことになった。当時北族の契《きっ》丹《たん》、北辺の突厥《とっけつ》が相次いで河北を南下してきた。これを阻むには兵員の結集が求められるが、いくら募集しても集まらず、意気もあがらない。この危機を救うには唐朝李氏の血を引く後継者を立てて、人々の気持ちを結集して戦うしかない。こう武后を説得し、李顕の再登場を促したのが宰相《さいしょう》の狄仁傑《てきじんけつ》であった。そして皇太子となった李顕が前線に姿を現すと人々は喜び、争って部隊に加わり、ついに突厥を退却せしめた。

こうして李顕は復活し、皇太子から武后後の後継者への路線がほぼ確定した。しかし舞い上がって喜ぶことに慎重でなければならない。武后のこと、いつ方針を換えるかわからない。二人は以後、皇帝たる母のそばでその政治をじっと見つづけ、時節の到来を待った。韋氏はその間に強くしたたかな女性に育っていった。

女帝へのたくらみ　「武韋の禍」における韋氏の時代

七〇五年正月、狄仁傑に後事を託された宰相の張柬之《ちょうかんし》が動いた。禁軍《きんぐん》を従え、尻込みする皇太子李顕を押し立てて武后の宮殿に踏み込み、退位と政権移譲を認めさせた。かくして武周朝は終わりを告げ、李顕は復辟《ふくへき》して中宗となり、韋氏は皇后(韋后)となり、唐朝が復活する。足かけ十六年におよんだ武后政権にしては、あまりにもあっけない結末であったが、そのことが逆に次に課題を残すことになった。

クーデターをした張柬之らが目指したのは、武后の下で政治を私物化したものたち、武后の男妾である張易之《ちょうえきし》や張昌宗《ちょうしょうそう》の兄弟、武家を代表する武三思《ぶさんし》、また宮廷内を渡り歩く上官婉児《じょうかんえんじ》らの取り巻きを倒し、武周時代を清算して、唐朝李氏の本道にもどすことであった。だが肝心の三思や婉児連中はいち早く韋氏の陣営に逃げ込み、あげく三思らは韋后と結託し、朝廷から挙兵派の張柬之らを追い出してしまう。挙兵派の詰めの甘さの結果であった。

韋后側のこのような対応は十分予想できることであった。そもそも韋后は武后のもとでその後を継ぐ野心を高めてきていた。それには義母武后が老齢で倒れ、そのまま政権が棚ぼた式に転がり込んでくるのが望ましい。唐朝李氏の本道にもどすことを掲げる挙兵派は、決して彼女の描く方向のものではなかった。こうして権力を握った韋后は、内朝にまで男の武三思を入れてただならぬ関係になり、しばしば自分のベッドに上げてゲームに興じた。中宗といえばその横で嬉々として彼らの点数表をつけていたという。

中宗をめぐって、「墨勅斜封官《ぼくちょくしゃふうかん》」の話も有名である。取り巻き連中は賄賂をもらって人事に関わるさいに、発令書の中身を見せないまま中宗に署名と押印をさせ、斜めに封をして人事担当官にまわしたからそういう。それは韋后らの乱脈政治を表す代名詞となっている。そしてこの場に多く立ち会ったのが、末娘の安楽公主であった。彼女は中宗夫婦が房州幽閉生活の中で生まれ、目に入れても痛くないほどにかわいがられて育った。

中宗夫婦には娘が四人、男子が一人いた。しかし長男李重潤《りじゅうじゅん》（懿徳《いとく》太子）は七〇一（長安元）年に、妹の永泰《えいたい》公主といっしょに武后に殺された。取り巻きの張易之らを批判したかどである。武后は自分の孫の命より張易之らを優先させたのである。その結果、中宗は皇帝に復位したとき、皇太子に別に生ませた李重俊《りじゅうしゅん》をあてるしかなく、韋后と安楽公主にとって面白くない。彼らは皇太子を徹底的に軽んじ、怒った皇太子は七〇七年にクーデターを実行した。だが結果は武三思を殺しただけで収束された。

おわりに　韋后と安楽公主の末期

こうして最後に残ったのは、韋后、安楽公主、上官婉児ら女たちであった。かれらは政界や社会に足場があるわけではなく、内廷にあって凡庸な中宗を操り、甘い汁を吸ってきたが、それがいつまでも続くわけではない。そうして次第に追い詰められていくなかでたどり着いたのが、武后を見習った女帝新政権の樹立となる。韋后を皇帝とすると、皇太子はどうするか。そこで編み出されたのが、皇太子ならぬ皇太女を設け、安楽公主を任ずることである。それは女性による権力継承、つまり男系中心の血統主義から女系による血統主義という問題提起であった。

七一〇（景龍四）年六月、韋后母娘は邪魔となった中宗をあっさりと毒殺し、かれらの考える女帝への道に踏み出した。だがかれらにはそこから先の明確な見通しも事前の入念な準備もあったわけでなく、あるのはただ則天武后の道を踏襲するという一点だけであった。

しかし武后は夫高宗を殺すことはせず、むしろできるだけ長生きを願った。女帝への道は十分な根回しが必要であった。その武后ですらしなかった挙に出た以上、母娘はそのツケを支払わなければならない。かくして間もなく起こされる李隆基のクーデターのなかで、全員殺される。韋后母娘の首は一日城門の前にさらされた。それは女の時代に一つの区切りをつけるメッセージでもあった。

⊙参考文献

氣賀澤保規著『則天武后』（講談社学術文庫、二〇一六年）

氣賀澤保規著『中国の歴史6　絢爛たる世界帝国　隋唐帝国』（講談社、二〇〇五年）

685—762年
混乱した政情を収めて太平の世を築くが、楊貴妃を寵愛して安史の乱を招く。

即位時の緊張と晩年の弛緩

唐の玄宗

…とうのげんそう…

金子修一

はじめに——即位に至るまで

六八五〜七六二年。唐の第六代皇帝、在位七一二（延和元）〜七五六（天宝十五）年。本名は李《り》隆《りゅう》基《き》。伯父の中宗《ちゅうそう》（在位七〇五〜七一〇年）を韋《い》皇后が毒殺し、政治権力を握ろうとした時期の混乱を制し、父の睿宗《えいそう》（在位七一〇〜七一二年）の譲位によって皇帝となった。当初は政争で混乱した政治を引き締め、貞観《じょうがん》の治に続く「開元《かいげん》の治」の太平を開花させた。唐の皇帝としては最長の足掛け四五年の在位を誇ったが、楊貴妃《ようきひ》を後宮に入れ宦官《かんがん》の高力士《こうりきし》を寵抜するなど、在位の半ばごろから政治は弛緩し律令制は退潮した。楊貴妃一族の楊国忠《ようこくちゅう》と対立した武将の安禄山《あんろくざん》の起こした安史《あんし》の乱（七五五〜七六三年）の初めに退位を余儀なくされ、失意の晩年を送った。

玄宗《げんそう》について述べるには、少し前から説き起こさなくてはならない。高宗が洛陽で崩御すると則天武后《そくてんぶこう》が政治を握り、実子の中宗を即位させたが（六八四、嗣聖元年）まもなく廃位し、中宗の弟でやはり武后の実子の睿宗を皇帝とした（文明と改元）。武后は睿宗を傀儡《かいらい》皇帝として実権を握り続け、六九〇（天授元）年になると周《しゅう》王朝（六九〇〜七〇五年、実質的には六八四〜七〇四年）を立てて自ら皇帝となり、盧陵王《ろりょうおう》とした中宗は房州《ぼうしゅう》(湖北省房県)に流し、睿宗には皇嗣という曖昧な地位を与えて洛陽に止めた。武后は七〇五(神龍元)年に病中の宮中クーデタで退位させられ、同年中に崩御したが、唐朝を復活した形で後を継いだ中宗には政治を主導する力はなく、巻き返した武氏一族や唐朝の李氏一族、それに中宗の韋皇后も加わって政争が続き、政治は腐敗混乱した。

七一〇(景龍四)年には、韋后が中宗を毒殺し娘の安楽公主《あんらくこうしゅ》を前代未聞の皇太女に立てる挙に出たが、睿宗の三男で臨淄王《りんしおう》であった玄宗が近臣と共にクーデタを起こし、韋后や安楽公主を誅殺した。睿宗が兄の中宗を継いで即位して玄宗が皇太子となったが、今度は睿宗と玄宗とが対立するようになった。睿宗のきょうだいで武氏と婚姻関係にある太平公主《たいへいこうしゅ》が、睿宗に勧めて七一二(延和元)年八月に譲位させて玄宗が即位したが、死刑の決定権、高官の任命権や外交権は、太上皇帝の地位を新設した睿宗が握った。翌年の七一三(先天二)年七月に太平公主が一派の宰相《さいしょう》達と玄宗の排除を計画、逆に玄宗がクーデタを起こして太平公主一派を誅殺し、睿宗は太上皇帝の地位はそのままに政治の大権を返上し、漸く玄宗の政権が確立した。

則天武后の残影

以上のように、玄宗の登場前に唐から周に王朝が交代して再び唐に戻るが、その間に周王朝の武氏と唐室の李氏が相互に婚姻を重ね、その中に中宗の韋皇后も割って入る、という複雑な政情の中で玄宗は即位した。従って、玄宗の初期の課題は睿宗の母でもある則天武后の影響をどのように払拭し、睿宗との関係をどのように保つかにあった。玄宗が皇太子となって以降、睿宗が玄宗に譲位して崩御する七一六年(開元四)までの間、玄宗と睿宗とがどのような関係があったかは史料上からは判らない。この点で興味深い材料を提供するのが、中宗・睿宗及び玄宗以降の詔勅《しょうちょく》における則天武后の扱いである。詔勅は皇帝の「みことのり」で、詔は大事に用いられ、一般的な事柄には敕が用いられた。そうした詔敕の文中に在位中の前の皇帝すべてを挙げている事例を探すと、中宗・睿宗の詔敕では高祖《こうそ》・太宗《たいそう》・高宗《こうそう》と併せて則天武后についても言及しているのに、玄宗朝以降の各皇帝の詔敕では則天武后に言及している例はほとんど一例も見られなくなる、という顕著な違いがある。

中宗では、七〇五(神龍元)年二月五日の「中宗即位赦《しゃ》」(『唐大詔令集』巻二)には「則天大聖皇帝」とあるが、これは即位時に中宗が上《たてまつ》った尊号である。同年の十一月に則天武后は崩御するが、その時の武后の遺制(遺詔)で、帝号を去って則天大聖皇后と称するようにした。その後の中宗の「景龍三年(七〇九)南郊赦《なんこう》」(同書巻六八)では、「則天大聖皇后」と右の遺制通りに記されている。また、睿宗の「太極元年(七一二)北郊赦《ほっこう》」(同書巻七三)では「大聖天后」と記されているが、これは睿宗の即位後に追尊した称号である。また、この文には「大聖天后、託を受けて権に従い」とあるが、権は「かりに、とりあえず」という意味で、従権で権宜の措置、応急の措置という意味である。また、さきの「中宗即位赦」では、則天大聖皇帝は反乱勢力を倒して即位した、という意味のことも書かれており、武后の権力独占に抵抗して蹶起《けっき》した唐室の勢力をむしろ反乱者扱いしている。さらに、唐の先代の皇帝全てに言及しているものではないが、『旧唐書《くとうじょ》』巻一八三・武延義《ぶえんぎ》伝の、七〇五(神龍元)年五月のものと推定される中宗の詔（武延義らの上表に対する答え）には、「則天大聖皇帝は（中略）朕躬《みずか》らに在りては則ち慈母となり、士庶に於いては即ち是れ明君」とあり、武后存命中の文ではあるが、武后は中宗にあっては慈母、官僚や人民にとっては明君である、と表現されている。前掲の睿宗の「太極元年北郊赦」でも、武后の政治は止むを得ない権宜の政治であったと説明されており、中宗や睿宗にとって、実母の則天武后は否定したくても否定できない存在であったのであろう。

これに対し、玄宗の詔敕で高祖以下歴代の皇帝全てを挙げた三例の文中には、則天武后に言及したものは一例も存在しない。唐の歴代皇帝全てに触れた粛宗《しゅくそう》以後の詔敕では、皇帝名は挙げずに代数のみを記すことになるが、それらの中に則天武后を数え上げている例は存在しなくなる。このように、子の中宗・睿宗と孫の玄宗以後の皇帝とでは、則天武后に対する扱いは明瞭に区別されるのである。では玄宗即位後直ちにそのような態度の切り替えが行われたのであろうか。

『旧唐書』巻二五・礼儀志五には、太廟中の高宗の神主《しんしゅ》（位牌）を安置した室に併置されている則天武后の神主には「天后聖帝武氏」とあるので、これから「聖帝」の二字を除いて「則天皇后武氏」としたい、という七一六（開元四）年の睿宗崩御後の姜皎《きょうこう》の上奏があり、玄宗は詔してこれに従った。「天后聖帝（聖帝天后とも）」は、玄宗即位後に定められた武后の諡号《しごう》（死後のおくり名）である。姜皎はその理由について、「高宗の顧託で武后が従権によって摂政したからである」と、ここでも「従権」という言葉を用いて説明している。しかし姜皎は、それは武后が崩御時に皇帝号を取り去ったにも関わらず、政治に疎い岑羲《しんぎ》らが帝号を復活させてしまったからである、とも説明している。岑羲は太平公主と共に粛清された太平公主派の宰相である。従って、睿宗の崩御後まもなく則天武后の神主の名称を「天后聖帝武氏」から「則天皇后武氏」に改めるように提起され、それが玄宗に認められたということは、睿宗存命中にはそれができなかった、言い換えれば睿宗・玄宗父子の間には相当の緊張があった、ということを示していよう。❖1

この後に玄宗は則天武后の政治的象徴を消去する動きに出る。まず、太廟に睿宗の神主を入れるに当たって、睿宗の兄の中宗の神主を太廟から取り出して別の廟に遷した。翌七一七（開元五）年の正月には長安を出発して洛陽に行くが、この時に太廟の一部が壊れた。宰相の宋璟《そうえい》や蘇頲《そてい》は、太廟が壊れたのは天意の表れであり、睿宗の喪が終わらないうちに洛陽に行幸すべきではないと諫めたが、唐は隋の太廟をそのまま用いたので腐朽して壊れるのも不思議ではない、とする宰相姚崇《ようすう》の意見に従い玄宗は洛陽に出発した。洛陽は武后の周王朝の首都であり、武后は唐の乾元殿《けんげんでん》（天の道の殿という意味）を撤去して明堂《めいどう》を立て、正殿として用いていた。明堂とは伝説的な周王朝の徳治を象徴する建物であり、武后が自ら興した周王朝の正殿を明堂と名附けたのも当然であった。これに対して、玄宗は洛陽に着くと会議を開き、群臣の同意を得て明堂を元の乾元殿とし、また、武后が自己の権威確立のために、皇帝となる過程で洛水《らくすい》のほとりに立てた拝洛受図壇《はいらくじゅとだん》と顕聖侯《けんせいこう》廟とを廃毀《はいき》した。拝洛受図壇は、武氏一族の武承嗣《ぶしょうし》が「聖母臨人、永昌帝業」という文字のある石を作って武后に献上したことに因んで作られた壇で、顕聖侯はその時に洛水の神に与えた爵号である。このように、睿宗の死の翌年に行われた玄宗の洛陽行幸は、明堂・拝洛受図壇・顕聖侯廟という、武后の政治的権威に関わる建造物を破壊する目的を持っていたのである。

玄宗は五年後の七二二(開元十)年にも洛陽に行幸した。この時には特に目立った動きはなく、乾元殿の名称を明堂に戻しているが、その理由は不明である。しかし、洛陽滞在中に長安の太廟を七室から九室に拡大し、別廟に置いていた中宗の神主を太廟に戻した。詳述はできないが、神主をめぐる措置を見ると玄宗は中宗に対して多分に批判的であったようで、睿宗崩御時には取り敢えず中宗の神主を太廟から外し、武后に対する措置が一段落したところで、中宗の神主を太廟に戻してその名誉回復を図ったように思われる。なお、玄宗は七一三(先天二)年の太平公主一派粛清の後から翌年の七一四(開元二)年にかけて、武后が唐を黜《しりぞ》けて周を頌《たた》えるために洛陽に作った天枢《てんすう》を壊し、同時に中宗の韋后が自分の功績を讃えて長安に作った石台も壊している。❖2 これらの措置は睿宗存命中でも可能であったのである。なお、武后の天枢は洛陽に滞在中の異民族から百万億銭を寄付させるなどして作った銅鉄製のモニュメントで、武后の異民族に対する姿勢の一斑を窺わせる史実として興味深い。

天宝年間の朝廷

以上のように、玄宗は則天武后に対しては批判的で、また唐朝回復後の中宗も同様に厳しく評価していたように思われる。武周朝の末期から中宗朝にかけて、朝廷では寵臣が幅を利かせ、租税免除などの特権のために官職を得ようとする人々の賄賂を受け取り官職を売る売官、濫官《らんかん》が横行した。

玄宗は即位の翌年の七一四(開元二)年七月には宮中の珠玉・錦繍《きんしゅう》を集めて太極殿前で焼き、奢侈を戒める敕を発布した。しかし、在位が三〇年を過ぎると開元から天宝へと改元したが、この頃から玄宗の政治にも弛緩が目立つようになってくる。

まずは道教への傾斜が目立ってくる。天宝は道教由来の用語であり、玄宗崩御後の廟号の「玄」も道教と関係の深い用語である。玄宗は、七四一(開元二九)年には長安・洛陽及び全国の諸州に一箇所ずつ玄元皇帝廟❖3を置くと共に、玄元皇帝廟に崇玄学《すうげんがく》を設置して『道徳経』(『老子』)『荘子《そうじ》』等の道教文献を学習させ、科挙を受験させることにした。翌年の七四二(天宝元)年には、長安の空中に玄元皇帝が現れて「天下泰平、聖寿無疆(疆はさかい、かぎり)」の言葉を玄宗に伝える、といった類いの奇瑞《きずい》が起こり、長安・洛陽及び諸州の玄元皇帝廟を太上玄元廟と改名し、翌年には長安の太上玄元廟を太清《たいせい》宮、洛陽の太上玄元廟を太微《たいび》宮に改め、諸州の廟は紫極《しきょく》宮とした。そして七五一年(天宝十載《さい》)正月には、太清宮―太廟―南郊の順に一日ごとに移動して皇帝が親《みずか》ら祭祀を行う儀式を創始し、これが以後の唐歴代の皇帝に引き継がれることになった❖4。天宝十載は玄宗が即位してから四〇年目で、それを記念してこのような大々的な皇帝親祭を創始したのであろう。

また、玄宗は七三七(開元二五)年に最愛の武恵妃《ぶけいひ》を亡くした。武恵妃は則天武后の従父兄(いとこ)の子武攸止《ぶゆうし》の女《むすめ》で、玄宗は皇后に立てたかったが、武氏の一族であるという周囲の反対で皇后にするのを断念した女性である。その玄宗の心の空白を埋めるべく登場したのが楊貴妃である。楊貴妃は武恵妃の生んだ寿《じゅ》王瑁《ぼう》の妃であったが、道教風に太真《たいしん》と号し女道士の服を着て玄宗に会って気に入られ、皇后に仕える女官の最高位である貴妃の地位を与えられた。玄宗の道教熱に投じたところを見ると、楊貴妃も受け身一方ではなかったらしい。玄宗は寿王には韋詔訓《いしょうくん》の女《むすめ》を聘《めと》らせた。北方遊牧民では父が死ぬと子は実母以外の父の妻を引き取って妻とし、兄が死ぬと弟は兄嫁を引き取って妻とする習慣がある。則天武后は初めは後宮の女官の才人《さいじん》として太宗に仕え、太宗が崩ずると出家して尼となり、その後高宗に召し出された。玄宗はわが子の妃を奪ったのであるが、こうした世代を超えた強引な婚姻から、唐室が北方遊牧民の習俗を引きずっていたとする見方もある。

楊貴妃が玄宗の寵愛をうけると、美貌の三人の姉はそれぞれ韓国《かんこく》夫人・虢国《かくこく》夫人・秦国《しんこく》夫人の称号を得た。また、下級官僚であった従祖兄(またいとこ)の楊国忠《ようこくちゅう》が出世の機会を得て、主に財政を取り仕切った。悪評高い楊国忠であるが、財務官僚としての手腕はあったようである。また、中国では後宮は去勢された官僚の宦官が管理していた。唐代では、則天武后が政権を握っていた二〇年間に宦官が多く登用され、中宗朝には三〇〇〇人を超えたが、高官には就けなかった。しかし、玄宗は宮中の諸門を護衛する左監門衛将軍《さかんもんえい》・右監《うかん》門衛将軍に宦官を登用し、高力士が左監門衛将軍に就いた。唐の官品は九品に分かれるが、三品以上が最高級の官僚であり、左右監門衛将軍は三品官である。こうして、玄宗朝には宦官が軍事権を握る道が開かれた。この頃の弛緩した朝廷では賄賂・請託が横行し、玄宗と楊貴妃の間を取り持つ高力士には出世を願う官僚が挙《こぞ》って付け届けをした。しかし、高力士は唐後半の宦官達とは違って自ら権力に近づくことはなく、玄宗には終始忠実であった。

一方、時の宰相に李林甫《りりんぽ》がいた。嫉み深く「口に蜜有り、腹に剣あり」といわれた人物で、気にくわない官僚は別の官僚を使って追い落とし、その官僚が出世するとまた別の官僚を使って追い落とす、といったことを繰り返した。七三六(開元二四)年に、「尚直《しょうちょく》」(直言を尚《とうと》ぶ)と評された宰相の張九齢《ちょうきゅうれい》を李林甫が地方官に左遷させると、朝廷の官僚達は口を噤《つぐ》んで玄宗に直言しなくなった。長期間帝位にある玄宗も政治に倦《う》み、李林甫は近臣を使って玄宗の眼を政治から離すように努めた。楊国忠は李林甫に近づき、当初は李林甫も楊国忠を利用した。しかし、楊国忠の地位が高まると、次第に両者は反目するようになった。李林甫が七五二年(天宝十一載)に薨去すると、翌年には楊国忠が李林甫は突厥と結んで謀反を図ったと誣告《ぶこく》し、まだ喪葬《そうそう》儀礼も済んでいない李林甫の棺は剖《さ》かれ、口中に入れた珠も取り出され、小さな庶人の棺で埋葬された。近親や党与で左遷された者も五十余人に及んだ。

当時、辺境の武将には遊牧民出身者が多く、蕃将《ばんしょう》といわれた。その一人でソグド人を父とし、突厥人を母とする営州《えいしゅう》(遼寧省朝陽市)都督《ととく》であった安禄山は、長安に入朝するたびに玄宗に寵愛され、楊貴妃の知遇を得た。安禄山は李林甫と結び、李林甫の前に出ると冬でも汗をかいたという。その李林甫が死ぬと、安禄山と楊国忠とが玄宗の寵を争うこととなったが、辺境にいる安禄山は、玄宗に近侍してつねづね安禄山の謀反を玄宗に訴える楊国忠に対して断然不利であった。ついに、七五五年(天宝十四載)、安禄山は玄宗側近の悪臣を除くと称して、同僚の史思明《ししめい》と安史の乱を起こした。翌々年に安禄山は子の安慶緒《あんけいしょ》に殺され、不利になった安慶緒が史思明に助けを求めると、逆に史思明は七五九(粛宗乾元二)年に大燕《だいえん》皇帝を名乗り、安慶緒を殺した。しかし、史思明も七六一(上元二)年に子の史朝義《しちょうぎ》に殺され、最後に唐軍に追い詰められた史朝義が七六三(代宗《だいそう》広徳元)年に自殺して、漸く安史の乱は終結した。しかし、当時の先進地帯であった華北地方は戦乱の舞台となり、玄宗朝には萌《きざ》していた律令体制の崩壊は決定的となった。

安史の乱では玄宗は成都《せいと》(四川省成都市)に落ち延びたが、皇太子の粛宗(在位七五六〜七六二年)は途中から分かれて中国西北の軍事拠点である霊武《れいぶ》に行き、独断で即位した。成都の玄宗はその即位を認めたが、二人の関係は微妙であった。長安を安慶緒の勢力から奪回した七五七年(至徳二載)に粛宗は長安に入り、その後に太上皇の玄宗を迎えた。二人が長安に落ち着いてから安禄山側に就いた唐の官僚の処分が行われたが、皇太子の時の粛宗を嫌った李林甫の圧迫から粛宗を守った張均《ちょうきん》・張垍《ちょうき》兄弟の処分には玄宗が介入し、張垍は流刑、張均は死罪としている。その後、粛宗の朝廷で宦官の李輔国《りほこく》が兵権を握って台頭し、七六〇(上元元)年にその計略で玄宗は太極宮の甘露殿《かんろでん》に蟄居《ちっきょ》させられ、高力士は配流となった。七六二(宝応元)年四月には玄宗と粛宗とが相継いで亡くなり、代宗(在位七六二〜七七九年)が即位した。高力士は代宗即位の大赦で上京の途上にあったが、玄宗の死を聞くと慟哭《どうこく》し血を吐いて死んだ。

おわりに——即位時と晩年と

以上、玄宗の初期と末期の状況とを素描した。父の睿宗の退位と玄宗の即位とは、おばの太平公主の画策であった。翌年に太平公主一派を倒して玄宗の皇帝権が確立しても、睿宗の崩御まで則天武后の政治の象徴を消去する行動が取れなかったことは、父の睿宗の存在の大きさを物語っているのではなかろうか。その睿宗の神主を太廟に入れるに際して、七柱までと数の決まっている当時の太廟から、伯父の中宗の神主を外すには強い異論もあった。この措置には中宗に対する玄宗の批判的な態度が反映していた、と見てよいであろう。睿宗の崩御後に改めて玄宗が自分の政治を展開するにあたり、儀礼上の批判を浴びても、政治の刷新を遂行しようとする強い決意があったものと思われる。

しかるに、三〇年後の天宝年間には著しく政治が弛緩した。楊貴妃が玄宗に会う時に太真と名乗り、女道士の服を着ていたというのは、楊貴妃を玄宗に進めようとする周囲の仕組んだことであろう。李林甫のような政治家が朝廷を牛耳ったのも、玄宗が臣下の適否を見分ける判断力を失っていたからであろう。太宗は二十数年間に亘《わた》る在位の間、一貫して臣下の諫言《かんげん》に耳を傾けていたが、当初はそれを歓迎していたのが、晩年には強いて耳を傾けようとする姿が見られるようになった、と批判された。在位三〇年を過ぎた玄宗は、奸智《かんち》に長けた臣下には操縦し易い皇帝になっていたのではないか。また、宦官に将軍職を与えたのも、粛宗朝の李輔国以降に宦官が唐の朝廷に跋扈《ばっこ》し、皇帝を殺害して意中の皇子を皇帝に立てるに至る悪弊の第一歩となった。しかも、太上皇として長安に戻った玄宗には、李輔国に謀られるまで、自ら身を慎むような態度は見られなかった。残念ながら安史の乱の結果も含めて、玄宗の在位中の功罪は後世に与えた影響という点では、功よりも罪の方が多かったのではなかろうか。

❖1…拙稿「唐代詔敕文中の則天武后の評価について」(『東洋史研究』第六八巻第二号、二〇〇九年)二四七頁註(14)参照。

❖2…拙稿「玄宗の祭祀と則天武后」(古瀬奈津子編『東アジアの礼・儀式と支配構造』所収、二〇一六年)参照。

❖3…六六六年(乾封元)の高宗の封禅の後に、老子を太上玄元皇帝とした。また、本文で後述するように、天宝三年から年を載と改めるが、この載も道教由来の語のようである。年次を載で数えるのは、玄宗の皇太子の粛宗の至徳三載(七五八)を乾元元年と改めるまで続いた。

❖4…拙著『中国古代皇帝祭祀の研究』(岩波書店、二〇〇六年)第七章「唐代における郊祀・宗廟の運用」、及び拙稿「唐朝と皇帝祭祀——その制度と現実——」(『歴史評論』七二〇号、二〇一〇年四月)参照。太廟は歴代の主な皇帝の神主を安置する廟、南郊は天神の昊天上帝を祀る長安城南郊の祀壇。また、李姓と伝えられる老子は唐の遠祖とされたが、太清宮では不死である老子に対して位牌に代えて大理石製の老子像が置かれた。

719—756年
才色優れ玄宗の愛を独占。要職を占めた一族に対抗する安史の乱で殺される。

玄宗皇帝を骨抜きにし、唐の屋台骨を揺るがした女
楊貴妃…ようきひ…

氣賀澤保規

略伝

玄宗《げんそう》に愛された後宮の女官（宮嬪《きゅうひん》）で、貴妃《きひ》は皇后に次ぐ地位を表す。蜀州《しょくしゅう》（四川）の司戸参軍楊玄琰《しこさんぐんようげんえん》の娘。幼名は玉環《ぎょくかん》。本籍は蒲州永楽県《ほしゅうえいらくけん》（山西省永楽県）の人で、弘農《こうのう》の楊氏の流れにをくむ。父の任地の蜀州に生まれ育った。幼少時に父を失って叔父の養女となり、十六歳のときに玄宗と武恵妃《ぶけいひ》の息子である寿王瑁《じゅぼう》に嫁ぐ。歌舞音律に通暁して才知に優れ、絶世の美女と評される。

やがて武恵妃を亡くして悲嘆に暮れる玄宗に望まれ、七四〇（開元二八）年に夫寿王と別れて、一旦道観《どうかん》（道教寺院）に出家した形をとってから宮中に入った。「楊太真《ようたいしん》」（道教の女官）の名はここに由来する。時に玄宗五五歳、貴妃は二二歳であった。のち七四五（天宝四）年に正式に玄宗の後宮に迎えられて、貴妃として寵愛を一身に集めた。一族は高位高官に昇り、三人の姉は国《こく》夫人、またいとこの楊国忠《ようこくちゅう》は宰相《さいしょう》となった。その間、安禄山《あんろくざん》とも親しくなり、彼を「養児」として後宮の自室に入れたこともあった。

七五五（天宝十四）年末に安史《あんし》の乱が勃発し、翌年反乱軍が潼関《どうかん》を突破して関中《かんちゅう》盆地に攻め入ると、

玄宗はわずかな供回りとともに長安を脱出し、四川に蒙塵《もうじん》した。貴妃は玄宗に従い、馬嵬駅《ばかいえき》（陝西省興平県《こうへい》）まで逃れたところ、同行の兵士らの楊氏にたいする不満が高まり、その爆発を抑えるために近くの仏堂で縊殺《いさつ》された。時に三八歳であった。玄宗と楊貴妃との悲恋は、のちに詩文の題材として多く用いられ、白居易《はくきょい》の『長恨歌《ちょうごんか》』や、宋・楽史《がくし》の小説『楊太真外伝』、清《しん》・洪昇《こうしょう》の戯曲『長生殿《ちょうせいでん》』などの作品が生まれた。

❖楊氏（楊貴妃、楊国忠）**関係系図**

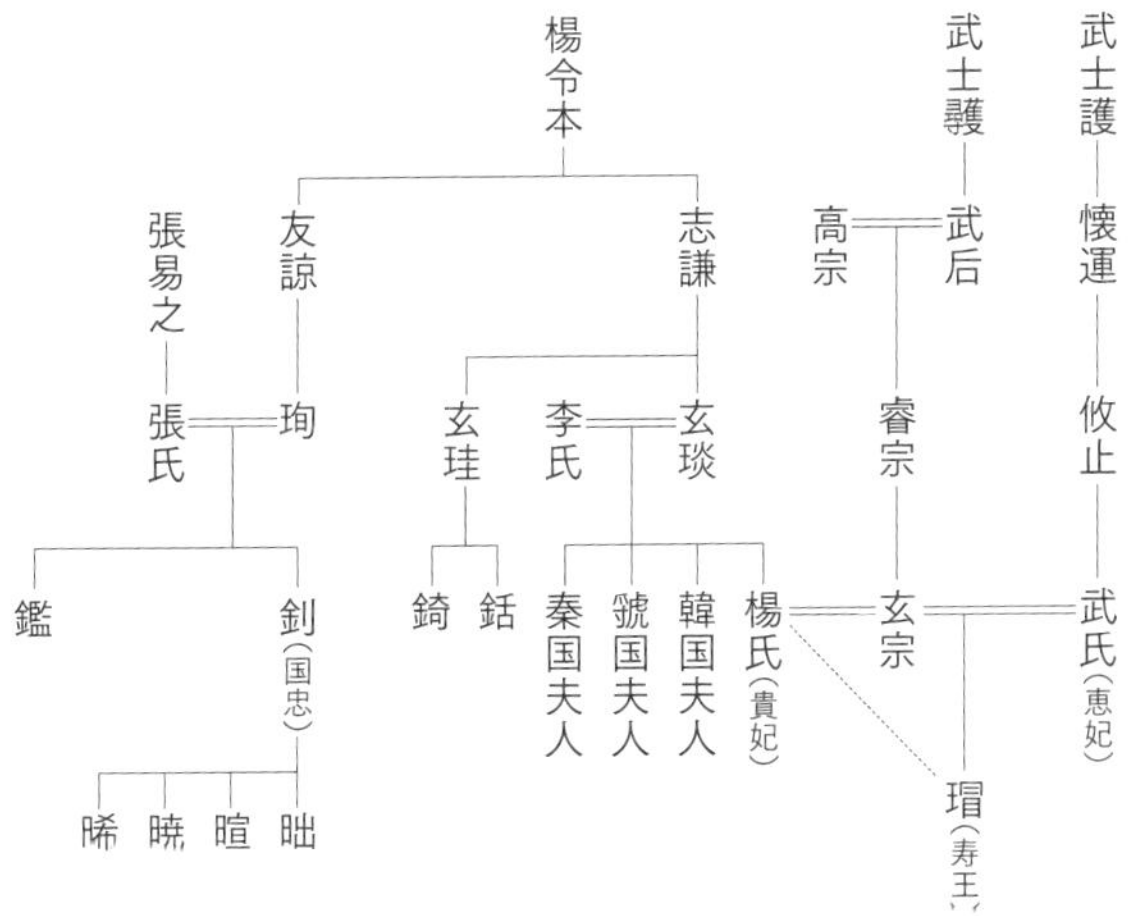

はじめに　楊貴妃像の理解に当たって

楊貴妃という人物は西のクレオパトラとならぶ世界的美女、中国では春秋《しゅんじゅう》時代末期の越《えつ》の西施《せいし》や、三国志に出る貂蝉《ちょうせん》らと合わせて三大美女の一人といわれたりする。史書を紐解くとその美しさは「姿色冠代」「姿質豊《ほう》艶《えん》」（『旧唐書《くとうじょ》』楊貴妃伝）、「姿質天挺《てんてい》」（『新唐書』楊貴妃伝）、さらに『資治通鑑《しじつがん》』では「絶世無双」「肌態豊艶」などと様々な言葉で表現される。とはいえそれらをまとめると、絶世の美女であったことは分かるが、もう一つ具体的な姿態がイメージされにくい。

唐代の囲碁をする女性（トルファン出土、絹画）

ただしこのなかに「姿質豊艶」「肌態豊艶」という表現があり、全体の豊満さが伝わってくる。ちなみに彼女を悪しざまにした表現に、「肥婢（でぶおんな）」という言葉が用いられていた（『梅妃《ばいひ》伝』）。また彼女は「素《もと》より肉体あり」、つまり太っていて、夏には体内がほてり、喉が渇くため、いつも玉《ぎょく》でできた小魚を口に含みほてりを抑えていたとか、夏にはいつも薄絹の衣を着、さらに侍女に団扇《うちわ》で扇がせたが、体の熱はひかせられなかったといわれる（『開元天宝遺事』）。こうしたところから想起されるのが、唐代の俑《よう》（土人形）や壁画にしばしば認められる豊満な体躯の女性像である。見るところこれらは唐初に現れず、盛唐期になる頃から登場する。

同時代の女性がそうであったように、貴妃もまた馬に乗ることができた。だが彼女の場合、歌舞音曲を愛し、行動範囲もせいぜい都の長安から一、二日の行程となる華清池《かせいち》（陝西省臨潼《りんどう》県）であるから、それほど活発に行動するタイプとはみえない。これらの点を加味すると、俑や図像に見える顔つき、体つきがふっくらとした、豊満でしかも目鼻立ちのはっきりした女性像が楊貴妃の実像に近い、と私は考える。美人というと、われわれはすぐ腰のしまった柳腰の美人を思い描きがちであるが、この時代それは美人の必要十分条件ではなかった。

楊貴妃は悪女か

楊貴妃を「悪女」の角度から捉え直そうとすると、多くの人は決まって一瞬怪訝《けげん》な表情を浮かべる。とくに中国人の場合はその傾向がつよく、ときには反発の様子すら垣間見せる。彼女こそは安史の乱の犠牲者であり、玄宗との悲恋に泣き、哀れな生涯を閉じた人物であったではないか、というわけである。

こうした楊貴妃像の拠りどころとなったのは何か。その点で忘れてはならないのは、彼女の死からちょうど五〇年後の八〇六年に作られた白居易(楽天《らくてん》)の『長恨歌』である。

詩はいう。「楊家に女《むすめ》あり　初めて長成す、養われて深閨《しんけい》に在り　人未だ識《し》らず」から始まり、玄宗に初めて愛を賜るさいの「春寒くして浴を賜う　華清の池、温泉　水滑らかにして　凝脂《ぎょうし》を洗う」という有名な文句、そして「後宮の佳麗　三千人、三千の寵愛　一身に在り」という絶頂期を経て、「漁陽《ぎょよう》の鼙鼓《へいこ》　地を動《どよ》もして来り、驚破す　霓裳羽衣《げいしょううい》の曲」という安史の乱の勃発となる。漁陽とは幽州《ゆうしゅう》(いまの北京)、鼙鼓は攻め太鼓、その地に拠った安禄山の軍勢が怒濤のごとく攻めてきて、貴妃が得意とした西域伝来の霓裳羽衣の曲を蹴散らし、華やかな宮廷世界を打ち砕いたと。

かくして玄宗は楊貴妃らを伴って四川へと落ちのびる。だが「西のかた都門を出でて百余里」にある馬嵬の場所で、「六軍《りくぐん》発せず　奈何《いかん》ともする無く、宛転《えんてん》たる蛾眉《がび》　馬前に死す」と、美しい眉(蛾眉)の美女、楊貴妃は亡くなることになる。だがそれを前にして「君王　面を掩《おお》いて救い得ず、廻《まわ》り看れば　血涙相い和して流る」と、玄宗は彼女を救うことができなかった。以来、玄宗は彼女を恋焦がれつづけ、都にもどって道士に頼み、仙界の仙女となった彼女に自分の想いを伝えてもらった、という筋書きである(『長恨歌』の読みと理解は、川合康三編訳『〔新編〕中国名詩選』〔下〕、岩波文庫を参考にした)。

この長編の名詩はどれほど人々の心を揺すぶってきたことだろう。日本の平安朝の貴族たちもまたその感化と影響を受けている。ここから浮かび上がるのは、彼女の美しさと哀れさ、玄宗と貴妃とのロマンスと悲しい結末、玄宗の彼女を想う悲恋の純粋さなどであるが、しかし歴史の現実はそのようなところに止まることを許さない。そもそも馬嵬で彼女が殺されたときの年齢が三八歳、対する玄宗は七二歳であった。かりに玄宗が本当に貴妃を想っていたのであれば、命を懸けて彼女を守る挙にでるべきであったが、それがなく、この地にとどまって反乱軍に抵抗すべしとの意見にも耳をかさず、彼女の死で事態に決着がつくと、そそくさと四川の地に落ちのびた。もはやそこには最高司令官としての潔さはなく、あるのは自身が生き抜くことに執着する一人の老人の姿であった。

楊貴妃の人物像を語るとき、その材料に詩文が多く使われ、代表格が右の『長恨歌』となる。そのこともあり彼女は格好の文学的な対象とされ、個人の内面や情感へのアプローチが多くなされてきたが、その反動として、彼女の存在を歴史の中で、いわば時代の所産として描き切ることは十分できていなかったように思われる。それは歴史研究者の側の怠慢でもある。そうした視角から彼女に迫ると、息子(寿王)と父(玄宗)と結婚したことの評価、楊氏と四川との関係、彼女をとりまく宮廷世界の実態、安禄山とのより詰めた関係性、玄宗政治と楊貴妃との関わり、などまだ見えていない問題、皮相的な理解に止まっている課題などが次々に出てくる。

彼女は「悪女」であったか。玄宗時代、律令支配の諸矛盾が蓄積し、体制の硬直化が進んでいた。玄宗政治にはその克服が託されたのであるが、結局答えが出せないまま安史の乱で終わった。その体制上の矛盾を糊塗《こと》し、先送りさせ、また増幅させたという点で、彼女はまぎれもなく「悪女」であった。しかし唐の抱える問題の深刻さはすでに防ぎようもない段階にあったとすれば、その「悪女」評価も変更されなければならない。

妬婦・楊貴妃の一面　玄宗の女性問題

中国を旅したり現地に長く滞在したりしていると、往々凄まじい女性に遭遇する。かつて私も飛行機で、前に坐った中国婦人のヒステリー的状態に辟易したことがある。このような姿は中国史上にもしばしば見られたことで、多くは夫をめぐる女性問題から発するため、それを「妬婦《とふ》」の言葉で表現する。それはじつは楊貴妃の場合でも見ることができた。

楊貴妃は玄宗の後宮に入り、その愛情をほぼ独占するようになってから二度、玄宗の勘気にふれて宮廷から下がることを命じられている。一度目は七四六(天宝五)年、正式に後宮に入った二年目のこと、「妬悍《とかん》不遜」のために、二度目は七五〇(天宝九)年二月に「旨に忤《さから》い」、実家に帰らされている。これは事実上の離婚の言い渡しに近い措置である。このうちの最初の一件は、「妬悍」つまり嫉妬でヒステリーを起こし、皇帝に「不遜」な振る舞いに出たということになろう。

この件の背景に何があったか、史書は明確に語らないが、一つの可能性として同時期玄宗が愛した一人の女性、梅妃の存在に注目してみたい。『梅妃伝』（唐の曹鄴《そうぎょう》の作といわれる）によると、彼女は姓は江《こう》、名は采蘋《さいひん》、出身は福建の莆田《ほでん》の人。父が医者で、幼いときから聡明で教養があり、「姿態明秀」なる美しさをもっていた。南方に出かけた宦官《かんがん》の高力士《こうりきし》が連れ帰り玄宗に会わせると、玄宗はすっかりのぼせ上り、可愛がった。彼女は梅の花が好きで、屋敷のまわりには梅の木を植え、そのため玄宗は彼女を戯れに梅妃とよんだという。

そうしたところに楊貴妃が関わってくる。貴妃は玄宗を独占してやまない北の女である。一方は体つきはほっそりとし、知的で柔らかな性格、奥ゆかしさを備えた南の女性である。両人はまったく対照的であった。次第に梅妃が疎外されていくが、ある夜玄宗はこっそりと梅妃を呼び出して一夜をともにした。朝方そのことを聞きつけた楊貴妃が寝室に怒鳴り込んできて、大荒れに荒れた後むくれて戻っていく。玄宗はその間梅妃をカーテンの陰に隠しておいたが、その騒ぎの合間に自分の屋敷に戻ってしまい、玄宗を落胆させた。以来両者は二度と逢うこともなく終わったとされるが、ともかくこうした楊貴妃の荒れようが玄宗の怒りを買い、宮廷から追放させることに繫がったと理解できないだろうか。

ただし二回とも結局は玄宗が折れ、楊貴妃を連れもどすことで決着した。貴妃のいない宮殿で玄宗が食事も喉に通らず、いらいらと周りに当たり散らす。そこで玄宗の意を察した高力士が両人を仲直りさせ、元の鞘に収めさせたのであった。玄宗にしてみれば、親子以上に歳の離れた関係のなかで、ひたすら彼を頼りにして、あげくは激しく嫉妬の情を表す。それは一時的に煩わしいことであったとしても、それ以上に彼を元気づけ、また和ませることにならないだろうか。楊貴妃が玄宗の心を捉えつづけたのは、その豊満な肉体の美しさ、歌舞音曲に通じあった感性の共通性などとともに、そうした彼女の一途な姿勢、内面の熱い想いでもあったのではないか。楊貴妃は決して大人しく従順な女性ではなかったことを確認しておきたい。

楊貴妃が好んだ茘枝

近年われわれは、初夏から夏の果物屋の店頭で、表面がざらざらと鱗《うろこ》状をして赤みをおびたゴルフボールに似た果物を目にすることになった。茘枝（れいし・ライチ）である。皮をむくと香りとともに水気をおびた白い果肉が現れ、口に入れると甘みが広がる。この茘枝は南方原産の果実で、一日二日経てば傷みがでてしまい、本来であれば北方の人間は口にできるものではない。しかし北に住みながらこれをこよなく愛した人がいた。楊貴妃である。

彼女は父の赴任先の四川の蜀州で生まれた。そこでこのような記録がある。「楊貴妃は蜀に生まれ、好んで茘枝を食べた。しかし南方で生産されたものは蜀産より数段上であったため、毎年早馬を駆けて運ばせた。しかし途中暑さのなかで熟し、一晩でダメになってしまった」（『唐国史補』巻上）。ここで分かるように。茘枝は大変腐りやすく、一晩で様子が変わり味が落ち、数日で食べられなくなる。にもかかわらず南方から運ばせたという。この話はどこまで信用できるだろうか。

荔枝が大変好きな楊貴妃のために、南(広州《こうしゅう》方面)の産地から用意された早馬を乗り継ぎ、一日のうちに都に運ばせた、という話は、彼女の贅沢さを示す事例として人口に膾炙《かいしゃ》している。だが広州から都長安までは「約五千四百里」(『旧唐書』地理志)あったとされ、これを一里=五六〇メートルで計算すると三〇二四キロメートルにもなり、いくら何でも一日あるいは二日で走りきることは到底不可能である。にもかかわらず従来の解釈はこれに特段疑問も挟んでこなかった。

しかしここで忘れてはならないのは、中国ではもう一つ重要な産地があったことである。四川の東南部の渝州《ゆしゅう》(今日の重慶市《じゅうけいし》)を中心とする揚子江《ようすこう》ぞいから北に入った一帯である。ここには通称荔枝道が存在した。楊貴妃が若い時に食べたのはここの産とみてよいだろう。渝州から長安までの距離は「約二千七百里」(同)、広州からのちょうど半分である。この距離を早馬で駆ければ一両日で間に合う可能性が生まれる。長安の楊貴妃の前にとどけられた荔枝とは、表向きは南方産といっても、実際は四川産と理解してよいのではないか。

なお今日、荔枝には乾燥させ日持ちをよくさせた食べ方があり、土産にもされている。生の荔枝の日持ちが難しいとすれば、そうした水分をとったものが早くから存在しておかしくない。じつは唐代の記録で、広州や戎州《じゅうしゅう》(四川)の貢納品として「荔枝煎」の名が確認されるが、場合によってこれが乾燥の手を加えた荔枝に相当するかもしれない。とすれば南方産の荔枝も姿を変えて都に運ばれていたことになる。

楊貴妃の伝記をあつかった『楊太真外伝』によると、楊貴妃が馬嵬で命を落としたちょうどその時、「南方」から送られた茘枝が届いた。おそらくこれは蜀産のもの。玄宗は彼女の死体の前にそれを捧げ、近くに埋葬した後、茘枝を持って馬上の人となり四川に旅立ったという。貴妃には最後まで茘枝がついてまわったということだろう。

楊国忠と安禄山の狭間で

楊貴妃を則天武后《そくてんぶこう》と比べると、とりわけ政治的、権力志向的であった武后にたいし、貴妃はいわばその対極に位置したといってよいかもしれない。貴妃はほとんど政治の場で発言したり行動したりした様子は見せない。そのようなあり方は、彼女のもって生まれた性格に由来するのか、あるいは自らにそう抑制的に課した結果であるのか、さらにまた「武韋の禍《ぶいか》」とよばれた時代が終息し、女性が政治の表舞台に立つことを拒む空気の時代になっていたからなのか。そうした問題への深入りはここでは避けるが、彼女がそこに存在していたことが、唐の路線に深く影響を及ぼしたことを最後に言及しておきたい。

すなわち安史の乱を生み出す対抗軸になった楊国忠と安禄山である。まず楊国忠であるが、彼は楊貴妃のまたいとこであることを手づるに巧みに権力の一角に潜り込み、中枢へと上り詰めていく。彼は若いときから遊び人で、特段才能があったわけではないが、官界に入ってからは、四川を統治する剣南節度使《けんなんせつどし》につき、雲南《うんなん》の南詔《なんしょう》討伐に乗り出して惨敗するなど問題を起こしながら、失脚を免れたのは楊貴妃のお蔭であった。結局のところ、このような凡庸な人間を政治の中心に押し上げたことに楊貴妃の責任は免れないが、その半面、同族であっても彼にだけ手厚く支援したか、やや考える必要がある。

一方、安禄山は突厥《とっけつ》人を母にソグド人を父にもつ雑胡《ざっこ》(混血胡人)として生まれ、幽州節度使の張守珪《ちょうしゅけい》の幕下に加わり、その養子(仮子)となり、軍人として着実に昇進していく過程で、中央の玄宗そして楊貴妃との接点ができた。彼はそれを強固にするために、楊貴妃の養児(仮子)となり、その延長で彼女の宮殿への出入りが認められ、二人で一晩中いっしょに過ごすこともあったという。その後、貴妃は安禄山にたいし具体的にどう対応したかはっきりしないが、最後まで対立的に動いた形跡は認めにくい。

このように楊国忠と安禄山にたいし、彼女はややもすれば中立的あるいは等距離的な位置を占めていた印象が与えられる。もしそれが認められるとすると、では彼女はその裏で何を考え、何を見通していたのか、という新たな課題に逢着《ほうちゃく》する。場合によっては、彼女はわれわれが考える以上のしたたかな「悪女」であったのかもしれない。そうした意味からも、歴史の場における楊貴妃の考察が求められている。

⦿参考文献

藤善真澄著『安禄山と楊貴妃――安史の乱始末記』(清水書院、二〇一七年)

藤善真澄著『安禄山』（中公文庫、二〇〇〇年）
小尾郊一著『楊貴妃　傾国の名花香る』（集英社、一九八七年）
井波律子著『中国人物伝』III（岩波書店、二〇一四年）

703(705)―757年
唐代の蕃将。玄宗に寵愛され権勢を拡大、宰相・楊国忠と対立し、乱を起こして皇帝を称す。

唐朝を激震させた「雑種胡人」

安禄山

…あんろくざん…

森部 豊

七五五(天宝十四)年、范陽《はんよう》・平盧《へいろ》・河東《かとう》の三節度使《せつどし》を兼任していた安禄山《あんろくざん》が、現在の北京で反乱を起こした。安史の乱のはじまりである。反乱軍は洛陽・長安を陥落させ、太平の世をむさぼっていた唐朝を未曽有の混乱におとしいれた。玄宗《げんそう》皇帝は四川に落ち延び、その途中、彼が寵愛した楊貴《ようき》妃《ひ》は殺害される。一方、反乱を起こした安禄山は、その息子らに暗殺されるが、反乱そのものは、安禄山の盟友・史思明《ししめい》に引き継がれ、あしかけ九年にわたって続いた。

唐朝はウイグルの力をかりてこの乱を鎮圧するものの、政治的・経済的ダメージは大きく、唐の国力は大きく衰退した。

安禄山と史思明の誕生

安禄山は、七〇三(長安三)年に生まれた(七〇五(神龍元)年説もある)。『旧唐書《くとうじょ》』「安禄山伝」は「営州《えいしゅう》柳《りゅう》城《じょう》(県)の雑種胡人」と記す。営州柳城県は、現在の遼寧省朝陽《ちょうよう》市にあたる。安禄山の父親はイラン系のソグド人であり、母親がテュルク系の突厥《とっくつ（とっけつ）》人であったので、「雑種胡人」といわれたのであろう。

［図1］安禄山関連図
森部豊（『安禄山「安史の乱」を起こしたソグド軍人』「世界史リブレット18」山川出版社、2013年）

唐の歴史をあつかう概説書で、安禄山は「営州」生まれと書いているものがあるが、そうではなかったと思われる。

例えば、安禄山が生まれた際のエピソードに、妖星が「穹廬《きゅうろ》」に落ちたとある。「穹廬」は騎馬遊牧民の使う円形のテントをさすことから、安禄山の誕生の地は営州のような城郭都市ではなく、草原の世界であったことが示唆される。また彼は七一六年頃、十四歳前後で突厥から唐へ亡命してきたが、その亡命先が嵐州《らんしゅう》であった。その直前に安禄山がいたのは、嵐州に接する南モンゴル（現在の内モンゴル自治区フフホトを含むエリア）であったと考えることができる。そこで安禄山は誕生し、成長したのだろう。

安禄山の盟友で、安史の乱を継承した史思明は「営州寧《ねい》夷州《いしゅう》の突厥の雑種胡人」と伝わる（『旧唐書』「史思明伝」）。寧夷州は未詳であるが、おそらく営州におかれた羈縻《きび》州であろう。唐朝は、帰順してきた異民族の首領に官爵をあたえ、その部族集団を間接的に統治した。この時、首領にあたえられたのが都督《ととく》や刺史《しし》という地方長官であり、その部族集団は、都督府あるいは州として編成された。これを羈縻府州という。ただ、史思明の誕生の地も営州ではなく、実際は南モンゴルだったと推測できる。というのは、史思明は、安禄山と郷里が同じで、生まれたのも安禄山と一日違いで、成長しても互いに親しかったと史書は伝えるからである(『旧唐書』「史思明伝」)。

史思明は「突厥の雑種胡人」と記される。おそらく、父親がテュルク系の突厥人で、母親がイラン系ソグド人であった可能性が高い。史思明をソグド人とみなす研究者もいるが、正史の記録を信じるかぎり、父系的にはテュルク人であったようだ。ただ、安禄山、史思明ともに突厥の地に誕生し成長しており、騎馬遊牧民の影響を受けていたことは間違いないだろう。両者ともに、純粋な騎馬遊牧系の種族出身ではなかったかもしれないが、突厥の文化(騎射技術や突厥の言語、習慣など)を身につけた者であったとみなせる。

安禄山、節度使となる

安禄山が唐へ亡命したのは、突厥における政変のためである。亡命後のしばらくの期間の彼らの具体的消息はよくわからない。ただ、ともに「六蕃語《ばん》」あるいは「九蕃語」に通じていたため、互市牙郎《ごしがろう》という外国商人と唐の商人との仲介業者のような役についていたことは、わかっている。安禄山、史思明ともにソグド人の血をひき、商業面において才能をもっていたことの証左ともいえよう。

ソグド人とは、中央アジア、現在のウズベキスタンの東部からタジキスタンの西部に散在するオアシス都市の住民であった。彼らは絹織物をはじめとする東方産のモノをもとめて、漢代のころから中国へやってきていた。北周や北斉のころには中国内地にソグド人のコロニーが形成され、またモンゴル高原にも進出していたことが明らかになっている。隋唐時代にはこれらの地域を結ぶソグド人交易ネットワークが完成していて、商業の民としてのソグド人が東ユーラシア世界で活動を展開していた。

しかし、その後の安禄山と史思明は、商人としてではなく、軍人として頭角をあらわしていく。彼らは、幽州《ゆうしゅう》節度使の張守珪《ちょうしゅけい》に仕え、営州に置かれた軍(平盧軍)に所属する軍将とし活躍した。彼らの任務の一つは、唐朝の東北辺境外にいた奚《けい》や契丹《きったん》の討伐・防衛であった。安禄山・史思明は、おそらく互市牙郎であったことから、奚・契丹の活動している地域の地理や情報に通じており、軍人としても戦績をあげていた。そして、ついに安禄山は、幽州節度使から分離独立した平盧節度使にまで上りつめたのである。七四二(天宝元)年のことであった。

節度使は、辺境防衛のためにおかれた軍団を統率する軍事長官である。玄宗の開元《かいげん》年間に、十節度使がおかれた。一方、この節度使のポストは、門閥貴族出身の官僚が出世するコースになっていた。中央官僚は、節度使として地方に一時的に出向し、数年の任期をつとめた後に中央官界へもどるや宰相《さいしょう》への道が開かれたのである。七三五(開元二三)年に宰相となった李林甫《りりんぽ》は、自らの権勢を維持するため、ライバルの登場を阻止すべく画策する。そこで、この出世コース上の節度使に、異民族出身者や寒族(非門閥貴族)が就任できるように手をまわしたのである。こういった背景から異民族出身で、政治的背景を持たない安禄山が節度使に出世できたのだという。

恩寵の世界

安禄山は節度使の地位につく前後から、李林甫との個人的つながりを重視するだけでなく、玄宗皇帝とその寵妃の楊貴妃との関係を緊密にしていった。たとえば、天子の使者が安禄山の管轄している営州にやってくると、彼は下にもおかぬ饗応をし、莫大な賄賂《わいろ》を贈った。当然、使者は長安にもどるや、安禄山のことをほめたたえる。節度使・安禄山の誕生には、中央政界の権力闘争のほか、安禄山のこのような根回しもあったのである。

節度使となった安禄山は、七四三(天宝二)年に入朝し、玄宗に謁見した。以来、七五五年に反乱を起こすまで、何度か入朝したが、そのような機会を利用し、安禄山は玄宗に取り入っていった。そのいくつかのエピソードを紹介してみよう。

安禄山は非常に太っていて、お腹の肉が膝まで垂れていたともいわれる。玄宗がそれを見て「その腹には何が入って、そのように大きいのじゃ?」と問えば、「陛下への真心がぎっしりつまっておりまする」と安禄山は答えたという。また、安禄山がはじめて皇太子(後の粛宗《しゅくそう》)に謁見した時、拝礼しようとしない。あわてた侍従たちが安禄山に拝礼するようにうながすと、安禄山、「それがしは蕃人でございまして、朝廷の礼儀をわきまえておりませぬ。太子とはいかなる官でありましょうか?」と答える。そこで玄宗が説明すると、「それがし、おろかで、陛下のみ知っており、皇太子というものを知りませんでした。万死に値しまする」といけしゃあしゃあと述べ、安禄山は、そこでやっと皇太子に拝礼したという。皇太子は内心おもしろくなかったであろうが、玄宗からすれば、自分だけに忠誠を誓うかわいいやつめ、ということになっただろう。

朝廷内の情報通でもあった安禄山は、楊貴妃が玄宗に寵愛されていることも利用せんとした。そこで、安禄山は楊貴妃の養子になることを願い出て、これを許されたのである。そして、玄宗・楊貴妃と謁見する際には、玄宗をさしおいて楊貴妃に対し先に拝礼する。驚いた玄宗がなぜかと問うと、「蕃人は母にまずあいさつし、その後で父にあいさつするのでございます」と安禄山は答えたという。こうした諧謔《かいぎゃく》をもちあわせた安禄山は、ますます玄宗の寵愛を一身にあつめ、その恩寵のもと、その地位を保持し続けたのである。

とすれば、恩寵の消滅が安禄山の地位の喪失につながることは明白である。時あたかも、安禄山を後押しした李林甫が亡くなると、楊貴妃の親族である楊国忠《ようこくちゅう》が宰相の位についた。楊国忠は安禄山をきらい、ことあるごとに安禄山の悪口を玄宗にふきこんだ。そのおかげで、いつ何時、自身が節度使の地位から追われるやもしれぬ不安に、安禄山は陥った。そこで安禄山は自分の地位保全のため、反乱を起こし、自らが専制君主にならんとしたのだ、と反乱の背景が説明される。

このような安禄山像は、すべてが間違いとは言えないものの、彼の一側面しか伝えていないことも事実であろう。では、安禄山には他にどのような面があったのだろうか。

ソグド商人と安禄山

安禄山は、彼自身がソグド人の血をひくだけでなく、ソグド商人と密接な関係をもっていた。『安禄山事迹《じせき》』には、「安禄山はひそかに唐の各地でソグド商人に商取引をおこなわせたので、毎年、全国各地からたくさんのめずらしいモノが范陽にあつまってきた」と記される。そのソグド商人が扱った商品は、薄絹や絹のほか、緋《ひ》色や紫色の朝服、魚符《ぎょふ》(官僚の身分をしめす印)を入れる金や銀の飾り紐のついた袋、官僚が腰に帯びるベルトなどであったという。安禄山とソグド商人らとの個人的関係は、一過性のものではなく、十年近くにわたって続いたものであった。長期間にわたる密貿易といっていいのだろう。そして、そこから得られた利益は、反逆の資金に利用されたのだと史書は伝えている。

安禄山は范陽(北京)を拠点としたが、そこは、当時にあっては唐朝領域の東北辺に位置する一地方都市であった。しかし、唐代の范陽における経済活動はかなり活発であったことがわかっている。唐代の商人は、同業者組合(行《こう》)をつくって、そこに所属していた。范陽にも、絹織物をあつかう組合のほか、米や雑穀、肉などの食料品や雑貨などの組合、研磨や屠殺などの技術職人の組合も存在した。それらの中にはソグド人も含まれていた。注目すべきことは、絹織物をあつかう行は、単一の種類ではなく、織物の種類ごとに「行」が形成されていたことである。こうした活発な経済活動をもたらしたのは、范陽という場所の地理的要因のみならず、安禄山による保護政策とも関係があったのではないのだろうか。

ハイブリットな社会を宗教でコントロール

安禄山をトップとする范陽節度使麾下《きか》の軍団には、漢族以外にも相当数の騎馬遊牧民やそのほかの外国人がふくまれていた。具体的にあげていけば、突厥人、契丹人、奚人、突厥化したソグド人（ソグド系突厥）などがあげられよう。このようなハイブリッドな集団を統率するため、安禄山は宗教を利用していた。

安禄山の拠点の范陽の西南の房山《ぼうざん》という所に雲居寺《うんきょじ》という仏教寺院がある。末法思想がひろまった隋の時代から、この寺院では仏法を後世に残さんという事業がはじまった。仏典を石板に刻んだのである。ただ、これには莫大な資金が必要となる。その援助は、雲居寺周辺の地域社会に住む善男善女の寄進によっておこなわれた。安禄山もここに題記を残しており、仏教を信仰していたというスタンスを示している。

モンゴリアにいた騎馬遊牧民の突厥は、シャーマニズムを信仰していた。安禄山の母親は、先にのべたように突厥人の有力氏族の阿史徳《あしとく》の出身であり、同時にシャーマンであった。つまり、突厥人からすると、安禄山は高貴な家柄の出身であり、かつ宗教的権威をも母親からひきついでいたといえる。この聖俗両面の権威をもって、突厥などシャーマニズムを信仰する人々の上に君臨しえたといえる。

安禄山のもう一つの血筋であるソグド人は、ゾロアスター教を信仰していた。さきに安禄山はソグド商人の商業活動を保護していたと述べた。それのみならず、安禄山はソグド商人を年に一度、范陽にあつめ、大集会を開いている。その様はというと、「安禄山はソグド人の服装でベッドに座り、香を焚いて珍しい宝物をならべ、左右にソグド人を侍らせた。范陽にやってきたソグド商人たちは、安禄山の下で輪になって礼拝し、幸福をたまわるように天に祈った。安禄山は、祭祀のいけにえをならべ、巫たちは太鼓をたたいて歌って踊り、日が暮れるまでつづいた」と『安禄山事迹』は伝える。これと同じ様相の集会が、洛陽のゾロアスター教寺院で行われたことが確認できるので、安禄山の行った集会も、ゾロアスター教に関わる儀式であったのだろう。こうして、安禄山はソグド商人との関係を、ゾロアスター教の儀式を通じて緊密なものにしていたのである。

このように見てくると、唐代なかばの范陽をふくむその一帯は、様々な宗教と民族が混在する社会であったといえる。これは当時の唐朝の国際性と呼応するものであり、安禄山はそのような社会に対し、宗教的寛容さをもって君臨したといえる。こうして安禄山は、当時の農耕世界と遊牧世界の交接地帯であった河北北部のハイブリッドな社会をコントロールしたのである。

安禄山、反乱す

安禄山は、長安においた進奏院《しんそういん》という出先機関からの情報をえて、宰相・楊国忠との確執が、日ましに高まっていくのを感じていた。そして、ついに七五五(天宝十四)年、范陽において、楊国忠を討つという名目を掲げ、軍を起こした。「漁陽《ぎょよう》の鞞鼓《へいこ》　地を動《どよ》もして来たり。驚破《きょうは》す霓裳羽衣《げいしょううい》の曲(突如として漁陽の地で陣太鼓が鳴り響き反乱の火の手があがったため、宮中で奏でられていた霓裳羽衣の曲は驚

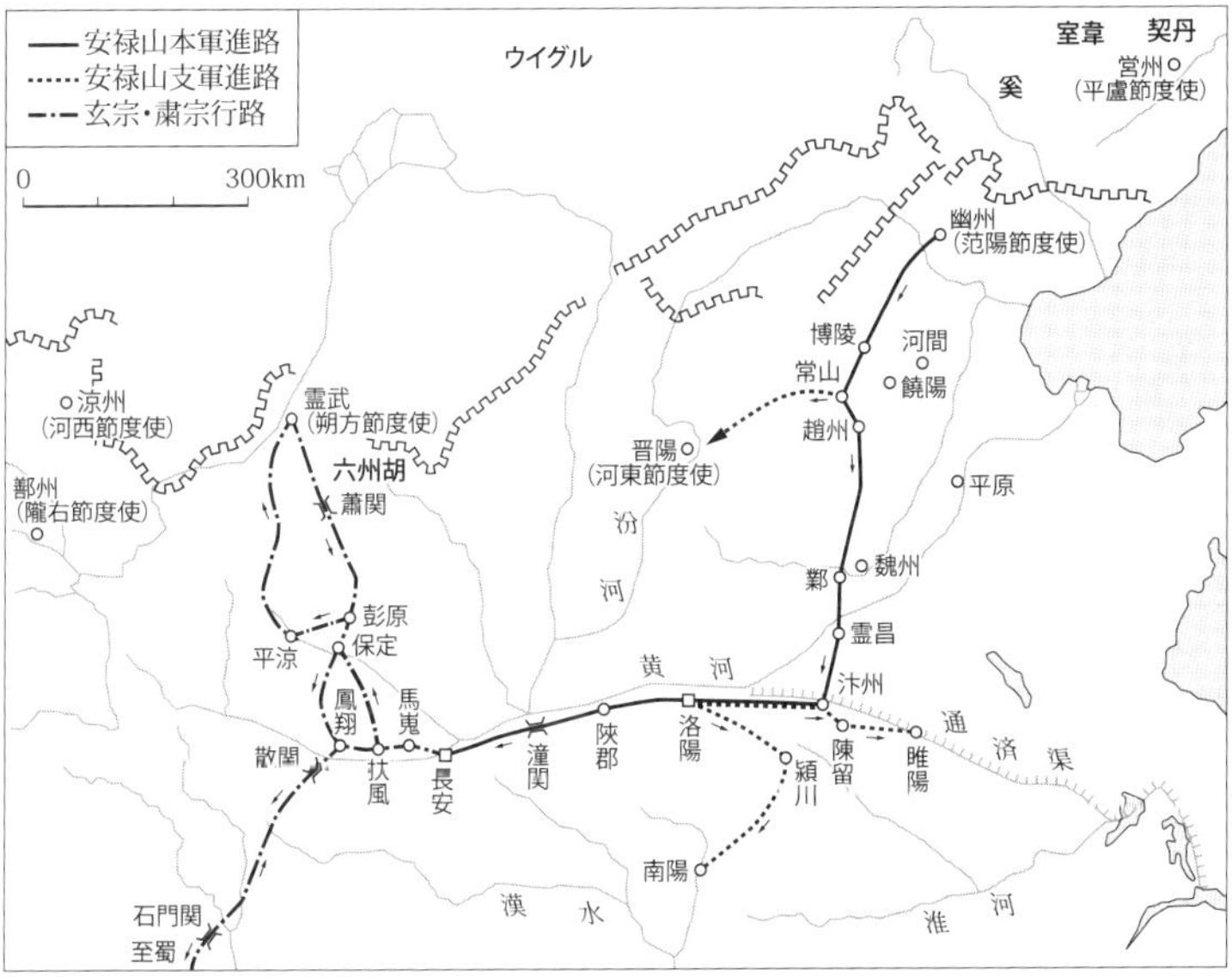

[図2]安史の乱図
(藤善真澄『安禄山と楊貴妃―安史の乱始末記』「新・人と歴史拡大版」、清水書院、2017年)

いてとまってしまった)」(白居易《はくきょい》「長恨歌《ちょうごんか》」)。

安禄山軍は一気に洛陽を陥落させ、安禄山は皇帝を称し、聖武《しょうぶ》と改元した。大燕《だいえん》帝国の成立である。唐朝側は、名将の高仙《こうせん》芝《し》、ついで哥舒翰《かじょかん》を派遣し、反乱軍に対処させたが、安禄山の軍団は、潼関《どうかん》をうちやぶり、長安に侵攻した。この結果、玄宗は楊貴妃をともなって、長安を脱出する。しかし、その途中、馬嵬駅《ばかいえき》(陝西省興平《こうへい》市)にいたって、玄宗一行を警護する禁軍の兵士の間に不満が高まり、まず楊国忠が血祭りにあげられる。さらにその矛先は楊貴妃に向けられる。兵士の不満をなだめるため、玄宗はやむなく楊貴妃を縊死《いし》した。玄宗は悲しみの中、四川へおちのびる。一方、皇太子は霊武《れいぶ》(寧夏《ねいか》回族自治区)へ移り、ここで即位する。粛宗である。こうして、反乱軍を鎮圧する準備にはいる。

一方、安禄山は、反乱して二年後に息子の安慶緒《あんけいしょ》らに暗殺されてしまう。しかし、その安慶緒も、安禄山の盟友であった史思明に殺される。史思明は皇帝の位につき、安禄山の大燕帝国を継承するものの、やはりその子の史朝義《しちょうぎ》に殺害される。この間、唐朝側は巻き返しを図り、最終的にはウイグルの援軍を得て、乱の鎮圧にむかう。そのような情勢の中、追い詰められた史朝義は自殺し、乱は終結した。安禄山そして彼の意志をひきついだ史思明によって、あしかけ九年にわたって続いた動乱も七六三(宝応二)年に終止符をうったのである。

なぜ「反乱」を起こしたのか?

安禄山が、反乱を起こすにいたった理由は、すでに述べた通りであるが、果たして、安禄山の個人的な焦燥感と不安だけで、あのような爆発的動乱がおきたのであろうか。それは、きっかけの一部にすぎなかったのはなかろうか。

ここで反乱が勃発した河北という地域に目をむけてみよう。河北というのは、太行《たいこう》山脈より東、黄河より北の地域をさす。北はおおよそ現在の北京の北側と考えてもらってよい。現在の河北省と北京市、天津《てんしん》市に河南省の一部を加えた空間である。唐代の河北は、やや特殊な歴史的背景をもっていた。

唐の建国からさかのぼること、およそ八〇年前、当時、黄河流域を支配していた北魏が東西に分裂した。河北の地には東魏、のちに北斉がたったが、北斉は北周に滅ぼされる。北周は、武川鎮《ぶせんちん》出身の宇文《うぶん》氏が建てた王朝で、その後、同じく武川鎮出身の楊氏が北周から禅譲《ぜんじょう》を受け、隋を建国した。また同じく李氏が隋から禅譲され唐を建国した。つまり、北周・隋・唐の時代、河北地域は関《かん》中《ちゅう》に拠った鮮卑《せんぴ》系集団（関隴《かんろう》集団）に支配され、また北周と敵対した北斉の旧地ということで、一貫して差別的扱いを受けたという。

これに対する河北地域の反動が歴史上ときおり見られる。例えば、隋末の竇建徳《とうけんとく》は、河北南部を拠点として独立王国を建設し、また唐朝を乗っとった則天武后《そくてんぶこう》の武周革命は河南・河北を背景とした。これらは、河北地域の人々が反関中的動きを支持したのだというのである。つまり安禄山は、乱を起こすにあたって、河北地域の反関中的感情を利用したのだという。また、これとは逆に河北の人々が安禄山を利用して、反乱に導いたという見方もある。

これに対し、河北地域と関中地域の対立を、種族と文化の対立とみなす見解もある。安禄山が登場した八世紀前半の河北地域には、非常に多くの異民族が入り込んで、この地域は「胡化」していた。一方、長安は漢的伝統文化のセンターであり、ここに「胡」と「漢」とが対立する図式が生じた。安禄山の反乱は、この種族・異文化の対立の上に求められるというのである。

以上の安禄山をとりまく環境をもう少し詳しく分析を加えるのならば、次のようなことも指摘できる。さきに安禄山がソグド商人と結託していたことを紹介した。当時のソグド商人は、その故郷の中央アジアから「西域」（現在の新疆《しんきょう》ウイグル自治区から甘粛省）、黄河流域の華北全域、モンゴリア、そして中国東北部にまでネットワークを張り巡らせていた。彼らは、唐朝の公認と庇護のもと、その交易活動に従事したが、その一方、唐朝による一種の「規制」という枠にもはめられつつあったのではないか。そこからの脱却という願いが安禄山に反乱を起こさせたと考えるのは、うがちすぎだろうか。

また、安禄山の麾下に入った異民族出身の武将たちにも、それぞれ思惑があった。例えば、突厥のカガンを輩出する一族である阿史那《あしな》出身の武将がいた。彼らは本来、突厥の王族である。ただ、すでにみずから自立する力のなかった彼らは、阿史徳という突厥カガンを補佐する一族の血をひき、強大な軍事力を掌握していた安禄山のもとに身を寄せ、突厥帝国の復興を夢見ていたのではないか。

逆に、安禄山のもとにいる阿史那一族は、当時、モンゴリアで突厥にかわり帝国をうちたてたウイグルにとって、やっかいな存在だっただろう。草原世界において「黄金の氏族」の血を引く者は、その支配の正当性を認められるからである。ウイグルが唐朝側に立って参戦したのは、自身の脅威となる前政権の残党の一掃という側面もあったと考えられるのである。

このように、安禄山が反乱を起こしたのは、彼の個人的思惑だけでなく、まわりの環境が大きく影響していたという見方は、この動乱の本質を追求していくとき、非常に示唆的である。

中央ユーラシア型国家の萌芽

安禄山の「反乱」は、ある意味、唐朝からの独立戦争だったといってよいだろう。安禄山の背後に、前にみたような権益集団の存在が想定できることからすれば、まさしく唐からの独立こそがその本質であったといえる。

しかし、安禄山軍団の構造は、安禄山個人のカリスマ性に大きく依存していたところに限界があった。それゆえ、ポスト安禄山としての安慶緒、史思明、史朝義ともに安禄山に代わりうることは不可能であったといえる。しかし、安史の乱が終わってからの状況は、必ずしも安禄山の目論見《もくろみ》がことごとく失敗したのではないことを物語っているようである。

安史の乱は、最後のリーダーの史朝義の死と有力な将軍らの唐朝への帰順によって終結した。唐朝は、この帰順してきた安禄山の武将たちを優遇せざるをえず、その結果、彼らに節度使などのポストを与え、彼らが従来持っていた権益をそのまま与えた。こうして、現在の河北から山東にかけて、唐朝から半独立した軍閥(藩鎮《はんちん》)が成立した。この時、これらの藩鎮の盟主となったのが成徳《せいとく》節度使の李宝臣《りほうしん》だった。李宝臣は安禄山の仮子《かし》であったことから、安禄山の正当な後継者を演じ、またそのようにみなされていた。ただ、李宝臣の死後、この藩鎮連合は分解し、また山東にあった藩鎮は九世紀の初頭には解体され、実際には河北にあった三つの藩鎮だけが唐末まで半独立の状態を維持した。これを河朔《かさく》の三鎮という。

この河朔三鎮の半独立の状態こそが安禄山の遺産であったといえる。もともと、安禄山の軍団には、北アジアや東北アジア出身の騎馬遊牧系の非漢族が多く、その騎馬戦力が安禄山の軍事力の根源であったといえる。戦時において、このような戦力が大きな力を発揮するのは当然であるが、乱が終結し、その軍事力を引き継いだ河朔三鎮をはじめとする旧安禄山系の藩鎮は新たな問題に直面した。それは、平時における管轄地域の統治であり、文書行政の能力を持つ人材の募集が必要不可欠となったのである。そのため、河朔三鎮は、唐朝がおこなった科挙《かきょ》(礼部《れいぶ》主催の官僚資格試験)に合格しつつも、その後の銓選《せんせん》(吏部《りぶ》主催の官僚採用試験)に通らず、正式な官僚になりえていない官僚予備軍をスカウトし、己の配下にくわえていった。

こうして、騎馬遊牧民に出自する河朔三鎮は、文書行政や唐朝廷との事務折衝、そして農耕世界の統治に関するノウハウを蓄積していった。ここに、人口の少ない騎馬遊牧民系の支配集団が騎馬軍事力を支柱とし、人口の多い農耕民や都市民を擁する地域を、安定的に組織的に支配するシステムが形成されていったのである。その完成形が契丹国など中央ユーラシア型国家(征服王朝)であるのだが、それはすでに唐後半期の河朔三鎮の中に芽生えていたのである。

悪のレッテルをはられた安禄山

安禄山は、冒頭で述べたように、唐朝の太平の世をやぶり、唐朝を揺るがせた「悪人」のイメージが非常に強い。これは、中国本国のみならず日本においても共有されるイメージである。特に玄宗皇帝と楊貴妃のラブロマンスに彩られた盛唐の平和な世界を無残にも打ち砕いたという側面が強いのだろう。日本には楊貴妃が亡命してきたという伝説が残されるが、これらは玄宗・楊貴妃に対する日本人の「ひいき」を反映したものであり、そのような伝説が成り立つ背景として、悪人・安禄山の存在は必要不可欠な要素になりうる。

そのような感情的主観を排したとしても、安禄山が起こした動乱が唐朝にダメージを与えたことは事実である。その事件により、それまでの唐朝の穀倉地帯であった河北の地が荒廃し、安史の乱終結後も河北にはその残党が割拠した。そのため、唐朝の財政は破綻寸前となり、以後、国勢が振るわなくなったのである。

確かに、軍事的には弱体し、対外的発展は抑制された。それは、モンゴル高原のウイグル帝国とチベット高原の吐蕃《とばん》(古代チベット帝国)が台頭し、相対的にこれらの勢力が軍事的に勝ったからだといえよう。そのため、乱以前にくらべ、唐朝の領域がおおきく縮小した。こういった唐朝の「衰退」の元凶として安禄山は名指しで批判されることになる。しかし、唐朝のその後の歴史を見てみると、江南《こうなん》地方の開発と塩の専売により財政を立て直し、安史の乱後もおよそ一五〇年にわたって王朝を維持したことも事実なのである。

安禄山とその後継者の史思明の事績は、単なる破壊者という側面だけではない。大きな歴史の流れから観察した時、彼らは、その後の中国史、東ユーラシア史に大きな歴史的影響を残し、次の時代への新しい扉を開けたとも言えるのである。


⊙主な参考文献(日本語で書かれたもののみ)

下定雅弘『長恨歌―楊貴妃の魅力と魔力―』(勉誠出版、二〇一一年)

杉山正明『疾駆する草原の征服者―遼 西夏 金 元―』「中国の歴史」八（講談社、二〇〇五年）
藤善真澄『安禄山』（人物往来社、一九六六年。再刊：中公文庫、二〇〇〇年）
藤善真澄『安禄山と楊貴妃―安史の乱始末記』（清水書院、二〇一七年）
プーリィブランク「安禄山の出自について」（『史学雑誌』六一―四、一九五二年）
プーリィブランク「安禄山の叛乱の政治的背景（上）（下）」（『東洋学報』三五―二、三・四、一九五二・一九五三年）
村山吉廣『楊貴妃』（中公新書、一九九七年）
森部豊『ソグド人の東方活動と東ユーラシア世界の歴史的展開』（関西大学出版部、二〇一〇年）
森部豊『安禄山』（山川出版社、二〇一三年）
森安孝夫『シルクロードと唐帝国』（講談社、二〇〇七年。講談社学術文庫、二〇一六年）

【執筆者略歴】（掲載順）

工藤 元男（くどう　もとお）
1950年、山形県生まれ。1982年、早稲田大学大学院修了。現在、早稲田大学文学学術院教授。主要著作：『睡虎地秦簡よりみた秦代の国家と社会』（創文社、1998年）、『中国世界遺産の旅3―四川・雲南・チベット』（（編著）講談社、2005年）、『二年律令與奏讞書』（上海古籍出版社、2007年）、『占いと中国古代の社会―発掘された古文献が語る―』（東方書店、2011年）

竹内 康浩（たけうち　やすひろ）
1961年、青森県生まれ。1990年、東京大学大学院人文科学研究科博士課程単位取得退学。現在、北海道教育大学教授（釧路校）。主要著作：『中国王朝の起源を探る』（山川出版社、2010年）、『「生き方」の中国史』（岩波書店、2005年）、『「正史」はいかに書かれてきたか』（大修館書店、2002年）

高木 智見（たかぎ　さとみ）
1955年、岐阜県生まれ。1986年、名古屋大学大学院修了。現在、山口大学人文学部教授。主要著作：『先秦の社会と思想』（創文社、2001年）、『孔子―我、戦えば則ち克つ』（山川出版社、2013年）、『内藤湖南―近代人文学の原点』（筑摩書房、2016年）、〔訳書〕朱淵清『中国出土文献の世界』（創文社、2006年）

藤田 勝久（ふじた　かつひさ）
1950年、山口県生まれ。1985年、大阪市立大学大学院文学研究科後期博士課程単位取得退学。現在、愛媛大学名誉教授。主要著作：『史記戦国史料の研究』（東京大学出版会、1997年）、『史記秦漢史の研究』（汲古書院、2015年）、『中国古代国家と情報伝達―秦漢簡牘の研究』（汲古書院、2016年）、『項羽と劉邦の時代』（講談社、2006年）など

林 俊雄（はやし　としお）
1949年、東京都生まれ。1979年、東京大学・大学院単位取得退学。現在、創価大学教授。主要著作：『ユーラシアの石人』（雄山閣、2005年）、『グリフィンの飛翔』（雄山閣、2006年）、『遊牧国家の誕生』（〔世界史リブレット98〕山川出版社、2009年）、『スキタイと匈奴　遊牧の文明』（講談社学術文庫、2017年）

冨田 健之（とみた　けんし）
1955年、熊本県生まれ。1980年、九州大学大学院修了。新潟大学（教育学部）教授を経て、現在、崇城大学教授。主要著作・論文：『武帝―始皇帝をこえた皇帝―』（山川出版社、2016年）、「尚書体制形成前史」（『日本秦漢史学会会報』4、2003年）、「前漢武帝期政治制度史序説」（『川勝賢良博士古稀記念東方学論集』汲古書院、2013年）

濱川 栄（はまかわ　さかえ）
1964年、秋田県生まれ。1995年、早稲田大学大学院単位取得退学。現在、常葉大学准教授。主要著作・論文：『中国古代の社会と黄河』（早稲田大学出版部、2009年）、「木を見て森も見る―「地域」から見た秦・漢帝国史―」（『日本秦漢史研究』11号、2011年）

小嶋 茂稔（こじま　しげとし）
1968年、栃木県生まれ。2002年、東京大学大学院人文社会系研究科博士課程修了。現在、東京学芸大学教育学部教授。主要著作・論文：『漢代国家統治の構造と展開』（汲古書院、2009年）、『内藤湖南とアジア認識』（〔共著〕勉誠出版、2013年）、『わかる・身につく歴史学の学び方』（〔共著〕大月書店、2016年）、「那珂通世の「東洋史」教育構想」（『史海』61、2014年）

渡邉 義浩（わたなべ　よしひろ）
1962年、東京都生まれ。筑波大学大学院博士課程歴史・人類学研究科史学専攻修了。北海道教育大学助教授、大東文化大学教授を経て、

現在、早稲田大学文学学術院教授。主要著作：『後漢における「儒教国家」の成立』（汲古書院、2009年）、『三国志　演義から正史、そして史実へ』（中公新書、2011年）、『「三国志」の政治と思想』（講談社選書メチエ、2012年）、『「古典中国」における文学と儒教』（汲古書院、2015年）

金子 修一（かねこ　しゅういち）
1949年、東京都生まれ。1975年、東京大学大学院人文科学研究科修了。現在、國學院大学文学部教授。主要著作：『訳注日本古代の外交文書』（（共編）八木書店、2014年）、『大唐元陵儀注新釈』（（主編）汲古書院、2013年）、『中国古代皇帝祭祀の研究』（岩波書店、2006年）、『隋唐の国際秩序と東アジア』（名著刊行会、2001年）

氣賀澤 保規（けがさわ　やすのり）
1943年、長野県生まれ。1975年、京都大学大学院文学研究科博士課程修了。2014年、明治大学文学部教授定年退職。現在、明治大学東アジア石刻文物研究所所長、東洋文庫研究員、東アジア歴史文化研究所代表。主要著作：『府兵制の研究』（同朋舎、1999年）、『中国の歴史6　絢爛たる世界帝国　隋唐帝国』（講談社、2005年）、『遣隋使がみた風景―東アジアからの新視点―』（八木書店、2012年）、『則天武后』（講談社学術文庫、2016年）

森部 豊（もりべ　ゆたか）
1967年、愛知県生まれ。2000年、筑波大学大学院単位取得退学。現在、関西大学教授。主要著作：『ソグド人の東方活動と東ユーラシア世界の歴史的展開』（関西大学出版部、2010年）、（『安禄山』山川出版社、2013年）、『ソグド人と東ユーラシアの文化交渉』（（編著）勉誠出版、2014年）など

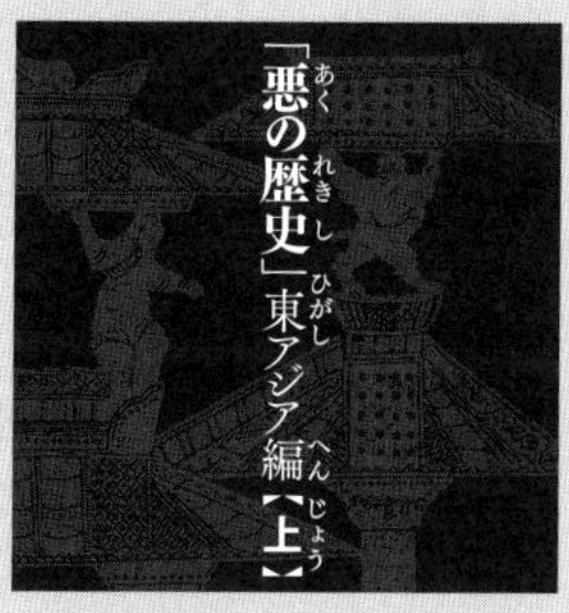

2017年9月25日　第1刷発行

編著者

鶴間《つるま》和幸《かずゆき》

発行者

渡部　哲治

印刷所

図書印刷株式会社

発行所

株式会社 清水書院

〒102-0072

東京都千代田区飯田橋3-11-6

［電話］03-5213-7151㈹

［FAX］03-5213-7160

http://www.shimizushoin.co.jp

デザイン

鈴木一誌・山川昌悟・下田麻亜也

ISBN978-4-389-50063-4